21 世纪全国高职高专交通运输系列工学结合型规划教材

公路运输计划与调度实训教程

主　编　高福军

内 容 简 介

本书介绍了公路运输及其调度的相关知识,其中包括公路运输系统的组成、公路运输调度业务基本要求、公路运输计划与调度、整车运输和散货零担运输的生产过程的组织,还设置了通过公路运输优化管理软件进行模拟公路运输的实训。本书在知识讲授方面注重理论联系实际,在内容介绍方面突出实训操作。

本书可以作为高职高专交通运输、物流管理等相关专业的教材,也可作为相关行业运输调度人员的参考用书。

图书在版编目(CIP)数据

公路运输计划与调度实训教程/高福军主编. —北京:北京大学出版社,2014.7
(21 世纪全国高职高专交通运输系列工学结合型规划教材)
ISBN 978-7-301-24503-3

Ⅰ.①公… Ⅱ.①高… Ⅲ.①公路运输—运输调度—高等职业教育—教材 Ⅳ.①U492.2

中国版本图书馆 CIP 数据核字(2014)第 157701 号

书　　　名:	公路运输计划与调度实训教程
著作责任者:	高福军　主编
责 任 编 辑:	蔡华兵
标 准 书 号:	ISBN 978-7-301-24503-3/F · 3991
出 版 发 行:	北京大学出版社
地　　　址:	北京市海淀区成府路 205 号　100871
网　　　址:	http://www.pup.cn　新浪官方微博:@北京大学出版社
电子信箱:	pup_6@163.com
电　　　话:	邮购部 62752015　发行部 62750672　编辑部 62750667　出版部 62754962
印　刷　者:	北京虎彩文化传播有限公司
经　销　者:	新华书店
	787 毫米×1092 毫米　16 开本　15.5 印张　360 千字
	2014 年 7 月第 1 版　2020 年 8 月第 2 次印刷
定　　　价:	31.00 元

未经许可,不得以任何方式复制或抄袭本书之部分或全部内容。
版权所有,侵权必究
举报电话:010-62752024　电子信箱:fd@pup.pku.edu.cn

前　言

自《物流业调整和振兴规划（2009—2011年）》发布以来，我国又相继出台了一系列加快促进物流行业发展的相关政策，明确了物流是各产业与国内外市场相连的重要载体，将振兴物流产业上升到了国家战略高度。2010年10月，我国国民经济和社会发展"十二五"规划正式通过，其中将发展物流产业链作为国民经济十大支柱产业之一。之后，国家发改委于2011年编制了国内首个物流行业发展规划。2011年3月，我国正式确立了物流产业在国家经济发展中的地位，为物流业的发展提供了政策和经济支持。

在"十二五"期间，我国继续推进国家高速公路网、国家区域发展战略确定的高速公路、特大城市圈、大中城市群、疏港高速公路，以及省际连接线高速公路建设，加快重要高速公路通道扩容改造建设。在此大背景下，无论是国家的政策、法规，还是国家的公路基础设施建设和发展，都给公路运输业的发展提供了最佳的条件，也带来了最佳的时机，促使其开始飞速发展。公路运输在物流运输行业中的地位显得越来越突出。

本书在介绍公路运输基础知识的基础上，对公路运输调度的基本要求和重要性作了阐述，并对相关业务进行了详细的叙述。本书还介绍了物流运输计划的制订及运输路线的优化，同时介绍公路运输生产过程的组织与管理。学生通过对本书的学习，能够知道如何安排物流生产计划；不管是何种运输方式，只要根据货物性质和数量合理安排车辆，选择合适的运输路线，都能提高运输效率。

本书前四章后面均设置了相关的实训（其中包括一些全国物流竞赛的题目），教师在教学的过程中可以选择适当的实训题目指导学生进行训练。本书后两章为实训部分，首先，介绍了运输车辆卫星定位系统的操作要点（目前，运输企业基本都安装了卫星定位系统，用于实时跟踪和了解车辆在运输过程中出现的问题，便于调度并及时做出对出现意外情况的安排，因此，对于卫星定位系统的了解和使用是每个运输企业调度岗位必须要做的事情）；其次，设置了公路运输优化与管理实训，对货物、车辆、道路、运输价格、在途监控等方面做了系统的训练，可使学生进一步熟悉和掌握公路运输的整体流程和操作方式。

本书内容可按48学时安排教学，推荐学时分配为：第1章4学时，第2章4学时，第3章10学时，第4章8学时，第5章8学时，第6章14学时。教师可以根据各自不同的教学要求调整各章节的学时分配。在教学过程中，第1章～第4章可以采取多媒体教学和实训教学相结合的形式；第5章和第6章可以在实训机房完成，学生每次完成相关实训内容以及实训报告后，教师给出成绩评定。

编者从事物流管理专业教学多年，教授"配送作业流程与控制""仓储作业流程与控制"和"公路运输计划与调度"等课程，本书从开始编写到付梓经过了多轮修改，尤其是在出版社的指导下做了进一步完善。但由于编者水平有限，本书内容难免有不当之处，欢迎专家、老师以及各位读者批评指正，您的宝贵意见请发到gfujun@163.com，在此表示衷心的感谢！

编　者
2014年2月

目 录

第1章 公路运输基础知识 1
1.1 物流运输概述 1
- 1.1.1 运输的概念 1
- 1.1.2 运输的特点 3
- 1.1.3 运输的功能 4
- 1.1.4 运输在物流中的作用 5
- 1.1.5 物流运输的意义 6
- 1.1.6 物流运输分类及其特点 7

1.2 公路运输概述 9
- 1.2.1 公路运输系统 9
- 1.2.2 公路运输的特点 16
- 1.2.3 公路运输的作业流程 18
- 1.2.4 我国公路运输存在的问题 20

1.3 我国公路运输网络 21
- 1.3.1 我国古代公路运输 21
- 1.3.2 我国近代公路运输网络的发展 26
- 1.3.3 我国现代公路运输 27
- 1.3.4 我国高速公路网络 29
- 1.3.5 我国国道主干线网络 32

1.4 案例：高速服务区为何变身"小车站" 35
本章小结 37
课后习题 37
本章实训 39

第2章 公路运输调度业务基本要求 41
2.1 公路运输调度员职业要求 41
- 2.1.1 调度员职业道德 42
- 2.1.2 调度作业的步骤 43
- 2.1.3 调度员岗位职责 43

2.2 公路运输调度作业基础知识 45
- 2.2.1 信息资料的收集与整理 46
- 2.2.2 统计数据的使用 47
- 2.2.3 现场调度作业 48
- 2.2.4 作业计划例行检查 51
- 2.2.5 车辆动态和技术状况核实 52
- 2.2.6 运行作业计划的调整与修改 52
- 2.2.7 车辆运行控制 53

2.3 公路运输车辆调度相关规则 54
- 2.3.1 运输车辆调度的概念 54
- 2.3.2 运输车辆调度的原则 55
- 2.3.3 运输车辆调度的途径 56
- 2.3.4 运输车辆调度的相关规定 57

2.4 案例：谁为高速倒车酿祸买单 60
本章小结 63
课后习题 63
本章实训 65

第3章 公路物流运输计划与调度 66
3.1 运输市场调查和预测 66
- 3.1.1 运输市场调查的内容 67
- 3.1.2 运输市场调查的基本方法 69
- 3.1.3 调查方案设计 72
- 3.1.4 调查资料整理分析 73
- 3.1.5 货运信息整理分析 74
- 3.1.6 依据市场预测制订车辆配置方案 75

3.2 物流运输生产计划的制订 81
- 3.2.1 运输量计划的编制 81
- 3.2.2 车辆计划的编制 83
- 3.2.3 车辆运用计划的编制 84

| 3.2.4 物流车辆运行作业计划的编制 ………………………………… 86
  3.3 车辆运输路线的优化 ……………… 88
       3.3.1 降低物流运输成本 ………… 88
       3.3.2 选择物流运输路线 ………… 89
       3.3.3 优化方法一：表上作业法 … 90
       3.3.4 优化方法二：图上作业法 … 99
       3.3.5 优化方法三：节约里程法 … 105
  3.4 案例：怎样分析物流运输计划 …… 109
  本章小结 ……………………………… 112
  课后习题 ……………………………… 113
  本章实训 ……………………………… 116

第4章 公路运输生产过程组织与管理 ……………………………… 119

  4.1 整车货物的运输组织 ……………… 119
       4.1.1 整车运输的概念 …………… 119
       4.1.2 整车运输的作业流程 ……… 120
       4.1.3 商品车运输案例 …………… 123
  4.2 零担货物的运输组织 ……………… 126
       4.2.1 零担货物运输的概念 ……… 126
       4.2.2 零担货物运输的特点 ……… 127
       4.2.3 零担货物运输的流程 ……… 128
  4.3 特种货物的运输组织 ……………… 134
       4.3.1 特殊货物的概念 …………… 134
       4.3.2 危险货物运输 ……………… 134
       4.3.3 鲜活易腐货物运输 ………… 137
       4.3.4 长、大、笨重货物运输 …… 140
  4.4 运输组织合理化 …………………… 142
       4.4.1 运输合理化的"五要素" …… 142
       4.4.2 不合理运输的表现形式 …… 142
  4.5 案例：怎样制订特殊货物运输计划 … 143
  本章小结 ……………………………… 148
  课后习题 ……………………………… 149
  本章实训 ……………………………… 151

第5章 公路运输车辆卫星定位系统操作实训 ……………………… 158

  5.1 诺思 GPS-GIS 系统 ………………… 158

  5.2 系统基本操作实训 ………………… 162
  5.3 车辆跟踪实训 ……………………… 164
       5.3.1 建立车辆信息库 …………… 164
       5.3.2 跟踪一辆车 ………………… 167
       5.3.3 同时跟踪多辆车 …………… 167
       5.3.4 车辆调度控制 ……………… 167
  5.4 地图处理与编辑实训 ……………… 169
       5.4.1 地图处理 …………………… 169
       5.4.2 地图编辑 …………………… 170
  5.5 信息统计与查询实训 ……………… 176
       5.5.1 查看车辆的历史轨迹 ……… 176
       5.5.2 查看车辆的基本信息 ……… 177
       5.5.3 查看调度信息 ……………… 177
       5.5.4 其他数据查询 ……………… 178

第6章 公路运输优化与管理实训 …… 181

  6.1 运输优化与管理系统 ……………… 181
       6.1.1 系统介绍 …………………… 181
       6.1.2 系统登录 …………………… 183
       6.1.3 实训安排 …………………… 184
  6.2 单元实训 …………………………… 185
       6.2.1 基础数据单元实训 ………… 186
       6.2.2 线路优化单元实训 ………… 189
       6.2.3 散货托运单元实训 ………… 191
       6.2.4 整车托运单元实训 ………… 194
       6.2.5 散货配送单元实训 ………… 196
       6.2.6 整车配送单元实训 ………… 199
       6.2.7 中转调度单元实训 ………… 201
  6.3 运输调度综合实训 ………………… 203
       6.3.1 整车运输调度实训操作 …… 203
       6.3.2 散货运输调度实训操作 …… 210
       6.3.3 3D 环境下货物运输调度实训操作 ………………………… 212

附录一 汽车货物运输规则 …………… 218
附录二 汽车运价规则 ………………… 232
附录三 危险货物包装标志 …………… 236
参考文献 ……………………………… 240

第 1 章　公路运输基础知识

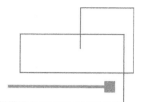

要做好物流企业的公路运输管理工作，就必须了解公路运输的构成及其各要素的功能和含义，还需要了解公路运输与其他运输的区别与联系，并对我国的道路状况有全面的了解，进而才能培养开拓运输市场的能力。

学习目标

（1）掌握物流运输的概念、特点和功能。
（2）掌握物流运输的分类及其特点。
（3）掌握公路运输系统的构成。
（4）了解我国高速公路及国道运输网络发展的情况。

1.1　物流运输概述

物流是物品从供应地到接受地的实体流动的过程，包括运输、仓储、配送、包装、加工、装卸搬运、信息处理等几大功能活动。运输是物流的核心功能，因为物流的主要活动就是运输，运输是物流"第三利润"的主要源泉。运输是运动中的活动，它和静止的保管不同，要靠大量的动力消耗才能实现这一活动，而运输又承担大跨度物品空间转移的任务，其活动的时间长、距离长、消耗也大，因此节约的潜力也很大。运费在全部物流费用中所占的比例最高，一般来说，运输总成本占物流总成本的 35%~50%，占商品价格的 4%~10%，有些商品的运费甚至高于商品的生产费用。因此，运输对于物流总成本的节约来说具有举足轻重的作用。

1.1.1　运输的概念

运输是指人或者货物借助运输工具（图 1.1）和运输基础设施在空间产生的位置移动。运输是物流系统的重要环节之一，它承担物流改变空间状态的主要任务。只有与包装、装卸搬运、储存保管、流通加工、配送和信息处理等功能有机结合，运输才能改变物品的空间状态、时间状态和形质状态，实现物品从供应地到接收地的流动转移。

运输包括生产领域的运输和流通领域的运输。生产领域的运输一般在企业内部进行，称为物料搬运，是属于企业内部的物流活动。企业内部的物流活动包括原材料、在制品、半成品和产成品的储存、运输等，是直接为产品生产服务的。流通领域的运输则是在大范围内，将货物从生产领域向消费领域转移，或从生产领域向物流网点转移，或从物流网点向消费所在地转移的活动。由此可见，流通领域的运输与搬运功能相似，它们之间的仅区别在于空间范围的大小，流通领域的运输空间范围较大，可以跨城市、跨区域、跨国界，而搬运仅限于一个部门内部，如车站内、港口内、仓库内或车间内部。因此，在物流运输中，将企业内部生产领域内的运输称为"搬运"；将小宗货物从物流网点到用户的短途、末端运输称为"配送运输"。

图1.1 运输工具

知识链接

中国古代物流载体首推漕运。漕运起于秦汉，河渠成为最早的通道。漕运的起点往往是产粮区，终点往往是京师（都城），因为京师人多、消耗多，粮食不足供应。

宋代之前，京师多在西安、咸阳、洛阳，巴蜀粮食由关中、河北运入京师，山东粮食由黄河运至京师。北宋京师在汴京，陕西粮食由惠民河转汴河入京，江淮粮食由淮水转汴水入京，山东粮食由五丈河入京。

明代京师大部分时期在北京，粮食通过运河送达北京，并延续至清代。同时，还通过近海航运，将江南粮食经海路运到海河，转至京师。自元代开近海漕运，最远的航程达13 000多里。

除水运之外，中国古代陆路运输多以人畜力驮拉（图1.2）。丝绸之路上的驼队、崇山峻岭中的马帮是主要的运输工具。

图1.2 我国古代畜力拉运

由于没有新的能源动力出现，陆上运输工具较少，所以运输主要依靠水运。史料记载，汉唐时期，中国与西域异国通商较多，仅扬州一地，就聚集西域商贾上万人。伴随着他们的到来，异国物品源源不断运到中国，万里迢迢，必须有较高的运输管理水平才能办得到。

1.1.2 运输的特点

1. 运输具有生产的本质属性

工农业生产以物质为劳动对象，通过生产过程改变劳动对象的物理、化学、生物属性，产生具有使用价值的新的物质产品，运输过程与一般生产过程一样，是与运输者的劳动和运输工具设备与燃料的消耗相结合而实现的。但与工农业生产过程不同，运输业生产过程是在不改变劳动对象原有属性或者形态的要求下，实现劳动对象的空间位移。

2. 运输服务的公共性

运输服务的公共性（图1.3）是指运输服务在全社会范围内与公众有利害关系的特性。运输服务的公共性主要体现在以下几方面：

图 1.3 公共运输

（1）保证在生产和流通过程中为社会物质提供运输服务。由于社会物质包括生产过程中的原材料、半成品、成品以及流通过程中的商品、生活必需品等，涉及企业的生产和人们的日常生活等各个方面，所以此类运输服务的需求十分广泛。

（2）保证为人们在生产和生活过程中的出行需要提供运输服务。由于现代生活中人们不可能一直在同一地点学习和工作，所以出行是人们日常生活中必需的活动，此类运输服务的需求也十分广泛。

无论是物质的空间位移还是人们日常的出行，都是普遍存在的运输需求。因此，运输服务对整个社会的经济发展和人们生活水平的提高都有广泛的影响，从而体现了运输服务的公共性。

3. 运输产品的无形性

运输业（图1.4）的劳动对象是货物或人，与一般生产过程中的劳动对象不同，货物或人进入运输过程没有经过物理的或化学的变化取得新的使用价值形态，也就是运输不增加劳动对象的数量，而且不会改变劳动对象所固有的属性，仅仅是改变劳动对象的空间位置，从而为消费做好准备。运输对象只发生空间位置和时间位置的变化、运输生产是为社会提供效用而不是生产实物形态的产品，因此，运输生产属于服务性生产，其产品可称之为无形产品，具体体现为货物或人空间位置上的变化。

图1.4　运输业务

4．运输和生产消费的不可分割性

运输生产必须在用户需要时及时进行，并且只能在生产的同时及时消费。运输业创造的使用价值依附于所运输商品的使用价值及已有的固定形态，并与运输过程同始同终。因此，运输产品的生产过程与消费过程是不可分割的，在空间和时间上是结合在一起的。如果需求不足，运输供给就相应减少，否则会造成浪费。

5．运输产品的非储存性

工农业产品的生产和消费可以在时间上和空间上表现为两种完全分离的行为，一个时间生产的产品可以在另一时间消费，某个城市生产的产品可以在另一个城市消费，淡季生产的产品可以在旺季销售。但是，运输业的生产过程和消费过程无论在时间上还是在空间上都是不可分离的，也就是说，运输产品不可能被储存用来满足其他时间和空间发生的运输需求。运输产品的这一特性表明，运输产品既不能储存又不能调拨，只有在运输生产能力上做一些储备，才能满足国民经济增长和人民生活改善对运输需求增加的需要。

6．运输产品的统一性

工农业生产各部门的产品种类繁多，且具有不同的效用。对于运输业来说，各种运输方式的区别仅仅是使用不同的运输工具承载运输对象，具有不同的技术经济特征，在不同的运输线路上进行运输生产活动，但对社会的效用是相同的。各种运输方式生产的是同一产品，就是运输对象的位移。运输产品的数量有客货运量（人、吨），进而用客货运周转量（人公里、吨公里）来描述。运输产品的统一性使各种运输方式之间可以相互补充、协调、替代，从而形成一个有效的综合运输系统。

1.1.3　运输的功能

运输是物流系统中最基本的功能之一，也是物流体系中所有动态功能中的核心部分。在一定程度上，运输费用是构成物流费用的主要部分，运输工具和运行线路的合理选择，都直接关系到货物送达的及时性和物流费用的高低。

1. 货物转移

无论货物处于何种形态，是原材料、零部件、装配件、在制品还是半成品，还是在制造过程中将被转移到哪个工序或哪个生产阶段，或者是在流通过程中将产品转移到客户手中，运输都是必不可少的。运输的主要功能就是实现货物在供应链中的不断移动（图1.5），通过时间的推移、货物空间的转移，使货物的价值不断得到提升，主要的目的就是以最少的费用和合理的时间，保质保量地完成产品的运输任务。

图1.5　货物转移

2. 货物短期储存

运输的另一大功能就是，对物品在运输期间利用运输工具作为临时的储存设施对货物进行临时储存。这种情况在运输过程中经常会遇到，尽管使用运输工具来储存货物可能会提高费用，但如果从总成本或者完成任务的角度来看，考虑到装卸成本、储存能力的限制，使用运输工具临时储存货物有时候是可行的，也是必要的。

1.1.4　运输在物流中的作用

1. 运输是物流系统中的核心要素

运输功能创造了货物的空间效用，储存功能创造了货物的时间效用，流通加工则改变了货物的形质效用，物流系统中的其他功能均围绕这三大功能进行，这是人们熟知的物流系统运动中的规律。随着经济的全球化和一体化进程的加快，通过运输实现货物的空间效用呈现出明显的强化态势，通过货物的储存保管实现其时间效用的趋势呈现出弱化态势，而通过流通加工实现改变货物效用则需要借助于运输或者配送才能呈现出强化趋势。

在物流的三大功能要素中，运输功能的主导地位和核心作用日益显现，它是物流系统中最关键的核心功能。

随着信息化程度、管理水平和生产技术的提高，生产企业、流通企业和消费企业的计划就会更强。生产企业可以做到按订单生产，以缩短产品生产与消费在时间上的差异；流通企业或消费企业可做到计划采购，以缩小商品流通与消费者时间上的差异。通过强化运输和其他物流功能，可降低储存功能的作用，使生产、流通、消费之间做到无缝连接。

2. 运输是物流合理化的关键

在当代社会中，一切物质产品的生产和消费均离不开运输，这不仅因为运输是物流系统中的大动脉，而且还因为运输在物流系统的整体功能中发挥中心环节的作用。另外，运输费用在全部物流费用中占有较大的比重，是降低物流费用、提高物流经济效益和社会效益的关键。所以物流合理化在很大程度上取决于运输合理化，只有运输合理化才能使整个物流系统更加合理。

3. 运输是物流企业利润来源的主要因素

众所周知，物流是企业的"第三利润源泉"，但是运输是物流的主要利润源泉很多人却不清楚。在物流过程中，所需支付的费用主要有运输费、仓储费、包装费、装卸搬运费、流通加工费和物流过程中的损耗等，其中运输费所占比重最高，是影响物流成本的重要因素。

国外很重视物流费用的研究。例如，日本曾对一部分企业进行调查，在从成品到消费者手中的物流费用中：保管费占16%，包装费占26%，装卸搬运费占8%，运输费占44%，其他占6%。可见，运输费在物流费中所占的比重最大。

相关资料表明，在我国，运输费用占物流费用的50%左右，如果燃油价格持续走高的话，这一比例将更高。目前，有些产品的运输费用设置高于其生产成本，而且运输所需的时间长、消耗大。通过合理组织、采取合理化运输可大大降低运输所需的时间和费用，降低物流运输成本，可以为企业贡献更多的利润。

1.1.5 物流运输的意义

1. 保证劳动过程顺利进行，提高劳动生产效率

一个规模较大的物流或运输企业，有几百人乃至几千人在一起共同劳动，这是一种协作性的劳动。凡是共同劳动都有程度不同的分工，而有分工就有协作，分工越细，各个部门、环节之间的联系性就越强，协作关系也就越密切。为了保证劳动过程顺利进行，就必须进行管理，这就是由共同劳动过程的性质产生出来的管理职能。马克思说："一切规模较大的直接社会劳动或共同劳动，都或多或少地需要指挥，以协调个人的活动，并执行生产总体的运动——不同于这一总体的独立器官的运动——所产生的各种一般职能。"协作劳动需要管理，就像"一个乐队需要一个乐队指挥"。

物流运输企业的管理，就是对整个运输过程的各个环节——运输计划、发运、接运、中转等活动中的人力、运力、财力和运输设备进行合理组织，统一使用，调节平衡，监督完成，以求用同样的劳动消耗（活劳动和物化劳动），运输较多的货物，提高劳动效率，取得最好的经济效益。

2. 提高运输服务水平，实现物流过程的一体化管理

在运输市场竞争日益激烈的现实情况下，运输企业中的各部门和每位员工都应把为客户服务作为自己的一项工作，以立足客户、面向客户、服务客户为理念，在提高硬件设施的同时，提高客户服务人员的服务热情和服务技巧，让顾客享受满意的服务。通过企业各部门和全体员工的共同努力，可不断提升企业的客户服务水平。这要求运输企业根据自身的实力和客户的服务要求，建立完善的物流网络体系，从而实现为客户提供从订货、购买、包装、装卸、仓储、配送等各环节连为一体的系统服务，满足客户对货物运输快运、准时等各方面优质服务的需要。

比如说，在接到客户订货后要时刻为客户着想，根据客户的生产现状设计合理的订货品种和数量；采取适当的包装形式，是采用大包装还是采用小包装，或者按客户要求以托盘的形式进行包装；在运输的过程中设计合理的运输线路，在节约运输成本的同时以最快的方式将货物在客户指定的时间内送达，并按客户要求在指定地点装卸。例如，现在比较流行的VMI（Vendor Managed Inventory，供应商管理库存）、JIT（Just In Time，准时制生产方式）等供货运输方式，供货商直接参与到企业的生产过程当中。所有这些服务都是为客户着想，提高运输服务水平，同时也可以为企业赢得新的客户，留住老客户，使企业更具生命力，得到进一步的发展。

形成良好的物流服务网络体系需要有现代化的技术作为支持，而现代科技成果可以促进物流全过程中各个环节的规范化、信息化和机械化，将大大提高运输的管理水平和运输效率。

1.1.6 物流运输分类及其特点

随着中国北疆铁路与哈萨克斯坦铁路接轨，一条新的欧亚大陆桥诞生了。这条欧亚大陆桥濒临东海，连接我国主要港口（如日照港、连云港、上海港、广州港、深圳港），经陇海线和兰新线横穿我国大陆，由新疆阿拉山口进入中亚地区，最终与黑海、地中海以及大西洋东岸的各港口相衔接。

这条大陆桥的诞生提高了欧亚大陆运输的能力，其中包含了多种运输方式，如公路运输、铁路运输、水路运输、干线运输等。下面具体介绍各种运输方式的分类及其特点。

1. 按运输设备及运输工具不同分类

物流运输按运输设备及运输工具不同进行的分类见表1-1。

表1-1 物流运输按运输设备及工具不同分类及其特点

运输方式	特　　点
公路运输	（1）使用公路设备、设施运送物品的一种运输方式。 （2）在综合运输体系中，公路运输的灵活性最强，具体表现为：可以实现"门到门"运输；可以实现即时运输；启运批量小，范围广；能最大限度满足客户个性化的服务需求
铁路运输	（1）使用铁路设备、设施运送旅客和物品的一种运输方式。 （2）铁路运输又可以分为车皮运输和集装箱运输
水路运输	（1）使用船舶运送客货的一种运输方式。 （2）主要承担大吨位、长距离的货物运输，是在干线运输中起主力作用的运输形式。 （3）水路运输主要有内河运输、沿海运输、近海运输和远洋运输
航空运输	（1）使用飞机运送客货的运输方式。 （2）航空运输业务主要有航空运输业、航空运送代理业和航空运送作业
管道运输	（1）使用管道输送气体、液体和粉状固体的运输方式。 （2）运输功能是靠物体在管道内顺着压力方向循序移动实现的，与其他运输方式相比，最主要的区别在于管道设备静止不动

2. 按运输的范畴分类

物流运输按运输的范畴进行的分类见表 1-2。

表 1-2　物流运输按运输的范畴分类及其特点

运输方式	特　点
干线运输	(1) 利用铁路、公路的干线，大型船舶的固定航线进行的长距离、大数量的运输，是进行远距离空间位置转移的重要运输方式。 (2) 干线运输与同种工具的其他运输方式相比速度快、成本比较低，是运输的主体
支线运输	(1) 与干线相接的分支线路上的运输。 (2) 支线运输是干线运输与收、发货地点之间的补充性运输方式，路程较短，运输量相对较小。 (3) 支线的建设水平往往低于干线，运输工具的水平也低于干线，速度较慢
二次运输	(1) 一种补充性的运输方式，路程较短。 (2) 干线、支线运输到站后，站与客户仓库或指定地点之间的运输。 (3) 由于是单个企业的需要，所以运量比较小
厂内运输	(1) 在工业企业范围内，直接为生产过程服务的运输。 (2) 一般在车间之间、车间与仓库之间进行。 (3) 小企业中以及在大企业车间内部和仓库内的运输，不称为"运输"而称为"搬运"

3. 按运输的作用分类

物流运输按运输的作用进行的分类见表 1-3。

表 1-3　物流运输按运输的作用分类及其特点

运输方式	特　点
集货运输	(1) 将分散的货物汇集集中的运输方式。 (2) 一般是短距离、小排量的运输。 (3) 货物集中后才能利用干线运输形式进行远距离及大批量运输，是干线运输的一种补充形式
配送运输	(1) 将物流据点中已经按客户需求配好的货物分送给各个客户的运输。 (2) 一般是短距离、小排量的运输，是对干线运输的补充和完善

4. 按运输的协作程度分类

物流运输按运输的协作程度进行的分类见表 1-4。

表 1-4　物流运输按运输的协作程度分类及其特点

运输方式	特　点
一般运输	孤立地采用不同运输工具或同类运输工具而没有形成有机协作关系的运输
联合运输	(1) 简称联运，是使用同一运送凭证，由不同的运输方式或不同的运输企业进行有机衔接接运货物，利用每种运输手段的优势以充分发挥不同运输工具效率的一种运输方式。 (2) 可以简化托运手续，同时可以加速运输速度，也有利于节省运费，是现代运输的一种发展趋势

5. 按运输中途是否换载分类

物流运输按运输中途是否换载进行的分类见表 1-5。

表 1-5 物流运输按运输中途是否换载分类及其特点

运输方式	特　　点
直达运输	（1）货物由发运地到接收地，中途不需要换装和在储存场所停留的一种运输方式。 （2）能够避免中途换载所出现的运输速度减缓、货损增加、费用增加等一系列弊病，加快车船周转，降低运输费用
中转运输	（1）货物由生产地到最终使用地，中间经过一次以上落地并换装的一种运输方式。 （2）通过中转往往可以将干线、专线运输有效衔接起来，可以化整为零或集零为整，从而方便客户，提高运输效率；也可以充分发挥不同运输工具在不同路段上的最优水平，从而获得节约和效益，有助于加快运输速度。 （3）在换载时会降低速度，提高货损，增加费用支出

案例讨论

某物流运输公司接到以下运输业务，请为其选择合适的运输方式并说明理由。
（1）把两箱急救药和一批鲜花从广州运到北京。
（2）把一批煤炭从山西运到秦皇岛。
（3）把一批新鲜蔬菜从郊区运到市区。
（4）把一批钢材从重庆运到武汉。
（5）把 15 万吨石油从非洲运到我国上海。
（6）把我国西部大量的天然气运到以上海为主的东部地区。

在讨论选择相关运输方式的时候，可以参考运输的速度、运输价格、运输量等因素，同时也要考虑各种运输方式的优、缺点。

1.2 公路运输概述

公路运输是 19 世纪末随着现代汽车的诞生而产生的，初期主要承担短途运输业务。第一次世界大战结束后，基于汽车工业的发展和公路里程的增加，公路运输走向发展的阶段，它不仅仅是短途运输的主力，而且进入长途运输的领域。第二次世界大战结束后，公路运输发展迅速，欧美、日本等国已建成比较发达的公路网，汽车工业又提供了雄厚的物质基础，促使公路运输在运输业中跃至主导地位。在发达国家，公路运输完成的客货周转量占各种运输方式总周转量的 90%左右。随着我国各种道路的建设，如国道、高速公路、省道、县道等道路的建设和发展，公路交通网络的发展得到进一步完善，公路运输在我国的各种运输方式中越来越占有重要的地位。

1.2.1 公路运输系统

公路运输广义上是指利用一定的载运工具（如汽车、拖拉机、畜力车、人力车等）沿公路实现旅客或货物空间位移的过程；从狭义上来说，公路运输就是汽车运输。公路运输系统主要由道路，车辆，站、场，交通信息管理 4 个部分构成。

1. 道路

道路是指通行各种车辆和行人的工程基础设施。根据道路的所处位置、交通性质和使用特色，可以将其分为公路、城市道路、乡镇道路以及人行小路等。道路的基本组成部分包括行车道、人行道、防护工程、排水设施、信号标志等。

道路根据其使用的任务、功能和适应的交通量不同，分为高速公路、一级公路、二级公路、三级公路、四级公路 5 个等级。我国公路路网的合理结构如图 1.6 所示，公路等级标准见表 1-6。

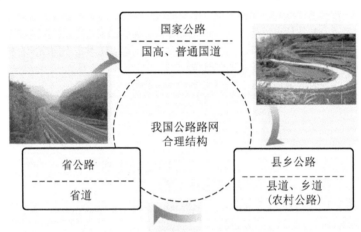

图 1.6　我国公路路网的合理结构

表 1-6　我国公路等级标准

等级	高速	一级	二级	三级	四级
流量/（辆/天）	>25 000	15 000～30 000	3000～15 000	1000～4000	<1500
标准车	小客车	小客车	中型货车	中型货车	中型货车
出入口控制	完全控制	部分控制	无控制	无控制	无控制
设计年限/年	20	20	15	10	10

各等级公路（图 1.7）的说明如下：

（1）高速公路。高速公路是具有特别重要的政治、经济意义的公路，有 4 个或 4 个以上车道，并设有中央分隔带、全部立体交叉并具有完善的交通安全设施与管理设施、服务设施，是专供汽车分向、分车道行驶并全部控制出入的多车道干线专用公路。

（2）一级公路。一级公路是连接重要政治经济文化中心、部分立交的公路，供汽车分向、分车道行驶的公路。四车道一级公路一般能适应按各种汽车折合成小客车的远景设计年限年平均昼夜交通量为 15 000～30 000 辆；六车道一级公路一般能适应按各种汽车折合成小客车的远景设计年限年平均昼夜交通量为 25 000～55 000 辆。

（3）二级公路。二级公路是连接政治、经济中心或大工矿区的干线公路或运输繁忙的城郊公路，一般能适应按各种车辆折合成中型重汽车的远景设计年限。

（4）三级公路。三级公路是沟通县或县以上城市的支线公路，为主要供汽车行驶的双车道公路。

（5）四级公路：四级公路是沟通县或镇、乡的支线公路，为主要供汽车行驶的双车道或单车道公路，供汽车分向、分车道行驶的公路。

图 1.7 各种等级公路

2．车辆

汽车是具有独立的发动机，能自行驱动而不依赖于轨道运行的陆上运输工具，是公路运输的核心。在物流领域中使用的汽车种类有很多，主要有普通货车、厢式货车、专用车辆、牵引车和挂车等。

1）普通货车

普通货车按载重量的不同分为轻型货车、中型货车和重型货车。

（1）轻型货车的载重吨位在 2t 以下，较多为低货台，人力装卸比较方便，主要用于市内运输、集货、配送等，如图 1.8（a）所示。

（2）中型货车的载重吨位为 2～8t，主要用于城市和乡村间的运输，如图 1.8（b）所示。

（3）重型货车的载重吨位在 8t 以上，通常是高货台，主要用于长途干线的运输，如图 1.8（c）所示。

2）厢式货车

厢式货车具有载货车厢，还具有防雨、隔绝等功能，安全性能好，能防止货物散失、被盗等，但是由于自重较重，所以无效运输比例较高。厢式货车（图 1.9）主要有以下几种类型：

（1）后开门式。适用于后部装卸，方便手推车等进入装卸，车厢与站台接近，占用站台位置短，有利于多车辆装卸。

（2）侧开门式。适用于边部叉车装卸，货车侧部与站台接近，占用站台长度较长。

（3）两边开门式。开门比较自如，适用于多客户、多种物资的装卸。

（4）侧后开门式。一般用于冷藏车和爆破运输车。

（5）顶开式。适用于吊车装卸。

（6）翼式。两边门可以像鸟翅膀一样展开，适用于两侧同时装卸。

(a) 轻型货车　　　　　　　　(b) 中型货车

(c) 重型货车

图 1.8　普通货车

图 1.9　厢式货车

3）专用车辆

这种车适用于装运某种特定的、用普通货车或厢式货车装运效率较低的货物。专用车辆的通用性差，往往只能单程装运，运输成本高，常见的有商品车运输车、油罐车、洒水车等，如图1.10所示。

（a）商品车运输车

（b）油罐车

（c）洒水车

图1.10 专用车辆

4）牵引车和挂车

牵引车又称拖车，专门用于拖挂和牵引车。牵引车分为全挂式和半挂式两种，如图1.11所示。挂车本身没有发动机驱动，通过杆式或者架式拖挂装置，由牵引车或者其他汽车牵引；而挂车只有与牵引车或其他车辆一起组成汽车列车才能构成一个完整的运输工具。

挂车有以下几种类型：

（1）全挂式。由全挂式牵引车或者一般汽车牵引。

（2）半挂式。与半挂式牵引车一起使用，其部分质量有牵引车的底盘承受。

（3）轴式挂车。这是一种单轴车辆，专门运送大件货物。

（4）重载挂车等。这是一种大载重量的挂车，可以是全挂车也可以是半挂车，主要用于运输笨重、特大的货物，其载重量可以达到300t。

由于挂车结构简单、保养方便且自重小，在运输过程中使用挂车可以提高运输的效率。

（a）全挂车

（b）半挂车

（c）牵引车

图1.11　挂车和牵引车

3．站、场

站、场对于公路运输来说是必不可少的基础设施，通常有车站、货场、高速公路服务区等设施。

（1）车站（图1.12）是公路运输过程中必备的设施，一般来说是旅客上下车、休息或者是货物装卸运输的目的地或者中转地。

第1章 公路运输基础知识

图 1.12 车站

（2）货场则是到站或者是待发货物暂时存放的场所，对于公路货物运输来说是不可缺少的组成部分。

（3）高速公路服务区是以高速公路上运行车辆、司乘人员、被运送物资为服务对象的高速公路基础设施。由于高速公路全封闭、全立交、严格控制出入，途中的加油、检修、休息、如厕、就餐等需求，就只能依靠高速公路服务区来满足，所以高速公路服务区不仅体现了高速公路整体服务水平，而且影响着车辆的安全运行。

现有的高速服务区设计方法和理念是在 20 世纪 80 年代低交通量条件下产生的，以满足低层次的基本行车需求为目标，所以这种方法和理念已很难适应我国高速公路发展的新形势，而且许多服务区在运营中出现了种种问题，因此我国高速服务区规划设计的理论和理念亟待改进和完善。

知识链接

提起高速公路服务区不得不提我国古代驿站（图 1.13）。驿站是古代接待传递公文的差役和来访官员途中休息、换马的处所，以后功能逐步有所扩展，最后被新生事物取代。辽宁地区出现有文字记载的驿站是在唐代。宋代人著的《五经总要》中曾提到过唐代的营州道上所设的驿站；到了辽代，中京大定府至东京辽阳府之间设置了驿站，有 14 处驿馆；到金代，则在上京会宁府至燕京之间，沿辽西傍海道设置了驿站；到了元代，由于疆域辽阔，为发展交通，强化了驿站制度，这也成为它巩固政权的重要手段，这时驿站也叫"站赤"（"站赤"是蒙古语驿站的译音）；到了明代，除开通沈阳至旅顺的驿站外，在其他干线道路上均设置了驿站。这与元代只在两条大干线上设驿站是不同的，从沈阳市的历史发展来看，它就是由古代驿站起家，逐步进化到当代这样一个大都市；到了清代末期由于文报局的设立开始与驿站相辅而行，继而废除了驿站，同时有文报局专司其事，以后又设邮政，而文报局也逐渐废止。

驿站在我国古代运输中有着重要的地位和作用，在通信手段十分原始的情况下，驿站担负着各种政治、经济、文化、军事等方面信息的传递任务，在一定程度上也是物流信息的一部分，是一种特定的网络传递与网络运输。古代驿站由于当时历史条件的限制，科学技术发展的水平局限，其速度与数量与今天无法相比，但就其组织的严密程度而言，其运输信息系统的覆盖水平也不亚于现代通信运输。

图 1.13　我国古代驿站

4. 交通信息管理

由于社会经济的发展和人民生活水平的提高,人们对交通运输在质量、时间和安全方面提出了更高的要求,物流和客流已经从简单的"运得了"向"运得好"方向发展。随着公路里程的不断延伸和增长,覆盖全国的公路主骨架逐渐形成,如果不能及时建设高速公路的自动监控系统(图 1.14),车辆就像茫茫大海中的一条船,货主无法得知货物的运送情况;运输公司无法得知车辆的行驶状态以及货物配载情况,更无法动态地指挥和调度车辆;司机不能及时地得到公司的调度信息,无法预知行程的路况等。因此,车辆运行调度管理和在途跟踪管理显得尤为重要,运输管理的现代化必不可少。

图 1.14　高速公路自动监控系统

1.2.2　公路运输的特点

1. 机动灵活

机动灵活是公路运输的最大优点。公路运输在空间上很容易实现"门到门"运输,并且可以根据客户需求随时提供运输服务，能灵活制定运营时刻表，运输服务的弹性大，同时也能根据客户需求提供个性化的服务，最大限度满足不同性质的货物运输。

2．驾驶人员容易培训

与其他运输工具相比，汽车驾驶技术简单，容易掌握。汽车驾驶员培训一般只需要几个月的时间，而其他运输工具驾驶员培训则需要较长的时间。

3．运输成本高

公路运输的总成本包括固定成本和变动成本两部分。对于运输企业而言，固定成本的比例相对较高。由于公路运输的单次运输量较小，相对于铁路运输和水路运输而言，每吨公里的运输成本较高。相关资料显示，公路运输成本分别是铁路运输成本的11.1～17.5倍，是水路运输成本的27.7～43.6倍，是管道运输成本的13.7～21.5倍，但只是航空运输成本的6.1%～9.6%。

4．运输能力小

每辆普通载货汽车每次顶多能运送50t左右的货物，仅相当于每列火车的运输量2500t的2%；长途客车一般也只能运送50位左右的旅客，仅相当于铁路普通列车定员的1/35。另外，由于汽车体积小，载重量不大，运送大件货物较为困难，所以一般来说大件货物和长距离货物不太适合采用公路运输。

5．能耗高

公路运输属于高能耗的一种运输方式。相关资料表明，公路运输能耗分别为铁路运输的能耗的13倍左右、沿海运输能耗的14倍左右、内河运输能耗的15倍左右和管道运输能耗的6倍左右，但是和航空运输能耗相比则大大降低，仅相当于航空运输能耗的7%左右。

6．环境污染严重

据相关机构对各种运输方式造成污染的研究分析，公路运输的汽车是造成环境污染的罪魁祸首，其中有机化合物污染占81%，氮氧化物污染占83%，一氧化碳污染占94%。公路运输造成的污染是水路运输的3.3倍。

7．原始投资少，资金周转快

公路运输与铁路、水路、航空运输方式相比，所需固定设施简单，车辆购置费用一般也比较低，因此投资回收期较短。相关资料表明，在正常经营情况下，公路运输的投资每年可周转3次，而铁路运输则需要3～4年才能周转一次。

综上所述，公路运输比较适合于内陆地区中短距离的货物运输，以及与铁路、水路进行联运，为铁路、港口进行货物集中和疏散。另外，公路运输也可以在农村、农村与城市之间进行货物的运输，还可以在远离铁路的区域从事干线运输。而且，随着高速公路网的修建，公路运输将逐渐形成短、中、长途运输并举的格局。

1.2.3 公路运输的作业流程

1. 托运、接单

（1）公路运输主管从客户处接收（传真）运输发送计划。

（2）公路运输调度从客户处接收出库提货单证。

（3）核对单证。

（4）运输调度在登记表上分送货目的地、收货客户标定提货号码。

（5）司机（指定人员及车辆）到运输调度中心拿提货单，并在运输登记本上确认签收。

公路运输作业是从接受货主托运货物开始的。托运一般采用书面的形式，由货主填写托运单。托运单是货主与运输企业之间签订的运输合同，托运单确定了运输企业和货主在运输过程中的权利、义务和责任，是货主托运货物的原始凭证。

运输企业从货主处接受运输发送计划、托运单和出库提货单证，认真核对单证上的内容是否与计划运送的货物一致，将核对完整的发送计划和出库提货单证交给运输调度人员。核对的内容包括货物的名称、体积、重量、件数、目的地和送达时间等。

公路运输的作业流程如图 1.15 所示。

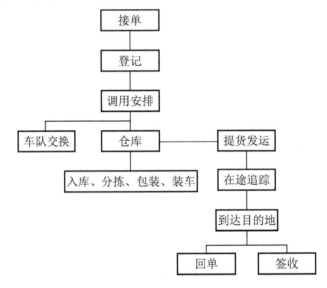

图 1.15　公路运输作业流程

2. 调度安排

（1）填写运输计划。

（2）填写运输在途、送到情况，追踪反馈表。

（3）电脑输单。

（4）根据送货方向、重量、体积、统筹安排车辆。

（5）报运输计划给客户，并确认到厂提货时间。

运输调度人员根据货主运送计划，组织车辆运输计划和接货工作。运输调度工作人员在登记表上根据送货目的地、货主标定提货号码进行分类，随车工作人员到运输调度中心接收出库提货单证,并在运输登记本上确认签收,然后到货主指定的地点提货。

在这一阶段,运输调度工作人员根据送货方向和货物的重量、体积,统筹安排车辆,并报运输计划给货主,确认提货时间,让货主做好接车准备。

3．提货发运

（1）按时到达客户提货仓库。
（2）检查车辆情况。
（3）办理提货手续。
（4）提货,盖好车棚,锁好箱门。
（5）办好出厂手续。
（6）电话通知收货客户预计到达时间。

车辆工作人员应该检查车辆情况并按时到达货主的提货仓库,办理提货手续,然后进行提货,盖好车棚,锁好车门,并通知收货人货物的预计到达时间。为了保证正确的运送货物和行车安全,装车后还需要检查有无超重、偏重、超限等现象,装载是否稳妥,捆绑是否牢固,施封是否符合要求,车种、车号和运单记载是否相符等。

4．在途追踪

（1）建立收货客户档案。
（2）司机及时反馈途中信息。
（3）与收货客户电话联系送货情况。
（4）填写跟踪记录。
（5）有异常情况及时与客户联系。

货物运输过程的过程中,车辆工作人员要及时反馈途中信息,与收货人电话联系送货情况并填写跟踪记录,如有异常情况要及时与货主联系。

5．到达签收

（1）按时准确到达指定卸货地点。
（2）货物交接。
（3）百分之百签收,保证运输产品的数量和质量与客户出库单一致。
（4）将签收货物回执单用特快专递或传真反馈至公司。

运输企业应提前确认货物到达时间,并以电话或者传真等方式通知收货人,收货人组织卸货工作人员,提前做好接车、卸货和准备入库的工作,在卸货结束后随车工作人员应将回单传回运输企业并签收运输单。收货人只有在货物损坏或者质量发生改变,以致部分货物不能按原用途使用时,才可以拒绝领取货物。

6．运费结算

（1）整理好收费票据。
（2）做好收费汇总表交给客户,确认后交回结算中心。
（3）结算中心开具发票,向客户收取运费。

运输企业整理好收费票据,做好收费汇总表给托运人或者收货人,托运人或者收货人确认后交回结算中心，结算中心开具发票，向托运人或收货人收取运费。托运人或者收货人未支付运费、保管费或者其他费用时，运输企业对相应的货物享有留置权，但另有约定的除外。

1.2.4 我国公路运输存在的问题

1．交通基础设施滞后经济发展的需要

我国现有的交通基础设施总体规模仍然很小，还不能满足经济社会发展对交通运输不断增长的需求。按我国国土面积和人口数量计算的运输网络密度，不仅仅落后于欧美等发达国家，就是与印度、巴西等发展中国家相比，也存在较大差距。交通基础设施的缺乏，特别是在主要运输通道上客货运输能力严重不足，将对国民经济的健康发展产生不利影响。

2．交通运输业的发展滞后人民生活水平的需求

当前，我国居民收入水平不断提高，势必引起居民消费行为和消费方式的变化。居民外出旅行，要求运输方式快捷、舒适、安全。然而，我国的交通运输业还不能完全满足这些要求：高速公路比重不大，高速铁路尚属进一步发展阶段，民用航空业还不发达，运输服务质量有待提高等；城市公共交通系统不够发达，路网密度不高，布局不够合理，城镇居民的工作和生活出行尚有诸多不便。

3．交通运输设施的区域布局要合理

目前，我国东部地区交通比较发达，而中西部地区特别是西部地区交通比较落后。中西部地区的经济发展受到了落后的交通运输的严重制约，而这些地区地域宽广，资源丰富，又是少数民族聚居的地区，其交通运输发展具有重要的战略意义。

4．交通运输业的高能耗、高污染严重

城市交通运输业的发展所带来的污染已经严重地破坏了居民的生存环境。机动车排放的尾气是城市空气污染的主要来源之一，严重危害着城市居民的生产生活环境。城市化的急速发展使得汽车的保有量每年以10%的速度增加，城市中的颗粒物和二氧化硫有相当一部分是由汽车排放出的。汽车排污也是城市空气中含铅量增加的一个重要来源。而且，交通管理的落后使得城市交通混乱，车辆平均行驶速度低，更加重了破坏性。

5．提高交通运输技术和装备水平

随着我国经济实力的不断增强，在引进国外先进技术和装备方面有了较大发展，但从总体上讲，我国交通运输的技术装备水平仍与发达国家有较大差距：公路的许多重要路段混合交通仍较为严重，汽车专用公路仅占公路总里程的1%，等外公路混合交通高达20%以上；交通运输工具则是先进与落后并存，技术状况的参差不齐和运力结构的不合理，严重影响了运输效率的提高。

6．规范市场竞争，合理协调各种运输方式

改革开放以来，我国各种运输方式均得到不同程度发展，综合利用和发展各种运输方式的问题日益受到重视,从而为充分发挥各种运输方式的技术经济优势和功能,实现各种运输方式合理分工和协调发展,为保证运输安全、合理利用资源、保护环境等目标创造了有利条件。公路运输有机动、灵活和"门到门"运输的优势,在公路状况和车辆装备水平提高的前提下,其承担的运输量必然增长。

> **知识链接**
>
> 发达国家在发展综合运输体系方面,都是根据本国的自然地理、经济和社会发展、技术进步等条件,制定运输发展政策,促进各种运输方式的合理分工和协调发展。但是,许多国家也走过一些弯路,如美国就出现了在高速公路和民用航空大发展之后,铁路运输竞争能力下降而大规模拆除铁路的交通运输发展历程。交通运输市场的自由竞争有其合理的一面,但所造成的资源浪费也是不可避免的。不过无论交通运输的发展过程如何,各种运输方式的合理分工和协调发展是综合运输体系的核心问题,也是交通运输发展的客观要求。

1.3 我国公路运输网络

《国家高速公路网规划》是中国历史上第一个"终极"的高速公路骨架布局,同时也是中国公路网中最高层次的公路通道。该规划着力强调"综合运输",注重综合运输、协调发展,规划路线将连接全国所有重要的交通枢纽城市,包括铁路枢纽50个、航空枢纽67个、公路枢纽140多个和水路枢纽50个,有利于各种运输方式优势互补,形成综合运输大通道和较为完善的集疏运系统。

1.3.1 我国古代公路运输

在介绍我国公路运输网的发展时,不得不提到我国道路网络的发展历程。很多人都清楚目前现代化的公路运输,然而对古驿道的建设和发展以及对当时经济发展的促进作用却知之甚少。比如说,秦直道是由秦始皇下令修建的一条从秦都咸阳到内蒙古包头全长700km,路面平均宽度约30m,最宽处约80m的古代"高速公路",其标准相当于现在的二级公路,这是堪与长城比肩的世界工程史上的奇迹。

古驿道又称驿路、官道,指古代经由驿站传送公文的交通路线,多设于通衢大道。驿道上每隔若干里设置一个驿站(详见1.2.1节的"知识链接"),驿驿相接,纵横网络,以京师为中心,向四方辐射;再以地方首府为重点,逐级扩展,星罗棋布,形成网络。古驿道沟通了中央与地方及地方之间的联系,使政令通达,军报快捷,民情流畅。

古驿道的建立对促进当时经济的发展起到了重要的作用,畅通的道路对经济运输、军事运输都有很大的促进作用,是当时经济和军事发展不可缺少的重要组成部分。我国保留下来的古驿道主要有秦皇古驿道、绍兴古驿道、冲麦古驿道、梅关古驿道、独松关古驿道,其中最为著名的就是秦皇古驿道。另外,在古代能够形成完整公路运输网络的就是西汉时期开始的"丝绸之路"。

1. 秦皇古驿道

在河北石家庄井陉县内,有一条由冀入晋、横贯东西的古道,西起山西的固关,途经河北井陉的核桃园、北横口、微水、东天门、上安、下安、出土门关,全长 70 多千米,史称秦皇古驿道(图 1.16)。据考证,这条古道的建成,比罗马古道还早 100 多年。

图 1.16 秦皇古驿道

这条古驿道的历史可追溯到春秋战国时代,历代都有修缮,曾是古代燕赵通向秦晋的交通要隘,是控制冀晋两省的咽喉所在。秦始皇统一后,在全国范围内修筑了以咸阳为中心的驿道,井陉古驿道就是当时的主干线上非常重要的一段。

位于古驿道之上的东天门是一座关城式建筑群,占地约 1000m^2,关城有"东阁""西阁"两座城门。东阁为主体,建在两座山峰的连接处,开凿岭石为基,在基石上有券洞,于洞顶建阁。现存东阁楼翻建于清康熙十三年(公元 1674 年)是有确切记载的,但券洞及阁楼究竟始建于何年代,无从稽考,可以推断的是券洞及阁楼的始建不会早于古道的开辟。

这条古驿道能完整无损地保留下来,是因为清末修筑了正太铁路,人们才渐渐地遗忘了这条险恶、难行的地段。时至今日,这个历经数千载风风雨雨、金戈铁马而最终顽强存留下来的"见证者",始终凝望着身边发生的沧桑演变,承载着那凝重深厚的千年历史文化

2. 绍兴古驿道

出浙江新昌县城旧东门至天台县界,至今还保留着一条较为完整的古驿道(图 1.17),一路铺就的鹅卵石,光滑平整。横贯斑竹的长街,会墅岭的石级台阶,天姥寺至冷水坑的山路,仍留存着古驿道的风韵。驿道上所设立的小石佛铺、冷水铺、关岭铺,还可看出铺址旧貌。驿道经桃源穿越天姥,到达关岭头,全长 35km。这条驿道就是绍兴古驿道,早先为南朝诗人谢灵运开拓,故又称"谢公道"。

图 1.17　绍兴古驿道

3．冲麦古驿道

冲麦古驿道（图 1.18）俗称宁州通京大道，全长 150km，系古代宁州过浪胱（今江川）经华宁、晋宁抵省城云南昆明的交通要道。驿道所经之地逢山开道，遇水架桥，设关建卡，过浪胱（今江川）县，境内的雄关镇和螺蛳铺村是当年的两个驿站，常有节度使宿站。冲麦村地处上至晋宁、昆明到达南京下至临安府的交通咽喉，不但设有驿站，而且设有递铺和运所。冲麦古驿道在华宁境内有 12.5km，东起县城西边的浣江亭，西至华宁与江川交界的雄关驿，途经高茶寨、西永冲、绿林庄、老寨子、新寨子、大路南、冲麦等村寨，逶迤行进在磨豆山脉之中，沿途跨越浣江及白龙河支流处，有 9 座石桥，最大的有两座，一座是黄澄（陈）桥，另一座是浣江桥。黄澄（陈）桥位于冲麦村东里许，系单孔石拱桥，此桥系明隆庆末年宁州士绅黄澄（陈）出资兴建，故而取名黄澄桥。浣江桥头原建有六角亭一座，是宁州（华宁）赴外地的必经之地，又是冲麦古驿道的起点。驿道多用马驮，不宜往返，一般顺江水而修造。所以，冲麦古驿道也如此，驿道进入磨豆山区，峰回路转，崎岖难行；但一路山高水长，峡谷激流，拱桥亭廊，风光也十分秀丽。

图 1.18　冲麦古驿道

冲麦驿站、递铺和递运所归大明兵部领导，冲麦驿站还按照朝廷所规定的标准供给过往官员食宿和车马，冲麦驿站使用的凭证是"勘合"和"火牌"，凡是向驿站要车、马、人运送公文和物品都要看"邮符"，官府使用时凭"勘合"，兵部使用时凭"火牌"。使用"邮符"极为严格，对过境有特殊任务的派兵保护；马递公文，都加兵部火票令沿途各驿站传递。如果从外地到达内地、京城或者与外地之间相传递的都要填写连排单。冲麦驿站传送重要军情的良马专喂粮黍，紧急公文则标明日行四百里、五百里、六百里字样，传递紧急军情则一人双马，把马跑死、累死也要按照要求的时限送到。

4．梅关古驿道

梅关古驿道（图1.19）历经2000多年沧桑至今依然保留完整。梅关位于距广东省南雄市约30km的梅岭顶部，是横跨赣粤两省的天然屏障，这里山势险峻，峰峦对峙，历代为兵家必争之地。陈毅同志曾在这里打过3年的游击战，并留下著名诗篇《梅岭三章》。梅关又是古代赣粤二地商贾交通的必经之路，被称为"岭南第一关"。唐开元年间开始修筑梅关驿道，沟通了内陆与海上"丝绸之路"，对于促进赣粤经济有着重要的历史意义。

图1.19 梅关古驿道

梅关古驿道开凿时间是唐朝开元四年，（公元716年），到现在有1300多年历史。当时是为了满足唐朝经济发展的需要开通的，唐朝时期经济空前发展，对外输出瓷器、丝绸、茶叶，除了北方"丝绸之路"到达西亚、欧洲之外，还可通过水运，由长江到达赣江，溯章江而上来到大余梅岭脚下，再由挑夫挑过这条古驿道送往广东南雄，然后由浈江、珠江运往海外。所以在古代，这条驿道发挥着重要的经济大动脉作用，有人把这条航路称为"水上丝绸之路"。梅岭驿道即是这条"水上丝绸之路"的重要陆路通道。

开凿这条驿道的人是唐朝内供奉张九龄。张九龄是广东省始兴县人，他年轻时进京考科举，经过梅岭只有一条崎岖的羊肠小道，小道上有许多商人非常吃力地挑着担子过往梅岭，这种景象深深地印在他的脑海中，所以当时他就下了决心，要在梅岭开出一条通往四海的大道。后来他考中进士做了朝廷重臣，第一件事就是向唐玄宗李隆基奏请"开凿庚岭驿道"，唐玄宗李隆基也考虑到这条路的重要性，很快就批准奏请，并命张九龄率当地民工凿修。

5. 独松关古驿道

独松关古驿道（图 1.20）地处浙江安吉县递铺镇双溪口关上村独松岭。独松关横跨东西两山，关墙块石垒筑，原长约 80m，现存山溪以西部分，长 23.5m，宽 13m，高 6.6m。南北向瓮城式构筑，原有箭楼，箭楼瓮口南北长 4.75m、东西宽 3m。拱券式关门，面北拱门高 3.2m、面南拱门有两道拱券，其中内拱高 4.06m，外拱高 3.2m。独松关是南宋都城临安（今杭州）抵御北方敌兵的重要关隘。同治版《安吉县志》记载："独松关，宋建炎间（1127—1130 年）兵起，垒石为关，名曰独松关。"据《宋书》记载，南宋嘉泰年间（1201—1204 年）开辟临安（今杭州）至建康（今南京）驿道经独松关过独松岭，独松关便是当时的急递驿站之一（当时安吉境内设有驿站 5 所，安吉县城递铺也即当时之急递铺，递铺之名盖由此来）。现存古驿道宽 1.2~2m，块石或卵石铺筑而成，道间存有自然条石构筑的平桥 3 座、卵石构筑的拱桥 1 座。独松岭段古驿道保存完好，至今仍为安吉至余杭徒步的主要通道。

图 1.20　独松关古驿道

独松关作为南宋修在临安的最后军事屏障，为浙江省内现存最早，国内罕见的历史遗迹。南宋以后关隘即告废弃，清代曾在此驻兵。

6. 丝绸之路

丝绸之路（图 1.21）是指西汉（公元前 202—公元 8 年）时，由张骞出使西域开辟的从长安（今西安）经甘肃、新疆，到中亚、西亚，并联结地中海各国的陆上通道（这条道路也被称为"西北丝绸之路"以区别日后另外两条冠以"丝绸之路"名称的交通路线）。当时的运输工具主要以马和骆驼为主。

丝绸之路是历史上横贯欧亚大陆的贸易交通线，在历史上促进了欧亚非各国和中国的友好往来。中国是丝绸的故乡，在经由这条路线进行的贸易中，中国输出的商品以丝绸最具代表性。19 世纪下半期，德国地理学家李希霍芬就将这条陆上交通路线称为"丝绸之路"，此后中外史学家都赞成此说，沿用至今。张骞通使西域后，开通了从中国通往中亚的陆路通道，班超经营西域和甘英出使大秦正式开通了连接欧亚非三州的丝绸之路。这条道路，由长安，经过河西走廊，然后分为两条路线。

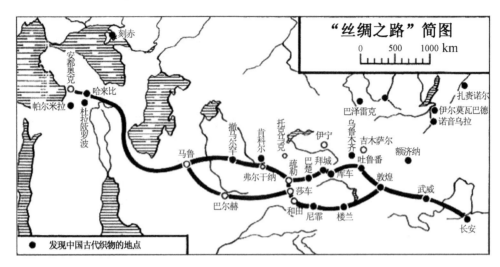

图 1.21 "丝绸之路"简图

（1）一条由阳关，经鄯善，沿昆仑山脉北麓西行，过莎车，西逾葱岭，出大月氏，至安息，西通犁靬（读音"jiān"，今埃及亚历山大，公元前 30 年为罗马帝国吞并），或由大月氏南入身毒。

（2）一条出玉门关，经车师前国，沿天山南麓西行，出疏勒，西逾葱岭（今帕米尔高原高原地区），过大宛，至康居、奄蔡（西汉时游牧于康居西北即咸海、里海北部草原，东汉时属康居）。

后来，汉朝政府在张骞走过的路上设置了 4 个郡，这条以长安为起点、经过河西四郡，一直通向印度、西亚乃至欧洲的交通要道——丝绸之路便畅通无阻了。中国的丝绸、铁器以及灌溉技术、炼钢技术和四大发明开始陆续西传，西域的胡萝卜、葡萄、汗血马以及乐器、佛教、绘画艺术也传到了中国。"丝绸之路"成为促进亚欧交流和人类文明发展的纽带，推动了这些地区的经济文化交流，被称为"东西方对话之路"。

1.3.2 我国近代公路运输网络的发展

中国近代公路运输指的是自清末至中华人民共和国成立前的公路运输，其发展经过以下 4 个阶段：

（1）清末和北洋政府时期，这是中国公路的萌芽阶段。此阶段第一条公路是 1908 年在广西南部边防兴建的龙州至那甚公路，长 30km。截至 1927 年，全国公路通车里程约为 29 000km。

（2）国民党政府时期（1927—1936 年），这是我国公路开始纳入国家建设规划的阶段。1927 年，国民党政府的交通部和铁道部草拟了全国道路规划及公路工程标准。截至 1936 年 6 月，全国通车里程达 117 300km。

（3）抗日战争时期（1937—1945 年），由于战争的影响和破坏，公路发展缓慢。截至 1946 年 12 月，全国公路总里程只有 130 307km。

（4）解放战争时期（1946—1949 年），公路交通以军用为主，公路建设进展不大。特别是在国民党军队溃退时，公路遭到严重破坏。截至中华人民共和国成立前夕，全国通车里程只有 75 000km。

自从 1901 年从外国进口第一辆汽车，1906 年在广西修建了从龙州至镇南关（今友谊关）长约 50km 的第一条公路，中国才开始有了近代公路运输。中国第一家专业汽车运输公司是 1917 年创办的张库汽车运输公司，经营张家口至库伦（今蒙古人民共和国乌兰巴托）间的运输业务。近代中国公路运输处于低微的地位，它在国民经济和社会发展中应有的作用未能得到重视和发挥。中华人民共和国建立后，我国公路运输才有了迅速的发展。

在我国近代公路运输史上，值得一提的就是滇缅公路（图 1.22），即中国云南到缅甸的公路。滇缅公路于 1938 年开始修建，与缅甸的中央铁路连接，直接贯通缅甸原首都仰光港。滇缅公路原本是为了抢运当时的中国政府在国外购买的和国际援助的战略物资而紧急修建。随着日军攻占越南，滇越铁路中断，滇缅公路竣工不久就成为了中国与外部世界联系的唯一运输通道。这是一条诞生于抗日战争烽火中的国际通道，是一条滇西各族人民用血肉筑成的国际通道，在第二次世界大战中扮演着重要的角色。

图 1.22 滇缅公路

以云南省今天的行政区划来说，滇缅公路穿越了以下县市：昆明市、安宁市、禄丰县、楚雄市、南华县、祥云县、大理市、漾濞彝族自治县、永平县、保山市、龙陵县、芒市、瑞丽市。云南地形复杂，大山大河成为了滇缅公路穿越的难题。滇缅公路穿越过的主要河流有螳螂川、绿汁江、龙川江、漾濞江、澜沧江、怒江等，穿越的山脉有点苍山、怒山山脉、高黎贡山山脉等。

1.3.3 我国现代公路运输

近年来，我国交通基础设施和运输装备不断完善，为公路运输市场的快速发展创造了有利条件，也使公路客、货运输的运距不断延长。目前，我国公路运输行业处于快速发展的成长期，在国民经济增长中发挥日益重要的作用。未来几年，我国公路运输的发展趋势主要表现在以下 5 个方面：

（1）公路运输需求将继续保持快速增长。

我国公路基础设施建设发展迅速，公路运输能力大大提高，在国民经济增长和人们生活水平提高方面发挥越来越重要的作用。但与日益增长的运输需求相比，公路运输仍存在有效供给不足的问题，随着我国经济的进一步发展，公路运输需求将继续保持快速增长。在公路货运中大宗货物、初级产品所占的份额呈下降趋势，对运输服务质量和服务水平的要求日益提高。

（2）智能运输系统是未来公路运输的发展方向。

智能运输系统（Intelligent Transport System，ITS），是指将先进的信息技术、数据通信传输技术、电子控制技术以及计算机处理技术等综合运用于整个地面运输管理体系。ITS使人、车、路以及环境密切配合、和谐统一，使汽车运行智能化，从而建立一种在大范围内，全方位发挥作用的实时、准确、高效的公路运输综合管理系统。

ITS可提高公路交通安全水平，减少交通堵塞，提高公路网的通行能力，降低汽车运输对环境的污染，提高汽车运输生产率和经济效益。随着ITS技术的发展，电子技术、信息技术、通信技术和系统工程等高科技在公路和运输领域将得到广泛的应用，物流运输信息管理、运输工具控制技术、运输安全技术等均将产生巨大的飞跃，从而大幅度提高公路网的通行能力。

（3）公路运输将与现代物流日益融合。

物流业作为一种新的经济运行方式，已经成为国民经济的重要支柱之一。由第三方物流企业组成的新的物流服务业，是我国经济发展新的生产力。随着运输需求水平的逐步提高，公路货运中小批量、多品种、高价值的货物越来越多，在运输的时间性和服务质量方面的要求越来越高。因此，公路运输企业必须提高自身的物流服务水平，以满足日益提高的客户服务的需求，同时更是为了应对经济全球化潮流和我国加入WTO后面临的压力和挑战。在此背景下，近年来一些大型公路运输企业的物流意识迅速增强，一些先进的企业已经开始从单纯的客货运企业发展成为能够提供多种物流服务的现代化企业。

（4）集约化经营、规模化发展是公路客运发展的方向。

公路客运是为经济社会发展和人们出行提供最广泛服务的重要产业，在综合运输体系中起着基础性作用。随着国民经济持续发展和人们生活水平的不断提高，公路客运市场需求发生了转折性的变化，人们越来越重视出行的质量和舒适性。同时，公路基础设施建设的大规模投入、高等级公路尤其是高速公路的快速发展，为提高公路客运服务提供了条件。

社会经济发展的大环境以及通达能力、运行条件改善的小环境，都对公路客运发展方向提出了战略性转变的要求。集约化经营、规模化发展成为现阶段我国公路客运发展战略的主要方向，在这种趋势下现有公路客运经营主体"多、小、散、弱"的状况，已经不能适应市场需求的变化。因此，公路客运企业应以安全、快捷、舒适为基本要求，提高营运质量，走集约化经营、规模化发展之路。

（5）公路货运将向快速、长途、重载发展。

随着区域经济的发展以及公路基础设施和车辆的不断改进，中长距离公路运输需求增加，公路货运向快速、长途、载重方向发展，大吨位、重型专用运输车因高速安全、单位运输成本低而成为我国未来公路运输车辆的主力。专用车产品向重型化、专用功能强、技术含量高的方向发展。厢式货车、罐式运输车、半挂汽车列车、集装箱专用运输车、大吨位车、柴油车以及危险品、鲜活货物、冷藏货物等专用运输车辆将围绕提高运输效率、降低能耗、确保运输安全的目标发展。

1.3.4 我国高速公路网络

我国国家高速公路网采用放射线与纵横网格相结合的布局方案（图1.23），由7条首都放射线、9条南北纵线和18条东西横线组成，简称为"7918"网，总规模约8.5万公里，其中主线6.8万公里，地区环线、联络线等其他路线约1.7万公里。"十二五"期间，交通运输部将以国家高速公路网建设为龙头，加强省际连接线建设，到2015年基本建成国家高速公路网。下面简要介绍我国高速公路网络布局。

图1.23 我国高速公路网布局

1. 7条首都放射线（图1.24）

（1）北京—上海。
（2）北京—台北。
（3）北京—港澳。
（4）北京—昆明。
（5）北京—拉萨。
（6）北京—乌鲁木齐。
（7）北京—哈尔滨。

首都放射线的编号为1位数，以北京市为起点，放射线的止点为终点，以1号高速公路为起始，按路线的顺时针方向排列编号，编号区间为G1～G7，如图1.25所示。

图1.24 7条首都放射线

国家高速	国家高速	国家高速	国家高速	国家高速	国家高速	国家高速
G1	**G2**	**G3**	**G4**	**G5**	**G6**	**G7**
京哈高速	京沪高速	京台高速	京港澳高速	京昆高速	京藏高速	京新高速

图1.25 首都放射线高速公路命名

2. 9条南北纵线（图1.26）

(1) 鹤岗—大连。

(2) 沈阳—海口。

(3) 长春—深圳。

(4) 济南—广州。

(5) 大庆—广州。

(6) 二连浩特—广州。

(7) 包头—茂名。

(8) 兰州—海口。

(9) 重庆—昆明。

纵向路线以北端为起点，南端为终点，按路线的纵向由东向西顺序编排，路线编号取奇数，编号区间为G11～G89，如图1.27所示。

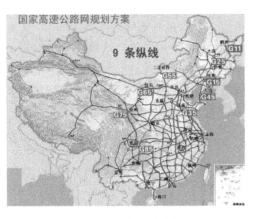

图1.26　9条南北纵线

国家高速	国家高速	国家高速	国家高速	国家高速	国家高速	国家高速
G11	G15	G25	G35	G45	G55	G65
鹤大高速	沈海高速	长深高速	济广高速	大广高速	二广高速	包茂高速

国家高速	国家高速
G75	G85
兰海高速	渝昆高速

图1.27　9条南北纵线高速公路命名

3. 18条东西横线（图1.28）

(1) 绥芬河—满洲里。

(2) 珲春—乌兰浩特。

(3) 丹东—锡林浩特。

(4) 荣成—乌海。

(5) 青岛—银川。

(6) 青岛—兰州。

(7) 连云港—霍尔果斯。

(8) 南京—洛阳。

(9) 上海—西安。

(10) 上海—成都。

(11) 上海—重庆。

(12) 杭州—瑞丽。

(13) 上海—昆明。

(14) 福州—银川。

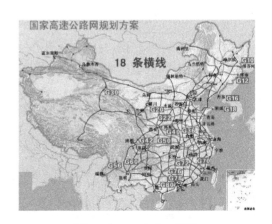

图1.28　18条东西横线

(15)泉州—南宁。
(16)厦门—成都。
(17)汕头—昆明。
(18)广州—昆明。

横向路线以东端为起点,西段为终点,按路线的横向由北向南顺序编排,路线编号取偶数,编号区间为G10～G90,如图1.29所示。

图1.29 18条东西横线高速公路命名

此外,国家高速公路网还包括辽中环线、成渝环线、海南环线、珠三角环线、杭州湾环线等5条地区环线,2段并行线和37段联络线。

4．五射线路

(1)北京—上海。
(2)北京—福州。
(3)北京—港澳。
(4)北京—昆明。
(5)北京—哈尔滨。

5．两纵线路

(1)沈阳—海口。
(2)包头—茂名。

6．七横线路

(1)青岛—银川。
(2)南京—洛阳。
(3)上海—西安。
(4)上海—重庆。
(5)上海—昆明。

（6）福州—银川。

（7）广州—昆明。

1.3.5 我国国道主干线网络

我国依据公路连接的地区及其重要性，将公路分成国道、省道、县道等不同等级，构成国道道路网络。其中，国道一般指承担繁重的运输任务的跨省区公路。国际上为了便于标示和管理，通常将道路编上代号，我国也依此例将道路进行编号。其中，国道用三位数表示，根据其沟通地区或大体走向分为以下 5 类：

（1）以北京为中心的环线式或以北京为起点国道。

以北京为中心或以北京为起点的国道，用"1××"表示，这类国道共 12 条，编为 101～112 线，包括以北京为中心的环线（仅 112 一条）和以北京为起点的国道。以北京为起点的国道分为从北京通向部分省会城市（如北京到沈阳的 105 线）、通向经济特区（如从北京到深圳的 107 线）或通向边疆重镇（如从北京到加格达奇的 111 线）。

　　101 线：北京—承德—沈阳

　　102 线：北京—山海关—哈尔滨

　　103 线：北京—天津

　　104 线：北京—福州

　　105 线：北京—珠海

　　106 线：北京—广州

　　107 线：北京—深圳

　　108 线：北京—昆明

　　109 线：北京—拉萨

　　110 线：北京—银川

　　111 线：北京—加格达奇

　　112 线：以北京为中心的环线

（2）大体为南北走向的国道。

南北向的国道共有 28 条，编为 201～228 线，这类国道的总体走向为南北向，多贯穿南北、跨数省区，为我国南北的交通干线。

　　201 线：大连—鹤岗

　　202 线：大连—吉林—哈尔滨—黑河

　　203 线：沈阳—黑河

　　204 线：烟台—上海

　　205 线：山海关—广州

　　206 线：烟台—汕头

　　207 线：锡林浩特—海安

　　208 线：集宁—长治

　　209 线：呼和浩特—北海

　　210 线：包头—南宁

　　211 线：银川—西安

212 线：兰州—重庆

213 线：兰州—景洪

214 线：西宁—景洪

215 线：柳园—格尔木

216 线：阿勒泰—库尔勒

217 线：阿勒泰—墨玉

218 线：霍城—若羌

219 线：叶城—拉孜

220 线：济南—郑州

221 线：哈尔滨—富锦

222 线：哈尔滨—伊春

223 线：海口—三亚（东）

224 线：海口—三亚（中）

225 线：海口—三亚（西）

226 线：楚雄—墨江

227 线：西宁—张掖

228 线：台北—高雄

（3）大体为东西走向的国道。

东西向的国道共有 30 条，编为 301～330 线，此类国道通常为东西走向，横贯祖国大地、连接数省区，是我国东西向的交通动脉。

301 线：满州里—绥芬河

302 线：图们—乌兰浩特

303 线：集安—锡林浩特

304 线：丹东—霍林格勒

305 线：庄河—林西

306 线：山海关—锡林浩特

307 线：塘沽—银川

308 线：青岛—石家庄

309 线：荣城—兰州

310 线：连云港—天水

311 线：徐州—西安

312 线：上海—伊宁

313 线：安西—若羌

314 线：乌鲁木齐—红旗拉甫

315 线：西宁—莎车

316 线：武汉—兰州

317 线：成都—那曲

318 线：上海—聂拉木

319 线：厦门—成都

320 线：上海—瑞丽

321 线：广州—成都

322 线：衡阳—凭祥

323 线：厦门—大理

324 线：福州—昆明

325 线：广州—凭祥

326 线：秀山—个旧

327 线：连云港—菏泽

328 线：南京—海门

329 线：杭州—沈家门

330 线：寿昌—温州

（4）中国国道"五纵"线路（图1.30）。

① 黑龙江省同江—海南省三亚（含长春—珲春支线），长约 5200km。从黑龙江的同江开始贯穿南北，从大连跨海到烟台，沿东南直至广东湛江，跨琼州海峡到海口，终点为海南三亚。

② 北京—福州（含天津—塘沽支线和泰安—淮阴连接线），长约 2500km，沿途联系了北京、天津、济南、徐州、合肥、九江、南昌等 27 个城市。

③ 北京—珠海，长约 2400km，沿途联系了京、冀、豫、鄂、湘、粤六省市。

④ 内蒙古自治区二连浩特—云南省河口，长约 3600km，沿途联系了二连浩特、集宁、大同、太原、西安、成都、昆明等 30 多个城市。

⑤ 重庆—湛江，长约 1400km，沿途联系了重庆、遵义、贵阳、柳州、玉林、湛江等 10 多个城市。

（5）中国国道"七横"路线（图1.30）。

① 绥芬河—满洲里，长约 1300km，沿途联系了绥芬河、牡丹江、哈尔滨、大庆、海拉尔、满洲里等 13 个城市。

② 丹东—拉萨（含天津—唐山支线），长约 4600km，沿途联系了丹东、本溪、沈阳、锦州、秦皇岛、北京、张家口、集宁、呼和浩特、包头、银川、兰州、西宁、格尔木、拉萨等近 30 个城市。

③ 青岛—银川，长约 1600km，沿途联系了青岛、潍坊、淄博、济南、石家庄、太原、银川等 17 个城市。

④ 连云港—霍尔果斯，长约 4400km，沿途联系了连云港、徐州、商丘、开封、郑州、洛阳、西安、宝鸡、兰州、武威、哈密、乌鲁木齐、石河子、奎屯、霍尔果斯等 35 个城市。

⑤ 上海—成都（含万县—南充—成都支线），长约 2500km，沿途联系了上海、南京、合肥、武汉、重庆、成都等近 30 个城市。

⑥ 上海—瑞丽（含宁波—杭州—南京支线），长约 4000km，沿途联系了上海、杭州、南昌、长沙、贵阳、昆明等近 40 个城市。

⑦ 衡阳—昆明（含南宁—友谊关支线），长约 2000km。沿途联系了衡阳、桂林、柳州、南宁、白色、昆明等近 10 个城市。

第 1 章 公路运输基础知识

图 1.30 "五纵七横"国道主干线示意图

1.4 案例：高速服务区为何变身"小车站"

1. 案例回放

如图 1.31 所示，在济青高速公路潍坊服务区内，常常有过路客车停留在此拉客。本来是给车辆和乘客休息的服务区变成了"小车站"，每天都有不少人到此等候坐车，过往客车对乘客往往不经安检就让其上车。

在济青高速公路潍坊南服务区，西邻一间不足 $10m^2$ 的小屋门前摆放着一块注明"旅客乘车售票处"的牌子，上有"潍坊汽车总站"字样。"我们这里确实是潍坊汽车总站设立的点。"小屋内有 4 名穿制服的工作人员，其中一女子说，这里属于潍坊汽车总站，是"正规售票点"。每当有客车到该服务区停驻，3 名负责售票的女工作人员便会迅速冲上前去，将目的地相同且已经买好票的乘客送上客车。

无论是售票员还是客车司机，没有一个人会确认新乘客的身份，更没有人对其行李进行安全检查，任由乘客将行李塞进车底行李厢或是提进客车厢内。一位女工作人员指着不远处的"办公室"说，这里根本没有地方摆放检测的仪器，而且他们也没有权力查看乘客的包裹，因此安全检查这项环节无奈被搁置。客车司机也同样表示自己没权翻看乘客的私人物品，通常情况下只要乘客随身携带的提包不是过大或者有什么异常，他们就不会过问。

图 1.31 案例图

2. 案例分析

（1）旅客安全问题。

由于高速服务区内没有相应的安检设备，所以在服务区内上车的乘客，会对其他乘客造成很大的安全隐患。乘客在服务区及高速路口上车往往没有通过安检，一旦行李中夹杂有易燃易爆物品，存在安全隐患，危及车上旅客人身安全。由于无法正规购买车票，所以不能购买人身意外伤害险，一旦出了问题无从得到相应的保证。

（2）车辆安全问题。

中途上车极有可能造成车上乘客过多，产生超载的现象，车辆在行驶运行过程中掌控不好很容易造成车辆翻车等事故。另外，易燃易爆的物品也会危及车辆安全。

（3）破坏了高速公路基础设施。

由于旅客是通过非正常入口进入服务区的，所以会破坏高速公路栅栏等基础设施，增加了高速公路运输管理的难度。

（4）这里是管理的盲区。

对于高速管理者来说交警虽然具有执法权，但只要客车证件齐全，没有超载违法行为，他们并不能对其处罚。作为客运车辆的主管部门，运管部门虽然对客运车违法上下客具有处罚的权力，但按照属地管理的原则，高速公路及服务区却又不属于其管辖范围。

3. 问题解决

通常根据规定，高速交警除了依法维护高速公路正常秩序外，凡是发生在高速公路上的违停、上下客、超速、超载等交通违法行为，都属高速交警依法查处的范畴。但是高速公路服务区是过往车辆、旅客的休息区，车辆、旅客在服务区里捡客、搭车，不属高速交警依法查处的范畴。由此看来，对"小车站"的管理还有待于进一步加强。

（1）根据《中华人民共和国高速公路交通管理办法》的规定，行人不得进入高速公路，这也包括高速公路的服务区，因此应该明确禁止行人在此处上下车。

（2）针对以上高速公路服务区出现旅客上下车的问题，高速交警大队正准备与当地运管部门联动，开展为期 1 个月的重点整治，在调查取证的基础上，对违规客车处以罚款，同时，将把这些车辆列入黑名单，拒绝其上高速；对于违规进入、破坏高速公路设施的旅客视情节进行处理。

（3）作为高速公路管理者来说，应该疏导结合，针对出现的问题找出相应的解决办法，这方面浙江绍兴的公路管理经营也可以借鉴。比如说，浙江省绍兴市在高速公路三江服务区旁设立了汽车站，该车站 24h 全天运营，首批推出 136 条客运线路通达全国 20 个省市。为了有效利用来往过境车辆的空载率，更好地满足群众出行需求，绍兴汽运集团有限公司在杭甬高速公路三江服务区旁设立了汽车站，过境长途客运车辆可以不出高速路网直接进入该车站。该车站已经与 50 多家专业客运公司签约预留客位，每天进站停靠车辆达 192 趟。该车站也是浙江省首个高速客货综合运输站，在开通客运班线的同时，快运网络已同步展开，有货运需求的旅客可以在该车站享受点对点的直达快运服务。

第1章 公路运输基础知识

本章小结

经过本章的学习，学生应了解公路运输的分类、概念及特点，对于公路运输的构成也应有初步的了解，对我国的公路交通网络包括高速公路和国道应有全面的认识，这对于做好公路运输的调度和管理工作十分重要。道路是运输的基础，运输线路的长短、道路状况是否良好，都对能否顺利完成运输任务、衡量企业运输成本起着非常重要的作用。

课后习题

一、填空题

1．运输的特点包括运输具有生产的本质属性、（　　）、（　　）、运输和生产消费的不可分割性、运输产品的非储存性、（　　）。

2．运输的两大主要功能是（　　）和（　　）。

3．（　　）是物流系统中最基本的功能之一，也是物流体系中所有动态功能中的核心部分。

4．物流运输的分类：按运输设备及运输工具不同分类、（　　）、按运输的作用分类、按运输的协作程度分类、（　　）。

5．公路运输系统由道路、（　　）、车站、（　　）4个部分构成。

6．按运输的协作程度分类，分为（　　）和（　　）两种运输方式。

7．公路运输的作业流程：托运、接单、（　　）、提货发运、（　　）、（　　）、运费结算。

8．按运输的范畴分类运输方式可分为：干线运输、（　　）、二次运输、（　　）。

9．公路运输的特点有：（　　）、驾驶员容易培训、（　　）、运输能力小、（　　）、环境污染严重、原始设备投资少、资金周转快。

二、选择题（1～5题为单选题，6～10题为多选题）

1．运输包括（　　）的运输。
   A．生产领域和流通领域　　　　　B．生产领域和加工领域
   C．流通领域和加工领域　　　　　D．生产领域和仓储领域

2．以下（　　）不是按运输设备及运工具不同分类的。
   A．公路运输　　B．铁路运输　　C．配送运输　　D．水路运输

3．下面不属于水路运输的有（　　）。
   A．内河运输　　B．沿海运输　　C．近海运输　　D．外河运输

4．下面（　　）是公路运输的作业流程。
   A．托运、接单——调度安排——在途追踪——提货发运——运费结算——到达签收
   B．托运、接单——调度安排——提货发运——在途追踪——到达签收——结算运费
   C．托运、接单——结算运费——调度安排——提货发运——到达签收
   D．托运受理——过磅开票——仓储保管——配载装车——到站卸货——货物付清

5．我国高速公路网中"五射两纵七横"中的"两纵"是指（　　）。
   A．北京—上海，北京—昆明　　　B．青岛—银川，南京—洛阳
   C．沈阳—海口，包头—茂名　　　D．上海—成都，福州—银川

6. 运输特点的公共性主要体现在（　　）。
   A．保证为社会物质在生产和流通过程中提供运输服务
   B．保证为人们在生产和生活过程中的出行需要提供运输服务
   C．保证为社会物质在流通过程和加工中提供运输服务
   D．保证为人们在生产和流通过程中的出行需要提供运输服务
7. 运输在物流中的作用有（　　）。
   A．运输和生产消费的不可分割性　　B．运输时物流系统中核心要素
   C．运输是物流合理化的关键　　　　D．运输是物流企业的利润源泉
8. 我国公路运输系统的发展趋势是（　　）。
   A．公路运输需求将继续保持快速增长
   B．智能运输系统是未来公路运输的发展的方向
   C．公路运输将与现代物流日益融合
   D．集约化经营、规模化发展是公路运输客运发展方向
   E．公路货运将向快速、长途、重载发展
9. 以下（　　）是按运输的作用分类的。
   A．集货运输　　B．一般运输　　C．配送运输　　D．中转运输
10. 航空运输业务主要有（　　）。
    A．航空运输业　　　　　　　B．航空运送代理业
    C．航空运送业　　　　　　　D．航空搬运

三、简答题

1. 简述物流运输的功能与特点。
2. 简述运输在物流中的作用。
3. 简述公路运输的作业流程。

四、案例分析题

加拿大的公路运输

加拿大的公路运输领域目前包括3类，即专业运输企业、小件快运公司和社会非专业运输企业。近年来，随着专业运输企业竞争的加剧，其在货运的及时送达及快运等物流服务方面不断改善。

1．为客户服务

近年来，许多生产企业开展JIT服务，要求公路运输（或物流）企业及时供应它们所需要的货物。为此，有的公路快运企业购进带卧铺的先进卡车，针对长距离的运输两个驾驶员可轮流开车。为了达到及时、快速、保持企业信誉的目的，有时不惜用航空运输；或根据需要提供安装服务，则除了送货到门外，直到把货物安装调试完毕，客户满意签单后，才算完成任务；公路快运（物流）企业还拥有自己专门的营销队伍，专门负责联系工商企业，了解它们的需求，介绍本企业的服务项目。每个客户都有专门的营销员负责固定联系，驾驶员及所有工作人员都是兼职营销员，他们每一环节的优质服务都会影响顾客对物流企业的印象，由此也会影响到公司的业务量和市场份额。

2. 市场的选择

市场是无限的，不可能什么都做。公路运输或物流企业必须根据企业的优势和特点来选择服务市场。如加拿大某公司根据自己的特点，在第三方物流业务中以经营计算机办公设备、保健用品、生活基本用品、银行设备、通信设备及医疗用品为主。对有些一揽子的物流服务项目，如果本企业承包下来而又觉得没有能力做好，则分包给有这样能力的企业去做。

3. 人员的培训

加拿大的公路快运（物流）企业特别重视驾驶员的培训，认为他们既是生产者又是经营者，代表着企业的形象，企业的成功与否关键在于驾驶员。驾驶员上岗前进行7周的业务培训，这种培训包括经营理念、物流业务、驾驶技术、运输地理等方面的知识，以达到快速、安全、降低客户的赔付、维护企业信誉的目的。

4. 高效低成本

运输市场除了物流服务质量的竞争外，就是成本和价格的竞争。加拿大的公路快运在这方面表现突出，如使用大吨位、柴油化、拖挂式的车辆；运输组织中运用卫星定位调度系统以充分提高车辆的实载率；仓库和车厢采用立体阁架结构以提高其利用率；运用机械化或自动装货堆垛降低物流各环节的成本。而且营运比（营运成本与营运收入的比值）极高，只有靠大规模经营（即业务量的扩大）来增加利润额。

5. 发展高新技术

加拿大的物流业也不是一开始技术水平就很高。以驾驶员监控系统为例，20世纪80年代初，有的公路运输企业给车上安装"黑匣子"，通过这个"黑匣子"中的双面圆形卡片记录运行过程中的行驶速度、停歇、转速、油耗等情况，司机在完成任务后交给公司，由公司统一用计算机分析，据此来考核驾驶员的行驶和节油情况。在1998年以后，有的物流企业才开始使用卫星技术，并在车上安装了小屏幕显示的计算机，使司机和控制中心在几秒钟内即可完成电子数据交换（Electronic Data Interchange，EDI）。另外，车门装卸感应器、仓库摄像监控系统、汽车空气悬挂、自动化装卸等高新技术设备都是根据需要和企业的实际能力逐步发展起来。

分析：

（1）加拿大公路运输企业开展JIT服务的做法从哪些方面能体现出来？

（2）加拿大公路运输业如何降低企业成本，提高企业效益？

（3）请谈谈加拿大公路运输业的发展对我国公路运输物流企业的发展有什么促进作用。

本章实训

熟悉中国高速公路布局

【实训目标】

1．熟悉我国高速公路网的布局。

2．了解各条公路的起始地点以及经过的地区。

3．能够计算不同地区公路里程。

【实训地点】

物流实训室。

【实训学时】

2 学时。

【实训内容】

1．国家高速公路网布局查询。

（1）登录国家高速公路网 http://www.china-highway.com。

（2）注册一个自己的账号。

（3）了解近期国家高速公路网建设以及通行的相关信息。

（4）了解国家"7918"高速公路网的具体位置、所经过的省市地区以及在地图中的具体位置。

2．物资运送路线模拟计算。

现有一批物资需要走高速公路由吉林长春运送到四川成都。

（1）这次运输任务应该怎么走（查询并记录行走的线路以及经过的地区）？全程里程有多少（公路里程计算可登录 http://www.56zhongguo.com 查询）？

（2）进入地图查看相关地区的实时公路交通情况（是拥挤、缓行、畅通，还是封闭）。

（3）了解所在地区的天气状况。

（4）设计表格记录查询到的数据。

【实训考核】

1．查找到国家高速公路网并完成注册（20 分）。

2．查找到任务的行程及经过地区（30 分）。

3．了解实时路况及气候状况（30 分）。

4．完成表格设计（20 分）。

第2章 公路运输调度业务基本要求

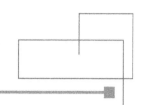

公路运输调度是一个运输企业的核心指挥机关,调度员编制好车辆运行计划,仅仅是调度工作的开始,调度工作最重要的是保证车辆运行计划的实施。调度员(图2.1)熟悉、掌握和指挥运输部门的三大资源,即计划、车辆、驾乘人员,既是运输生产的参谋,又是车辆的指挥员;既是驾乘人员的勤务员,又是安全宣传员。因此,做好调度工作必须要充分发挥调度员的主动性和积极性,使其能够合理安排、科学调度,在最大限度上发挥车辆运输的能效,使现有的线路资源与企业的投资成正比,最终达到效益最大化。

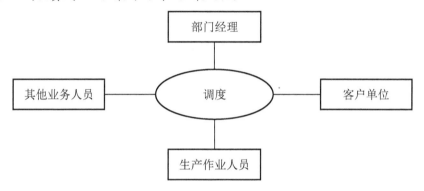

图 2.1 调度员工作关系图

学习目标

(1)掌握车辆调度员的职责及职业道德内容。
(2)了解车辆调度工作的相关规定。
(3)了解物流运输企业调度业务包含的内容。

2.1 公路运输调度员职业要求

作为公路运输调度员要熟练掌握全部的车辆状况,对每辆车的车型、技术等级、车况及线路情况了如指掌,还要熟悉各地的道路情况,只有这样才能调度好车辆。调度员不仅要调度好驾乘人员和车辆,而且要安排好行车路线。例如,节假日的加班任务随时变化,没有固定线路,这就要求调度员加强业务学习,勤与驾驶员沟通,必要时跟车上路熟悉线路情况等。

2.1.1 调度员职业道德

为了加强汽车运输管理，建立正常的运输秩序，合理组织运输，充分发挥汽车运输的功效，保证全面均衡地完成运输计划，更好地服务社会，人们对汽车运输调度员职业道德进行基本要求和规范。

（1）热爱本职，团结协作，积极进取，勇于奉献，坚持安全优质完成运输任务。

（2）坚持原则，忠于职守，顾全大局，服从指挥。

（3）坚守岗位，严守纪律，求实求真，敢于负责。

（4）联系群众，关心车组，一视同仁，作风正派。

（5）指挥调度车辆用语准确、文明、礼貌、严禁污言秽语。

（6）热情接待客户询问和来访，态度要耐心平和，解答要实事求是。

归纳起来就是，调度人员应该做到"三熟悉""三掌握""两了解"，具体来说要做到以下几方面。

1．"三熟悉"

（1）熟悉各种车辆的一般技术性能和技术状况、车型、吨位容积、车身高度、自重、使用性能、拖挂能力、技术设备、自编号与牌照号、驾驶员姓名等。

（2）熟悉汽车运输的各项规章制度、安全工作条例、交通规则、监理制度的基本内容。

（3）熟悉营运指标的完成情况。

2．"三掌握"

（1）掌握运输路线、站点分布、装卸现场的条件及能力等情况。

（2）掌握货物流量、流向、货种性能、包装规定，不断分析研究货源物资的分布情况。

（3）掌握天气变化情况、路面状况等。

3．"两了解"

（1）了解驾驶员技术水平和思想状况、个性、特长、主要爱好、身体健康情况、家庭情况等。

（2）了解各种运营单据的处理程序。

 案例讨论

某年 8 月 23 日 23 时 20 分，湖南省娄底市新化县群众乘坐一大型普通客车从湖南衡阳市南岳庙进香回家，在新化县上梅镇白洋坪村路段（S225 线 115km＋630m）发生翻车事故，车上搭乘 29 名乘客，造成当场死亡 2 人、送医院抢救无效死亡 4 人、受伤 23 人的重大交通事故，如图 2.2 所示。

分析事故原因是车速太快，措施不当，导致车辆路外翻车。原来这辆车的驾驶员是一个 50 多岁的司机，因感冒未能出车，换了另外一个司机，而这个司机是个快车手。当晚 23 时 16 分左右，车辆经过新化县城往东岭，途径 S225 线 3km 的白杨坪村路段，由于车速过快、疲劳驾驶，冲入公路左侧 1.4m 高的坡坎上，车翻跟斗，导致人员伤亡。

第 2 章　公路运输调度业务基本要求

图 2.2　案例图

讨论：

分析本次事故深层次的原因是什么？如果你以后从事调度工作应该如何去做？

2.1.2　调度作业的步骤

调度员在整个运输系统运行中起着重要的作用，所以企业对调度员有较高的要求，但作为调度员平时都要做哪些工作呢？一般来说，调度员在整个公路货物运输中的直接任务是给运输车辆配货，另外还有其他方面的工作要做，具体介绍如下。

1．调度准备

在接到出货信息后，调度员根据货物特性进行调度作业，联络配送车辆，确定好出货地点附近完成任务的空载车辆，或由调度中心统一从其他地点调派车辆。

2．发布调度命令

在调度命令发布前，应该了解现场情况，正确、完整、清晰地书写命令，先拟发后，反复核对；调度员发布行车命令，要一事一令，不得填写其他内容，遇有不正确的文字，不得涂改，应圈掉后重写；汽车的加开、停运、折返、变更路径及车辆甩挂的命令，只能由调度员发布，其他人员无权发布。

3．登记调度命令

调度员发布调度命令时，应先在调度命令簿内登记，然后发布。同样，收回调度命令时，也需填写调度命令登记簿。

4．交付调度命令

调度员根据规定，采用无线指示仪、无线调度电话、GPS 等设备，直接向司机发布口头指示；在向司机、运转车长发布调度命令时，如果司机不在，应发给有关乘务室负责转达。

2.1.3　调度员岗位职责

遵守法律是每一个公民最基本的法律义务，也是最基本的道德要求。各种法律、法规和相关规定是开展公路运输调度工作的前提和保证，是维护公路运输调度工作秩序的客观保证。作为一名汽车运输调度员，应该自觉学习并遵守法律、法规和相关行业规章制度，严格认真地做好公路运输调度工作，完成工作任务。

（1）熟悉各项运输规则，合理安排运输任务。

作为调度员要熟悉各项运输规则，尤其是交通部门颁发的各项运输规则，比如附录中的《汽车货物运输规则》《汽车运价规则》《危险货物包装标志》，这样在安排运输生产任务过程中才能做到合理合法。

（2）做好运输各个环节的管理和控制工作。

调度员要根据运输生产情况、编制车辆运行动态计划，进行有计划的生产调度。要了解本企业的年度运输生产计划和保证完成计划的各项措施及生产进度情况。了解当前运输生产形式，熟悉各线路物流（客流）情况及流量、流向、季节性变化并掌握各地天气变化情况；熟悉货运（客运）的各项规章制度和交通安全法规；熟知各类汽车的一般技术状况、车型等，能够了解驾驶员的驾驶操作水平与技能。

（3）合理使用内部劳动力和外来从业人员。

调度员要对企业驾驶员的状况非常熟悉，对每个驾驶员的年龄、驾龄、驾驶技术、办事能力、路途熟悉情况、维修技术以及家庭状况、身体状况都要了解。因为在节假日有加班任务时，一些长途艰巨的计划，肯定要各方面能力强的驾驶员去执行，如果是两个人，还要尽量新老驾驶员搭配。

掌握驾驶员的思想情况、个性、爱好、身体健康状况等，有利于合理安排和使用运输装卸等人力资源。应把驾乘人员当成客户，为他们提供一流的服务，只有这样驾乘人员才有可能为广大乘客提供一流的服务。

（4）督促驾驶员、装卸工做好维护保养工作。

车辆运输的安全性、及时性、方便性、经济性等特性涉及企业生产经营的方方面面，贯穿到生产经营的全过程，因此在各个生产环节、各项作业之间，在时间上要能紧密衔接并连续进行，不发生各种不合理的中断现象，如缺班、晚点、途中抛锚、修理不及时等。安全是运输生产过程中的重中之重，做好安全工作就是最大效益，这就要求提高驾乘人员的安全意识，学习各种安全法规。加大对车辆的监管力度，重点监管长途驾驶员的双班配备，途中休息点反馈制度情况，坚决拒绝疲劳驾驶。另外，要做好车辆保养维护工作，确保每一辆车技术状况良好，严禁病车上路，确保行车安全。

（5）负责运输现场的管理和监督，发现问题要及时处理。

在调度工作中要严格执行调度计划，随时了解计划进行情况，听取各方面反映，做好调查记录；随时掌握各线路车况、路况，加强与各有车单位和沿途车站联系，保证内外协作、沟通及时，增强突发事件应急能力。在春运、"五一""十一"等重大节假日期间，科学合理调整运力，使车辆的利用率最高、效益最大化。调度员应经常深入现场了解生产实际，掌握生产进度。现场调度要与车站调度密切配合，合理调剂计划，变更车辆运行计划时应及时与车站沟通，做好对车辆日报的换发工作，对现场出现的各种违规现象及时处理。

（6）负责收取和填写接、发运单据，审核、结算运输和人工费用。

行车路单、GPS系统、汽车行驶记录仪收集到的信息，对调度员安排下一阶段的调度工作至关重要。调度员要定期对车辆的信息、旅客的信息、货物的信息、线路的信息、车

第 2 章　公路运输调度业务基本要求

辆利用率等进行统计汇总，通过对统计数据的分析、筛选、比较，找出运输各环节的有价值的信息。

同时，统计数据也是为了满足填报调度单证的需要，调度员要及时、认真地将数据填入到相关的调度单证中，做好运输单据的收取和填写，这对于运输工作来说这是非常重要的，可以确保运输任务的准确性，不至于出现串货、漏货等现象。另外，做好费用的合理审核、结算和支付，杜绝不正常的开支，没有特殊原因也不要出现延期结算和支付，确保客户的正常业务往来。

（7）负责协调与有关部门、有关客户的关系。

调度员要为广大驾乘人员做好表率，带头遵守企业的规章制度，严格考勤。根据企业的要求督促检查车辆的车容车貌和驾乘人员的仪容仪表、文明服务工作。及时处理好客户、承运人的投诉，避免商务事故，切实履行好服务承诺，对旅客投诉要认真核查，及时处理，保证服务质量。另外，要对日常生产中出现的问题及时沟通、及时整改，交流各自工作经验，广泛吸收各方面的意见，持续改进调度工作。

调度员要根据货物（旅客）流量、流向、流时的变化，科学编排计划，及时调整运力，合理安排正常计划与加班任务；要精心组织各部门搞好协调，保证车辆能正常、安全生产；与车站人员密切配合，及时调剂运力，让货物（乘客）走得了、走得好；要求各部门之间相互协调，避免脱节，保证正常的运输生产工作，为运输生产过程实现优质、高效、低耗创造条件。

（8）履行质量管理工作要求，做好相关质量记录。

调度员要详细交代工作与安全注意事项，做好车辆动态记录工作，回收行车路单与日报，并做好登记。交接班时做好记录，交代清楚需要办理的遗留事项，不断研究和改进调度工作，发现有关情况，要及时向领导请示、汇报，按照企业制度，科学合理调度、灵活机动地处理各种车辆、驾乘人员日常生产中发生的问题。

（9）按计划做好车辆年检工作。

调度员要加强对驾乘人员的管理，为他们提供优质服务，对他们一视同仁，积极协调并解决生产中出现的问题。杜绝扰乱正常运输秩序行为的发生，严禁不按正常路线行驶、倒客（货）、卖客（货）、甩客（货）。对公司管理规章制度及时通知到人，帮助其完成年审、年度换证等工作。在了解当前运输生产的情况下积极申请新增线路与更新车辆，扩大公司新的效益增长点。

2.2　公路运输调度作业基础知识

汽车运输的工作条件是十分复杂的。在现代汽车运输业中，汽车调度岗位从业人员不但要了解现代化的物质基础，如熟悉车辆、道路、各种设备及设施等，而且还必须应用科学的管理方法来组织汽车进行运输生产，以便有效地利用现有物质条件创造出更多的运输产品。可以说，汽车运输的生产过程就是通过合理调度车辆运行来完成的。汽车运输业主要考虑的问题如图 2.3 所示。

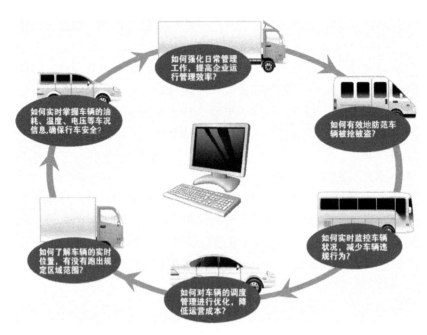

图2.3 汽车运输要考虑的问题

2.2.1 信息资料的收集与整理

由于企业运营过程中涉及信息资料较多（图2.4），所以其收集对于运输调度来说非常重要，只有资料充分才可以合理调度车辆。由于运输货物的性质、种类、特性、流向、流量、运达期限、运输距离、运输区域等不同，对运输工作提出了不同的要求，所以调度员要在充分、及时掌握信息的基础上，有效地安排运输生产任务、合理调度车辆，有助于提高车辆的利用率，应对各种突发情况，提高企业的服务质量，从而提高企业的经济效益。

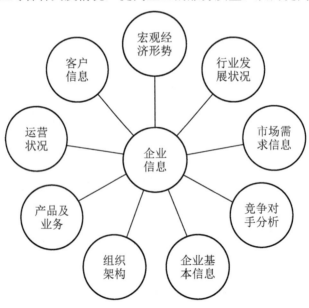

图2.4 企业信息资料

第2章 公路运输调度业务基本要求

1. 调度员主要收集的资料信息

（1）运输对象信息。

（2）组织与技术条件信息。

（3）道路信息。

（4）驾驶员、装卸工信息。

（5）车辆使用装填信息。

（6）外挂单位信息。

（7）运输节点信息。

2. 车辆的运行信息

一般的，有专门的人员负责对车辆运行信息进行整理和保管。可把车辆的运行信息分成几个大类，在各个大类下再分成不同的子类。

1）车辆信息

（1）车辆使用信息。

（2）车辆运行信息。

2）人员信息

（1）驾驶员。

（2）装卸工。

（3）行政人员。

3）道路信息

（1）高速公路。

（2）国道。

（3）省道。

4）客户信息

（1）重要客户信息。

（2）一般客户信息。

5）货物信息

6）事故信息

7）行车信息

在各个子类下面，企业可以根据自身的要求编制相应的记录表格，方便数据的查询和使用。对于分类的信息，企业可以使用专门的软件进行管理，在使用汽车行驶记录仪采集行车信息时，在使用的管理软件中设置相应的模块来管理这些信息。例如，采用计算机进行学习管理，可以极大减少手工操作的烦琐，减少差错率，对于信息能做到更加充分的共享。

2.2.2 统计数据的使用

调度员只有及时、认真地将数据填入到相关的调度单证中，才能根据数据的变化对调度工作做出判断，及时调整工作中的偏差。因此，统计数据有利于调度工作的改进。

下面两个表格是对运输相关数据进行统计的，这些数据要完整保留。表 2-1 是调度调动车辆时与司机的联系方式；表 2-2 为给出车司机的预付款，余款回来再进一步结清。

表 2-1　外协可用车辆明细

车队名称	车主电话	运输方向	车牌号	位数	司机姓名	司机电话

表格说明

一、使用岗位：外协车主——车辆调度

二、传递路径：外协车主——计划部主管

三、信息来源：外协车辆信息

四、表格制作方式：手工

五、保存方式：手工

六、查询通报方式：每日上报

表 2-2　XX 物流有限公司预付款申请表

日期	物流公司	品牌	车号	姓名	电话	运单号	发车地	到达地	台数	里程/km	单价/元	总金额/元	预付款/元	尾款/元
									4	546	32	69 888	34 944	34 944
												69 888	34 944	34 944

总经理签字：　　　　　计划员签字：　　　　　财务审核签字：

财务主管签字：　　　　发运经理签字：

2.2.3　现场调度作业

现场调度就是调度员根据车辆运行实施方案的要求，在行车现场结合客货流变化和客货车来的运行情况，直接对行车人员下达行车调度指令。

第2章 公路运输调度业务基本要求

1. 客运现场调度

对于客运现场调度（图 2.5）来说，除了进行高峰时段的旅客疏导外，还有在现场处理各种临时的突发情况，掌握旅客的流量、流向，及时督促应发班车按时到位准备发车。班车未能按计划进站要及时联系驾驶员了解情况；如果车辆出现故障不能出车，则要安排其他车辆进行疏导；对于法定的节日一般会出现客流的高峰，此时需要临时加派车辆进行调配，及时疏散旅客，防止出现旅客大规模滞留现象。尤其是每年春节的时候，当春运开始的时候，客运现场一定要有现场车辆调度人员，及时了解和解决客运现场出现的旅客运输量以及滞留的情况，能够及时指挥调度车辆完成旅客运输。

图 2.5 客运现场调度

2. 货运现场调度

对于货运现场调度（图 2.6）来说，可以根据货物分日运送计划、车辆运行作业计划和车辆动态分派货运任务，即按计划调派车辆，签发行车路单；勘察装卸作业现场，做好装卸车准备；督促驾驶员按时出车，故障车辆按计划送修按时完工。

图 2.6 货运现场调度

表 2-3 是在货运现场用到的商品车验收及发车作业明细表，由现场作业调度填写，其中每一项都要认真填写，可以作为处理以后纠纷的依据。

表 2-3　商品车验收及发车明细

任务单号	底盘号	城市	质损情况	备品有无缺失	发运情况	所属车队	车牌号	司机姓名	司机电话	是否带运输单	备注
现场调度：						司机：					

表格说明
一、使用岗位：现场调度员
二、传递路径：现场调度员——计划部内勤
三、信息来源：根据发车信息与仓库存储车辆信息情况填报
四、表格制作方式：手工
五、保存方式：手工
六、查询通报方式：每日上报

3．公路运输装载注意事项

货车的主要作用还是装载货物，因此，驾驶员更要注重如何按照规定载货。装载时，要注意以下几点：

（1）装载的物品不得遗洒、飘散。

（2）货物质量不超过车辆核定的装载质量，也就是不能超过行驶证上标注的允许装载的质量。

（3）货物的长度和宽度不可以超出车厢。

（4）货物高度规定分两种情况。一是重型、中型货车和半挂车载物，从地面起不超过4m，载运集装箱的车辆不超过4.2m；二是除第一种情况以外的其他货车载物，从地面起不超过2.5m。

（5）载货汽车车厢不得载客。在城市道路上，货运机动车在留有安全位置的情况下，车厢内可以附载临时作业人员1～5人；载物高度（图2.7）超过车厢栏板时，货物上不得载人。

图 2.7　货车超载

2.2.4 作业计划例行检查

作业计划又称为车辆运行作业计划，是将运输生产任务具体落实到每一台车辆的日历计划，调度员要根据作业计划组织车辆按计划进行，并使运输企业各个环节协调一致地进行生产活动，以保证运输企业全面完成运输计划。

影响运行作业计划的因素很多，牵涉面也很广，有的能预料，有的不能预料，在这个时候，当车辆运行作业计划被打乱后，调度员要进行细致认真的检查分析，分清责任，应该积极采取有效措施予以挽救，只要这样才能对症下药，采取措施，不断提高计划的准确性。

车队和车站是执行作业计划的基层单位，目前各运输企业的规定不一样。有的规定车队、车站每天向上级汇报一次进度；有的隔日、每三日或每五日汇报一次进度。一般来说，对重点物资及运输量大的短途物资，为了保证进度，应该采取按日进度进行检查。

一般来说，影响重点物资运输的因素主要有以下几个方面：

（1）货源。因变更或落空，或因办理提货、交货手续而延误了非生产停歇时间，影响运输计划的完成。

（2）装卸。由于装卸力量不足，技术工艺落后，装卸时间长，影响了车辆效率的发挥。

（3）维修。因力量不足，技术不过关，返工比较多，配件短缺，造成待修，停厂车日增加；或因修理质量低，车在途中抛锚停驶、待修等影响工作效率的发挥。

（4）驾驶员。由于工作态度不端正，无故缺勤，中途随意停车，或因发生行车事故，影响任务的完成。

（5）调度工作。由于作业计划编制不合理，货源、装卸等工作没有及时落实，造成车辆扑空不能载货从而造成车辆空驶，或抽调计划内车辆担任其他任务而影响作业计划的完成。

（6）道路、气候。由于道路临时维修，桥梁临时维护，雨雪造成道路阻断等因素影响计划的完成。

（7）其他。凡是不属于上述因素以外的其他因素而导致计划未能及时完成。

案例讨论

2010年欧洲的一场暴风雪，自11月底一直延续至圣诞节。暴风雪导致欧洲多国交通运输瘫痪（图2.8），节日购物量锐减，航空、铁路、零售等行业遭受冲击。圣诞节后，欧洲天气虽然开始逐渐好转，但暴风雪给经济复苏带来的寒意仍未散去。

2013年1月30日，早晨到白天，我国中东部大部分地区有轻雾，京津地区、河北、山东、河南、江苏等地有能见度不足1000m的雾，部分地区能见度不足200m。中东部雾霾天气持续，河北、辽宁、江苏、安徽、山东、河南6省市有20余条高速公路局部路段通行受阻，比前一日略有好转。根据路网中心监测显示，京津冀地区的大雾有所缓解，但山东、江苏、河南3省依然持续雾霾天气，京沪高速、京台高速、沈海高速、京港澳高速等途经这3省的部分路段多个收费站短时封闭。受影响路段基本在中午前后陆续恢复通行，主要运输通道未发生严重拥堵和阻断事件。

图 2.8 案例图

讨论:

分析以上案例中对运输造成的影响。如果遇到这种情况,作为调度员你应该怎么做?

2.2.5 车辆动态和技术状况核实

车辆是运输企业生产的主要工具,调度员应该全面掌握车辆的动态和技术状况,只有这样才能根据车辆的运行情况和技术情况,科学合理地调度车辆,才能最大限度地发挥营运车辆的效率。

对于车辆动态,调度员可以通过对班次、运行计划的控制,通过 GPS 监控、驾驶员反馈信息等方面来掌握。

表 2-4 为车辆技术状况表,对于车辆技术情况可以通过例行检查、每年一次的车辆技术等级评定、每年三次的二级维护等方面来掌握,也可以通过《车辆技术状况表》对车辆技术状况进行管理。

表 2-4 车辆技术状况表

年 季度 企业 车队 车型 车辆 技术等级	客 车	货 车	备 注

另外,可编制《商品运输车统计表》对运输车辆的信息进行详细统计,做好数据的填写,确保出行车辆保持良好的行车状况,确保运输生产任务的完成。当需要进行现场作业的时候,现场调度要根据该表对车辆进行仔细核对。

2.2.6 运行作业计划的调整与修改

在调整运行作业计划的时候,应该尽力避免运输生产的中断时间,力争尽快恢复正常的计划运输,采取有效措施,以弥补计划被打乱后造成的损失。调整或修改运行作业计划一般遵循以下原则:

（1）宁可打乱局部计划，也不打乱整体计划。
（2）宁可打乱次要环节，也不打乱主要环节。
（3）宁可打乱货物运输，也不打乱旅客运输。
（4）宁可打乱一般货物运输，也不打乱重要货物运输。
（5）宁可打乱可以缓期运输的计划，也不打乱紧急物资计划。
（6）宁可打乱整批运输计划，也不打乱零担班车计划。
（7）宁可让企业内部工作受到影响，也不使运输生产受影响。
（8）尽量采取积极措施对运行作业计划加以调整，也不轻易改变原计划。

2.2.7 车辆运行控制

对营运车辆的运行进行控制，调度员除了通过运输线路及动态表等相关的调度单证获取信息外，还可以采用 GPS 对营运车辆进行实时监控，特别是对于任务比较特殊的运输车辆这很有必要，可以通过电话或者摄像等方式了解车辆的运行情况。

对营运车辆进行科学合理的调度，就要及时对车辆的运行状态进行监控。调度员只有充分掌握营运车辆的实时动态，才能及时地了解营运车辆的最新情况，正确地下达调度指令，这在出现异常情况的时候显得尤为重要。

案例讨论

2012 年 5 月 29 日中午 11 时 10 分，吴斌驾驶浙江长运集团大型客车从无锡返回杭州。11 时 40 分左右行驶至锡宜高速公路宜兴方向阳山路段时（江苏境内），突然有一块铁块从空中飞落击碎车辆前挡风玻璃再砸向吴斌的腹部和手臂，导致吴斌肝脏破裂及肋骨多处骨折，肺、肠挫伤。

车载摄像头记录下了全过程（图 2.9），画面显示在危急关头，吴斌强忍剧烈的疼痛将车辆缓缓停下，拉上手刹、开启双闪灯，完成一系列完整的安全停车措施。之后，他又以惊人的毅力，从驾驶室艰难地站起来告知车上旅客注意安全，然后打开车门，安全疏散旅客。当做完这些以后，耗尽了最后一丝力气的他，瘫坐在座位上。

车载监控系统准确记录了整个的过程：

图 2.9 案例图

（1）11点39分24秒，一个块状物体，穿过挡风玻璃，击中吴斌腹部。

（2）11点39分27秒，吴斌似乎被这突如其来的"块状物体"弹了一下，先用右手捂住腹部，挣扎着将右腿伸长，踩住刹车。

（3）11点39分52秒，吴斌停车解开安全带，想努力站起来，告诉乘客注意安全。

（4）11点40分07秒，终因体力不支瘫倒在座椅上。

事发之后，浙江长运集团调度马上接通高速指挥调度系统，第一时间发出了事故通知，交警及120急救人员在接到事故通报后在最短的时间内赶到事故地点展开营救。

讨论：

通过这个案例谈谈车辆运行监控及控制的重要性。

2.3 公路运输车辆调度相关规则

沃尔玛的车辆都是自有的，司机也是员工。沃尔玛的车队大约有5000名非司机员工，还有3700多名司机，车队每周每一次运输可以达7000~8000km。

沃尔玛知道，卡车运输是比较危险的，有可能会出交通事故。因此，对于运输车队来说，保证安全是节约成本最重要的环节。沃尔玛的口号是"安全第一，礼貌第一"，而不是"速度第一"。在运输过程中，卡车司机们都非常遵守交通规则。沃尔玛定期在公路上对运输车队进行调查，卡车上面都带有公司的号码，如果看到司机违章驾驶，调查人员就可以根据车上的号码报告，以便进行惩处。沃尔玛认为，如果卡车不出事故，那就是节省公司的费用，就是最大限度地降低物流成本，由于狠抓了安全驾驶，运输车队已经创造了3 000 000km无事故的纪录。

沃尔玛采用GPS对车辆进行定位，因此在任何时候，调度中心都可以知道这些车辆在什么地方，离商店有多远，还需要多长时间才能运到商店，这种估算可以精确到小时。沃尔玛知道一辆卡车在哪里，产品在哪里，就可以提高整个物流系统的效率，有助于降低成本。

2.3.1 运输车辆调度的概念

运输车辆调度是指通过车辆运行作业计划和调度命令将企业内的车辆使用与运输作业的各个环节进行合理安排，使各个部门之间在时间和空间上有效衔接，紧密配合，组成一个为完成统一的目标而协调动作的整体，保证运输生产过程的连续性和均衡性。

车辆各级调度应在上级领导的带领下，进行运力和运量的平衡，合理安排运输，直接组织车辆运行并随时进行监督和检查，保证企业各月、季度以及全年的生产计划的实现。在运输车辆调度工作中要严格贯彻执行以下几项任务：

（1）根据运输任务和运输生产计划，编制车辆运行作业计划，并通过作业运行计划组织企业内部的各个生产环节，使其形成一个有机的整体，进行有计划的生产，最大限度地发挥汽车运输潜力。

（2）掌握货物流量、流向、季节性变化，全面细致地安排运输生产，并针对运输工作中存在的主要问题及时反映，向有关部门提出要求、采取措施，保证运输计划的完成。

（3）加强现场管理和运行车辆的调度指挥，根据调运情况组织合理运输，不断研究和改进运输调度工作，以最少的人力、物力完成最多的运输任务。

第2章 公路运输调度业务基本要求

（4）认真贯彻汽车预防保养制度，保证运行车辆能按时调回进行保养，严禁超载，维护车辆技术状况完好。

车辆调度应具有计划性和权威性。计划性是指汽车运输调度工作必须以生产经营计划特别是运行作业计划为依据，要围绕完成计划任务来开展调度业务；同时，调度人员要不断总结经验，协助计划人员提高生产经营计划的编制质量。权威性是指调度工作必须高度集中统一，要建立一个强有力的生产调度系统，各级调度部门是同级生产指挥员的有力助手；他们应按照计划和临时生产任务的要求，发布调度命令，下一级生产部门和同级有关职能部门必须坚决实行，各级领导人员应当维护调度部门的权威。

2.3.2 运输车辆调度的原则

车辆调度在整个运输生产过程中具有很重要的地位，调度是否科学，将直接和企业的经济效益相关联。因此，在进行车辆调度时应该遵循以下几个原则：

（1）按制度调度。坚持按制度办事，按车辆使用的范围和对象派车。应坚持做到当班用车 1h 前预约，下午用车上午预约，次日用车当日预约，夜间用车下班前预约，集体活动用车两天（三天）前预约，长途用车三日或一周前预约等。调度对每日用车要心中有数，做好预约登记工作。

（2）科学合理调度。所谓科学性，就是要掌握单位车辆使用的特点和规律。调度合理就是要按照现有车的行驶方向，选择最佳行车路线，不跑弯路和绕道行驶；不在一条线路上重复派车；在一般情况下，车辆不能一次派完，要留备用车辆，以应急需；认真填写车辆调度单（见表2-5，总共分为两联，一联为用车部门填写，另一联作为存根保存）。

另外，调度还应根据掌握的用车时间、等车地点、乘车人单位和姓名、乘车人数、行车路线等情况，做计划安排，并将执行任务的司机姓名、车号、出车地点等在调度办公室公布或口头通知司机本人。

（3）灵活机动。所谓灵活机动，就是对于制度没有明确规定而确定需要用车的、紧急的，要从实际出发，灵活机动，恰当处理，不能误时误事。

表2-5 车辆调度单

第一联：用车部门填写　　　　　　　　　　　　　　　　　　　　　　　　　　　编号：

存		根	
用车部门		日　　　期	年　月　日
事　　由		用　车　人	
目 的 地		出车时间	
用车部门意见		行政综合部负责人意见	
*公司领导审批			
取费情况			

注：标*栏仅供长途用车填写。用车部门应严格遵守公司有关规定使用车辆。车号_____驾驶人_____

第二联：车辆管理部门填写　　　　　　　　　　　　　　　　　　　　　　　编号：

调　度　联

日　期		年　月　日	车号、驾驶人	
用车单位及目的地				
出车	时　间：	时　　　　　　分		
	路程表读数：			
用完	时　间：	时　　　　　　分		
	路程表读数：			
车　辆　调　度			驾　驶　员	
取　费　情　况				

注：管理部门按照公司车辆管理规定调度车辆，无此单司机不得出车。

2.3.3　运输车辆调度的途径

调度是运输生产的直接指挥者，担负着组织指挥、管理生产的任务，涉及生产、质量、技术、车辆、设备、安全、检修等部门。因此，调度部门必然要与有关业务部门发生密切的联系，才能做到互通情报，及时解决生产问题。

1．与车辆设备管理部门联系

企业的生产机械化程度比较高，机械、电气设备也不断增加，自动化水平也不断提高。这些设备不但需要检修、维护，还需要具备完善的管理制度。调度对生产中的设备状况、检修、维护状况只有充分了解，才能保证生产指挥的准确无误。同时，调度要密切与车辆及设备管理部门的联系。因为车辆及设备的检修计划是由车辆及设备管理部门通知调度部门来安排实现的，所以调度对车辆及设备发生的问题，应反馈给车辆及设备管理科室。

2．与计划部门联系

在一般企业，计划部门是生产的主管部门。调度部门在指挥、组织生产时，必须以计划部门提出的月度、年度计划为依据来组织和指挥生产，并根据现场客观情况制定保证计划完成的有效措施（如作业场地的条件准备、足够的货运量、卸货场地的设置与管理等），然后由调度具体制定运输方案。因此，两者必须紧密配合，才能切实保证生产的正常进行。提前做好出车计划表，填写表 2-6 所示出车日运行计划表和表 2-7 所示出车能力计划表，及时完成指定物流运输任务。

表 2-6　出车日运行计划表

年　月　日至　年　月　日

日期	作业计划内容					运力/t	周转量/t·km	执行情况检查
1								
2								
3								
4								
5								
指标	计划 实际	工作效率/%	车日行程/km	实载率/%	运量	周转量/(t·km)		

第 2 章　公路运输调度业务基本要求

表 2-7　出车能力计划表

年　月　日至　　年　月　日

班　组	车　号	吨位保修日期		自上次保修已行驶里程	完好车日	备　注
		保修类别	起止日期			

3．与技术部门联系

技术科室具体负责生产中的技术工作，如提出技术要求、监督执行情况、贯彻规范作业等。通过调度，将其贯彻到生产实践中去，为生产创造条件，并及时将生产中技术难题的解决情况、技术要求贯彻的情况反馈给技术部门。对技术性较强的问题，应协同技术部门到现场了解情况，及时解决问题。

2.3.4　运输车辆调度的相关规定

1．车辆保养的管理

（1）为保证车辆在任何条件下使用的可靠性，减少燃料和材料的消耗，延长车辆大修间隔里程，必须及时地进行车辆的修理和保养。车辆的技术保养分为一级保养、二级保养、三级保养。

① 一级保养是检查车辆外露部位的螺栓、螺母，检查各总成内润滑油平面，加添润滑油，排除发现的故障，每周由正班司机负责。

② 二级保养除执行一级保养的作业项目外，主要清洗各个空气滤清器，检查、调整发动机、底盘及电器设备的工作状况，并完成一些附加小修项目。

③ 三级保养是以总成解体、清洗、检查、调整、消除隐患为中心，以改善其技术状况，可与车辆季度审同时进行。

（2）每年 5 月和 11 月须进行一次换季保养，检查蓄电池、冷却系统的变化，夏季蓄电池电液容易蒸发，每日收车后必须检查液面高度并及时补充。

车辆保养维修申请见表 2-8。

表 2-8 车辆保养维修申请表

申请日期： 年 月 日

部 门		车牌号		司 机	
上次维修日期		保养间隔里程数		车辆维修保养地点	
维修类型	正常维修□	事故维修□		保养□	
情况说明					
维修项目及价格估算	维修项目				单位估算
	合 计				
申请人：		审核：		审批：	

备注：
1. 预计维修费用在 1000 元以下的，由行政部经理审核；维修费用在 1000 元以上的，报总经理审批后方可维修。
2. 凡需配备 300 元以下的车用物品，由行政部经理审核；配备 300 元以上的车用物品，由总经理最终审批后方可配备。

2．车辆使用管理的规定

（1）新车投入使用在磨合期内应做到减载、限速行驶。

（2）对车辆管理实行司机负责制，未经公司主管业务副总批准，不准擅自调换车辆使用。

（3）严禁司机将车辆交给无证人员驾驶或练习驾车，严禁公车私用。

（4）经批准在外停放的车辆，必须做好安全防范措施。若晚上 19:30 以后工作用车，必须报车辆管理（调度）员备案，23:00 前必须返回指定停车场停车，否则按私自用车处理。特殊情况须同时报车辆管理（调度）员及主管业务副总同意。

（5）分公司各营业部因工作用车驶离特区时，必须提前向分公司业务部报告并保持与车辆管理（调度）员联系，以便车辆管理（调度）员掌握车辆动向。车辆在外发生交通事故或其他事件，应及时报告车辆管理（调度）员，并妥善处理。

（6）公司所有员工因私使用货车时，必须报主管业务副总批准后，由车辆管理（调度）员安排车辆及司机。

（7）严禁将公司车辆交由外单位人员驾驶，特殊情况必须经公司主管业务副总书面同意。

（8）分公司应根据所辖车辆的数量、业务生产情况合理调度车辆，车辆的日常调度由分公司总经理或指定车辆管理（调度）员负责。

3．车辆维修的管理

（1）零件修理。为节约原材料，降低保修费用，应对磨损、变形或损伤而不能继续使用的零件修理。

（2）汽车小修。主要是消除汽车在使用过程中发生的临时故障和局部损伤，对自然磨损或总成的外部征象能预先估计的小修项目，应集中组织计划性的小修作业并结合一、二、三级保养进行。

（3）总成大修。指汽车总成经过一定使用里程后，其基础件和主要零件破裂、磨损、变形，需要拆散进行彻底修理，以恢复其技术性能的修理作业。

（4）汽车大修。车辆行驶一定里程后机件严重磨损或者车身损坏，其技术性能下降并经过技术鉴定，对各总成进行一次恢复性的修理。大修必须严格按计划进行，并报总经理批准后实施。

注意：总成大修和汽车大修等车辆高级别的修理，必须经过严格的检测诊断并达到国家大修送修的标准后才能执行。

（5）车辆维修由各正班司机写好维修项目，按公司汽修申报流程报批后，在定点厂维修。

（6）进厂维修（图 2.10）的车辆司机应监督维修人员按报修项目维修，如发现报修项目与维修项目不符，额外部分由报修人自负。未经批准，不准私自将车辆送厂维修。

图 2.10　车辆维修现场

车辆维修保养记录表见表 2-9。

表 2-9　车辆维修保养记录表

序号	日　　期	保养（维修）内容	保养维修费用	车　　牌	司机（签字）
1					
2					
3					
4					
5					
6					

续表

序号	日 期	保养（维修）内容	保养维修费用	车　　牌	司机（签字）
7					
8					
9					
10					

注：车辆保养有洗车（卡）、换机油、汽油滤芯、空气滤芯、空调滤芯冷却液（防冻液）、火花塞、变速箱油、刹车油液、方向机油、蓄电池等。还有车辆的加油卡、年检、修理、车辆保险都必须完整地填写在此表上，并将表格每月1日上交到行政部。

 案例讨论

据2010年6月9日《晋江经济报》报道，一货车车主未按时维护和检测运输车辆，被晋江市运输管理所依法处以1000元罚款，事后不服该处罚决定，向晋江市人民法院起诉。晋江市人民法院受理该案件后，根据法律规定进行细致分析，并组织案件双方进行协调。

交通运管部门处罚依据是《中华人民共和国道路运输条例》第三十一条、第七十一条规定：客运经营者、货运经营者应当加强对车辆的维护和检测，确保车辆符合国家规定的技术标准。此规定目的在于加强道路运输车辆管理，保持车辆技术状况良好，确保运行安全，降低运行消耗，提高运输质量。

交管部门经过认真、多次向该车主进行细致解释。车主终于认为其受到的处罚事实清楚，证据充分，程序合法，适用法律法规正确，表示服从处罚，并在开庭前自愿提出撤诉申请。

营运车辆维护和检测是确保车辆符合国家规定技术标准的一项重要的技术要求和制度。

讨论：

为什么经营运车辆只有定期维护，才能保障行驶安全？

2.4　案例：谁为高速倒车酿祸买单

1. 案例回放

2013年8月2日上午9点50分许，金丽温G1513高速金华方向转G25长深高速匝道（富岭互通）处，一辆温州牌照的大客车在行驶主道倒车时，与一辆吉林半挂货车发生猛烈碰撞，半挂车横在金丽温高速主线，大客车翻在互通匝道，如图2.11所示。客车监控显示，司机及部分乘客飞出车窗。

据一位目击者称，10多名乘客从温州牌照大客车甩出，而半挂货车侧翻后横扫出50多米，将整个高速车道封闭得严严实实，车头在滑行中几乎被完全摧毁。

高速交警提供的监控还原了事发经过：上午9点50分许，金丽温高速公路丽水段，一辆温州牌照的大客车往金华方向行驶，这时，距离G25长深高速匝道只有数百米距离。"驾驶员、乘客、导游没有一个人清楚路线，快到匝道时，车内一女子还在打电话询问行驶路线",等问清楚了行车路线,车已经驶过匝道 50m。另外,视频中看到司机和乘客均没有系安全带,发生事故后司机飞出车外,乘客在车厢内晃动起来。

图 2.11 案例图

2. 案例分析

从整个事故的过程来看,有以下几点值得深思:

(1) 驾驶员职业素养不高。《中华人民共和国高速公路交通管理办法》第十七条明确规定高速公路上不准倒车,不准不系安全带,所以该事件反映出驾驶员缺乏基本的行车安全常识,忽视交通法规。监控中的大巴车错过了预计要走的高速路口,乘客和司机商议后决定倒车回去重新驶入,从监控中可以看出来大巴倒车时走的不是应急车道,而是正常行车道,这更是匪夷所思的举动。

(2) 驾驶员在行车过程中注意力不集中。在行车过程中要时刻注意公路上的道路指示标志,按照指示的标志提前规划好行驶路线,因此这反映出驾驶员没有做好出行路线的熟悉准备工作,对行驶路线生疏。

(3) 调度出现问题。一方面调度对司乘人员安排不力,作为调度应该指派熟悉路线有经验的司机出行,明显司机和导游既缺乏安全常识、缺乏职业素养又不熟悉运输路线;另一方面现场调度指挥不力,随车导游与调度联系的时候,调度指挥未能及时做出正确的调度,及时制止倒车行为,从而引发事故。从停车开始到倒车的过程中经历了若干分钟的时间,这期间调度完全有时间发出相应的指挥命令,制止倒车行为。

3. 问题解决

事故发生后,客运公司已派人赶往现场处理善后,经高速交警部门的认定,事故由运输司机负全责。从整个事件过程来看,驾驶员缺乏相应的安全常识,忽视《中华人民共和国高速公路交通管理办法》的规定,没有达到驾驶员应有的素养。

虽然事故表面是驾驶员的责任,但是深层次的思考,这关系到整个从业人员的安全以及职业素质的培养,不能忽视运输过程中的安全保障。

作为调度员首先要提高职业素养和能力,在生产作业过程中能够做到"三熟悉""三掌握""两了解",其作为运输指挥的中心和灵魂,要进一步提高现场指挥调度的能力,预计将要发生的问题,及时做出预判,发现问题,及时处理,从而避免事故的发生,保障人财物的安全。

4. 进出高速公路安全须知

由于大多数驾驶员没有系统地学习过高速公路的有关知识,对高速公路特殊的交通环境和高速行驶对人体及车辆存在的特殊影响不了解,由此而引发了多起交通事故,所以作为驾驶员在上高速公路之前除了要掌握高速公路上安全行车的有关要领以外,更要熟悉进出高速公路的一些要求。

1)上高速公路前的要领

(1)检查车辆。汽车在高速行驶时,发动机、轮胎、制动系统及其他各部件都在高负荷条件下工作,燃料消耗也显著增加,进入高速公路前未认真检查和维护车辆,那么途中发生故障的可能性比在一般道路上要大得多。

(2)检查车载安全装置。由于在高速公路上行车速度很快,各运动机件的负荷明显增加,如果发生事故,其后果一般都是较为严重的,所以临行前一定要检查各安全装置的性能是否良好,如安全气囊、安全带、制动防抱死系统以及各种警告信号等。

(3)检查车载货物。对于载货汽车而言,由于高速行驶的特殊性,车上货物要保证捆绑牢固,以防在行车途中货物突然滑落而危及其他车辆的安全。

(4)注意身体状况。驾驶员的身心状态对高速公路上的行车安全有重要影响,进入高速公路时应保持身体健康、精力充沛,如果感到身心状态不佳、身体疲劳等,最好不要勉强上高速公路行驶,应待恢复正常后再上路,以免发生事故。

2)进入高速公路时的要领

据统计,高速公路收费口附近是低速碰撞事故的多发区域,因此为避免事故,在进入收费口和入口匝道时,必须注意以下标识,如图 2.12 所示。

图 2.12 高速常见标识(部分)

(1)关注告示牌。在高速公路的收费口处通常设有交通情况告示牌,主要介绍路上交通概况及天气变化等,在进入收费口前应予以关注。

(2)选好收费口。根据各收费口的信号指示及车辆多少情况,提前选好收费口,然后按规定减速进入收费口,一般应控制在 40km/h 以下,并不得超车、插队或临时变更行驶路线。

(3)控制车速。通过收费口驶向入口匝道时,仍要注意限速在 40km/h 以下,而且不得超车,同时打开左转向灯并注意主干道上车流的动向,直到进入加速车道时再行加速。要充分利用加速车道至末端再进入主干道,不可提前进入主干道后再缓缓加速,进入主干道后关掉左转向灯。

3)驶出高速公路时的要领

相对进入高速公路而言,驶出看起来要简单,但根据统计发现,出口匝道的行车事故几乎等于入口匝道的两倍,所以说高速公路的出口附近也是一个容易发生事故的地点,因此,在驶出高速公路时也同样需要小心,千万不可麻痹大意。

(1)认准出口,提前准备。为了不致在驶出高速公路时弄错出口,进入之前就应熟悉沿途各出口的位置、名称和编号,并记住自己准备驶出的出口位置。行驶一段时间后在接近自己将要驶出的出口前 2km(有标志牌)附近行驶至外车道。这一点非常重要,如果准

第 2 章 公路运输调度业务基本要求

备不充分，直到出口出现时才想起要改变行驶路线试图驶出，必然要猛打方向和紧急制动，这在高速公路上是绝对不允许的。

（2）在出口前，提前减速。在出口处前 500m 左右，应准备驶入减速车道，逐渐减速，同时打开右转向灯，表示即将驶出高速公路，以提醒后面来车。

（3）减速出匝道，安全通过。进入减速车道后，关掉右转向灯，继续减速，最好在到达出口匝道时能将车速降至 40km/h 左右，然后进入出口匝道。

本章小结

本章主要介绍了调度业务的基本要求，包括调度员的道德及岗位职责以及运输调度的相关知识。调度员岗位对于运输企业来说非常重要，因此对调度员的要求比较高，要求其既要有职业道德，又要对本企业的运输任务及车辆有全面的了解，同时对于运输市场的状况也要能及时了解，这样在运输任务执行过程中才能做到得心应手，安排好运输任务。

课后习题

一、填空题

1. 对营运车辆的运行控制，调度人员除了通过运输线路及动态表等相关的调度单证进行外，还可以采用（　　）实时监控。
2. 影响重点物资运输的因素主要有（　　）、（　　）、（　　）、（　　）、（　　）、（　　）等。
3. 运输车辆调度的原则（　　）、（　　）和机动灵活。
4. 车辆调度具有（　　）和（　　）。
5. 运输车辆调度的相关规定（车辆保养的管理）、车辆使用管理的规定、（　　）。
6. 运输车辆调度还应根据掌握的用车时间、（　　）、乘车人单位和姓名、（　　）、（　　）等情况，做计划安排，并将执行任务的司机姓名、车号、出车地点等信息在调度办公室公布或口头通知司机本人。
7. 运输车辆调度的方法是与技术部门联系、（　　）和（　　）。
8. 做好调度工作必须要充分发挥调度员的（　　）和（　　），合理安排、科学调度，保证充足运力，最大限度发挥车辆运输的能效，使现有的线路资源与企业的投资成正比最终达到效益最大化。
9. （　　）是运输企业生产的主要工具，运输调度人员应该全面掌握车辆的动态和技术状况，只有这样才能根据车辆的运行情况和技术情况，（　　），才能最大限度地发挥营运车辆的效率。
10. 作业计划又称为（　　），是将运输生产任务具体落实到每一台车辆的日历计划，调度员要根据（　　）按计划进行，并使运输企业各个环节协调一致地进行生产活动，以保证运输企业全面完成运输计划。

二、选择题（1～6 题为单选题，7～10 题为多选题）

1. 以下不是调度员收集的资料信息是（　　）。
   A．运输对象信息　　　　　　　　B．组织与技术条件信息
   C．办公室信息　　　　　　　　　D．驾驶员、装卸工信息

2. 调度员有（　　）项岗位职责。
   A．3　　　B．5　　　C．7　　　D．8
3. 对于货运现场调度来说，可以根据货物分为日运送计划、车辆运行作业计划和（　　）分派货运任务。
   A．车辆动态　　B．货物动态　　C．人员动态　　D．货物数量
4. 调整或修改运行作业计划一般遵循（　　）项原则。
   A．2　　　B．4　　　C．6　　　D．8
5. 下面（　　）不是调度员的职业道德。
   A．热爱本职，团结协作，积极进取，勇于奉献，坚持安全优质完成运输任务
   B．坚持原则，忠于职守，顾全大局，服从指挥
   C．指挥调度车辆用语由自己随心情而定
   D．坚守岗位，严守纪律，求实求真，敢于负责
6. 一般来说，调度员在整个公路货物运输中的直接任务是给运输车辆配货，另外还有其他多方面的工作要做，具体包括（　　）项。
   A．5　　　B．8　　　C．10　　　D．12
7. 调度员要根据（　　）科学编排计划，及时调整运力，合理安排正常计划与加班任务。
   A．货物（旅客）流量　　　B．流向
   C．流时变化　　　　　　　D．货物的规格
8. 公路运输调度作业基本知识有（　　）。
   A．信息资料的收集与整理　　B．统计数据的使用
   C．调度现场作业　　　　　　D．车辆动态和技术状况核实
   E．运行作业计划的调整与修改　F．车辆运行控制
9. 在运输生产过程中，调度员是（　　）。
   A．运输生产的参谋　　　B．车辆的指挥员
   C．驾乘人员的勤务员　　D．安全宣传员
10. 调度员熟悉、掌握和指挥运输部门的三大资源是（　　）。
    A．计划　　　B．车辆　　　C．驾乘人员　　　D．经理

三、案例分析题

企业招标

山西 HY 食品饮料有限公司主营果蔬汁饮料的生产和销售业务，拥有从意大利、德国、瑞典等国进口的世界最先进的 PET 无菌冷灌装生产线，现已生产 1.5L、2L、2.5L、250mL、1L 果汁系列和纯净水系列；全面投产后，具备年加工各种果浆 1 万吨、各种果蔬汁饮料 15 万吨的能力。为提高物流效率，降低物流成本，提高物流质量，公司决定近期对 20××年××发向全国的公路运输业务进行全国招标，竭诚欢迎符合要求的物流承运商前来参加投标。

一、招标内容
1. 从××工厂发往全国各地的产品及促销品运输业务。
2. 根据目的地区域将公路运输业务分为五大块：山西、内蒙古、河北、河南、北京。

3. 本次投标期限：20××年7月15日。

二、投标资格要求

1. 投标单位注册资本在100万元以上且资信良好。

2. 运输供应商须是专业的物流企业，具有两年以上物流营运经验，并具有公路运输经营的相关资质证明。

3. 自有车辆不低于5辆（需提供车辆行驶证复印件）。

4. 提供全天候24h服务，包括节假、双休日，具有流畅的信息沟通渠道。

5. 具备抗运输风险能力和运输质量保障能力，承担在运输中造成的损失。

6. 本次招标不接受两家及以上运输供应商联合投标。

三、资格审核

中标运输供应商在签订运输合同前须通过汇源控股物流管理部的资格审核。

分析：

假如你具有相应企业资质，就案例招标的信息你将如何投标，请在产品运输调度方面谈谈自己的想法。

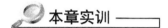

物流运输企业调度岗位调查

【实训目标】

1. 通过现场调研进一步熟悉物流运输企业调度岗位的职责与要求。

2. 了解调度岗位的重要性以及在运输调度过程中出现的问题及其解决方式。

3. 了解企业车辆构成情况，为以后的学习打下基础。

【实训地点】

物流运输企业、物流实训室。

【实训学时】

4学时。

【实训内容】

1. 实训前由教师联系物流运输企业。

2. 实训过程中可以4~6人一组，组员间相互协作，完成资料收集。

3. 了解企业的车辆构成情况。

4. 了解调度过程中出现的问题及解决方式，比如：运输中途出现问题如何解决；超出运输能力如何解决。

5. 收集企业相关调度岗位的职责及要求。

【实训考核】

1. 实训过程中的表现（20分）。

2. 资料的收集整理（20）。

3. 报告撰写（40分）。

4. 小组汇报演讲（20分）。

第 3 章 公路物流运输计划与调度

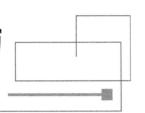

物流生产任务的制定是比较复杂的过程,对于调度人员来说必须具备全面的物流运输知识,既要能够掌握运输市场的变化趋势,又要能够根据运输任务编制生产计划,通过合理的车辆、线路、人员的调度安排给企业带来经济效益。运输生产计划(图 3.1)的制订紧密依赖于货物运输市场的调查和预测,以此为依据,才能进一步制订物流生产计划。

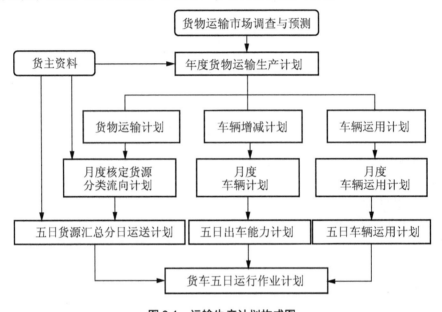

图 3.1 运输生产计划构成图

学习目标

(1)了解货物运输市场调查和预测的方法。
(2)掌握物流运输生产计划的四个构成因素。
(3)掌握物流运输线路优化的求解方法。

3.1 运输市场调查和预测

公路运输市场调查的目的是通过对运输市场的调查,获得货物运输市场的相关资料,客观地描述市场状况,不仅能准确掌握货运市场和货流状态、改进路线网络布局、合理分配各线车辆、改进行车调度工作、改善货运车辆的配置结构与合理调整各停车站场的配置,从而提高车辆利用程度，提高运输服务质量及降低运输成本，而且还可以为分析研究货物运输市场发展变化的规律、搞好货物运输工作和开展货物运输市场预测提供决策数据。

3.1.1 运输市场调查的内容

公路货物运输市场调查不仅包括对公路货物运输市场发展基本情况的了解，也包括对公路货物运输市场产生直接或间接影响的一切因素的调查，凡是能引起市场变化的一切信息资料都属于调查之列。

1. 货运市场环境调查

公路货运市场环境调查（图 3.2）主要包括政治环境、人口环境、科技环境、经济环境、生产环境调查等。

图 3.2 公路货运环境

（1）政治环境调查。主要是党和国家的政策、方针及相关部门的各种法规、条例等。国家对公路运输业的发展政策以及价格、税收、信贷政策及调整方向都会对公路运输市场产生较为长久和深远的影响。

（2）人口环境调查。主要指本地区的人口总数、人口增长率、人口结构、人口流动趋向、人口地理分布、城市和农村文化教育水平、生活习惯等，这些将直接影响公路运输市场货物的流向、流量及流距等。

（3）科技环境调查。每一项科学技术的新成果都会给社会生产和生活带来深刻的变化。科技环境的变化对公路运输市场也有着极为深刻的影响，比如新工艺、新材料在汽车工业、维修行业的应用，电子计算机在公路运输业中的开发利用，都会对公路运输市场产生一定的影响。公路运输业的科学技术水平、新产品的开发能力和科技政策的现状及变化趋势是技术环境调查的主要内容。

（4）经济环境调查。主要包括工农业总产值、国民经济收入状况、分配增长情况等。

（5）生产环境调查。主要包括两个方面，一是与运输生产直接相关的燃料、配件供应、公路通车里程、密度、等级等；二是其他货运方式的概况。

2. 货运市场需求调查

公路货运市场需求调查是指对货运市场需求数量、需求地点、货主需求行为的现状及变化趋势的调查，核心是货源调查。

1）货运需求地点和分布调查

主要是指对货物地点分布调查，用以明确生产企业、仓库和货场地点分布规律，货物流量、流向的基本特征，进而制订城市或地区货运总体规划与运输组织方案。货运需求地点分布调查的主要调查项目有：货物的种类、数量、性质、生产单位；仓库地址与目的地、路程长度、换载次数、换载地点、换载的运输工具、各次换载所需时间；货物到达终点站的搬运装卸；等等。

通过本项调查，可以得到服务区域货主的需求方式、货物通过的路线、换载地点、运行时间及货物流量等主要资料。

2）货运需求量调查

货运需求量调查指对货主的货运需求量及运输目的的综合调查。本项调查所得的资料一般比前项调查广泛，其调查项目主要有以下几项：

（1）所有城镇、农村、企业、机关、学校及其他单位的人口数量、构成、分布状况及近年来的变化情况。

（2）货物运输的要求。

（3）营运区域内工农业生产及人民生活改善的近、远期规划及对货运的要求。

（4）货流波动程度及季节性变化规律。

3．货运市场结构调查

货运市场结构调查即运力结构调查，主要对营运区域内货物运输车辆保有量的情况，运行车辆的里程利用率、吨位利用率及经济效益等情况进行调查。

4．货运市场经营状况调查

货运市场经营状况调查主要是对货运业户经营状况、运价水平和营运车辆等进行调查。

5．货运市场交易行为调查

货运市场交易行为调查主要指从微观角度对市场经济活动进行调查分析，包括：市场行为，如交易方法、场所、手续的办理，合同的签订等方面的调查；开业经济技术条件的调查、服务质量的调查、价格执行情况的调查等。

6．货流调查

货流调查是以货运线路为基础进行的，主要解决行车组织问题，用以改善货运某一环节的运输服务工作。通常每年夏、秋季节各进行一次或者每年进行一次全区域性线路货流普查或抽样调查，根据需要进行定期或不定期的货流调查。通过此项调查可以掌握不同季节，一周内不同日期、不同时刻、不同路线站场及沿线不同方向的货流量，为编制货运计划与合理确定车辆调度形式、选择运输车辆及配备各行车人员提供基础资料。

货流调查和计算的主要数据包括全日或高峰时间内的各线路（路段）货运量、周转量、车容量、吨公里、营业里程、平均运距、货流分布不均系数、线路平均负荷、沿线中途站平均停站时间、始末站停车时间、车辆沿线路及路段行车时间、平均技术速度、运送速度、营运速度及平均行车间隔、行车故障时间和车辆工时利用率等。

3.1.2 运输市场调查的基本方法

一般来说，凡是能够用于社会调查的方法，如访问调查法、观察法、实验法和资料研究法，都可以用于公路货物运输市场的调查。下面介绍几种货运市场调查的基本方法。

1. 填表登记调查法

填表登记调查法即借助调查区域内有关单位的人事劳动部门协助，根据调查的目的，制作标准的调查登记表，调查货运需求的地点、分布、货流量、运输方式、通过路线、换载地点及运输时间等资料。这种方法比较适合于了解货运需求地点及分布的调查。

下面是一份货运市场调查问卷的范例，问卷中列举了16个问题，涉及企业经营性质、规模、员工、产品运输的方式方法以及将来企业发展的规模。通过此项调查可以了解企业对于货物运输的一些想法，以及对于将来货运市场的影响。该问卷需要有企业人事等相关部门的协助才能完成。

范例

××地区货运市场调查问卷

您好！非常感谢您回答此份问卷。本问卷是××学校的学生为配合《货运市场调查实训》课程内容而设计的。调查以不记名的方式进行，所调查的数据仅用于课程教学。希望您能抽出宝贵的时间帮助我们完成此次教学实训活动。非常感谢您的协助！

1. 贵公司的经营产品为（　　　）。
   A. 五金　　　B. 家具　　　C. 百货　　　D. 电子　　　E. 医药
   F. 汽车　　　G. 其他
2. 贵企业的性质为（　　　）。
   A. 国有企业　　B. 民营企业　　C. 外资企业　　D. 合资企业　　E. 其他
3. 贵企业的员工人数在（　　　）。
   A. 50人以下　　　　　　B. 51～100人　　　　　　C. 101～200人
   D. 201～500人　　　　　E. 500人以上
4. 贵企业涉足物流行业的时间为（　　　）。
   A. 少于2年　　B. 3～5年　　C. 6～10年　　D. 11～15年　　E. 15年以上
5. 贵企业的主营业务是（　　　）。（可多选）
   A. 运输服务　　　　　　B. 货运代理服务　　　　　C. 仓储服务
   D. 配送服务　　　　　　E. 物流金融服务　　　　　F. 物流咨询服务
   G. 其他增值服务
6. 贵企业能接受刚刚毕业的货运、物流专业学生吗？（　　　）
   A. 完全接受　　B. 基本接受　　C. 中立　　D. 不接受
7. 贵公司2011年上半年物流总费用与上年同期相比（　　　）。
   A. 增加　　　B. 下降　　　C. 持平
8. 贵企业在省会城市和直辖市中部分公司和办事处数量为（　　　）。
   A. 少于10个　　B. 11～20个　　C. 21～30个　　D. 31～40个　　E. 大于40个

9. 在企业与客户的合作中您认为最重要的是（　　）。
   A. 按客户要求的服务水平提供物流服务，同时考虑降低成本企业的运营成本
   B. 按客户要求的服务水平提供物流服务，使客户收益最大化的同时使本企业运营成本最低
   C. 双方共同商定服务水平，更注重物流活动对双方企业业绩的贡献，而非短期成本
   D. 其他
10. 您认为目前对物流企业在物流市场中担当的角色是（　　）。
    A. 代做——从事物流作业活动　　B. 代管——提供物流管理服务
    C. 掌控——参考供应链管理过程　D. 其他
11. 贵企业的信息系统外包程度为（　　）。
    A. 完全外包　　B. 大部分外包　C. 部分外包　　D. 全部自己购买
    E. 全部自行开发
12. 贵企业的50%以上中高层管理人员的教育背景是（　　）。
    A. 专科以下　　B. 专科　　　　C. 本科　　　　D. 硕士
13. 相对于竞争对手贵企业的竞争优势有哪些？（　　）
    A. 信息系统先进
    B. 贵企业对客户需求反应更快、更及时
    C. 贵企业所提供的干线运输、配送等服务更快捷使客户满意
    D. 能更好地为客户履行承诺、对客户投诉能及时处理、使客户满意
    E. 能提供种类更多、更优质的服务
14. 以下哪些方面能够体现一个物流企业的文化特征？（　　）
    A. 企业的团队协作　　　　　　B. 客户满意度
    C. 员工的忠诚度和士气　　　　D. 对环境与社会的责任
15. 2011年贵企业将在哪些方面进行投资？（　　）
    A. 物流信息技术　　　　B. 扩大业务网络　　　　C. 仓储设施
    D. 运输车辆　　　　　　E. 员工培训
16. 目前我国对物流行业有哪些优惠政策？

感谢您在百忙之中抽空完成问卷，为我们提供重要的信息，再次感谢您的支持！

2. 询问调查法

询问调查法是由专门调查人员对调查对象直接询问进行填表调查。按照调查地点的不同有驻站询问法和随车询问法。

1）驻站询问法

这是指派专人在调查站场内通过询问来调查货物在线路上的起止点、运输方式、通过路线、换载地点及出行时间、货流等方面的情况，以及货运需求地点及分布的调查线路，某个段或某个站场货流资料的情况的方法。这种方法的优越之处在于被调查货物比较集中，比较容易在短期内完成。

例如：当我们想调查某货运市场的整体运营状况的时候，我们可以派人进驻该市场，做好调查问卷，注意进行企业调查，弄清货场的货运品种和数量，以及运势能力，运输方式。

2）随车问询法

这是指派专人在车上沿线询问调查货物在线路上的起止点、运输目的、换载次数及货运市场的其他情况的方法。尤其是对于散货运输的情况，要密切注意散货的去向，以及运输过程出现的问题。

例如：当需要调查某条货运线路上的车辆货运情况，可以派人随车运输，通过询问司机或其他人员货物运营情况，及时记录调查数据，搞清整个运输过程，对以后的运输状况的改进掌握第一手资料。

3．观测调查法

1）高断面观测法

这种方法是指在货流量比较多的路段，选取合适的观察点，派人观测该断面车辆的载货量，以得到该路段的货物通过量等货流情况。通过这种方法可以了解和观察到路段或线路上一日内不同时间的货流量变化的程度。但是，这种方法必须注意以下几点：

（1）观察地点的选取要有代表性，必须准确。

（2）调查日期符合货流形成的规律，注意区分一周内平日的区别。

（3）注意资料的统计时间组距，一般以半小时作为时间组距进行原始信息的记录。

例如：为了缓解交通压力，及时解决客货运输的滞留情况，可以对指定的路段进行调查，观察、询问并记录车流及货物的去向，根据得到的数据对车流和物流做进一步的运输线路的调整。

2）随车观测法

这种方法是派专人在线路上的运行车辆中，记录沿途各站场货物装卸搬运的数量以及留在站场的货物数量。这种观察法可以逐车调查，也可以做抽样调查。

例如：为了彻底弄清某条运输线路的车辆运营情况，可以派人随车逐一记载整个车辆的运输情况，也可以抽查若干车辆的货物运输情况，进行综合对比。

3）驻站观测法

这种方法是派专人在规定时间内，分驻各个调查点观测各站场货物装卸搬运的数量以及留在站场的货物数量的调查方法。这种方法可以有两种观察法，一是实际清点货物数量；二是估计车厢内载货的满载率程度。

例如：为了弄清整个运输线路的运行情况，可以派人分别进驻各个货站，可以直接清点运输货物的数量，观察运输车辆的满载情况，对运输能力做出正确的评估。

综上所述，汽车货运市场调查的方法比较多，选择哪种方法，需要根据调查的内容、目的、准确度和时间的要求来定，一般来说选择时应该注意两方面的问题：

（1）要尽可能地以最少的劳动消耗和时间消耗，去获得满足需要精度的资料。

（2）尽可能以最简便的方法，得到被调查者配合，保证所需资料的及时性和可靠性。

3.1.3 调查方案设计

1. 建立调查组织

调查之前，必须先成立货源调查组，也可以联合铁路、水路等有关交通部门成立联合调查组，并取得当地政府的支持。可以召开调查工作会议，这样可以使调查有计划、有组织地进行。

2. 确定调查目的

调查的目的是回答为什么调查和调查后取得哪些资料的问题，所以应该拟定调查提纲，确定调查项目、调查对象、调查起止时间。

3. 调查分工

明确负责各调查区域的人员，做好分工。

4. 初步调查资料收集

根据分工，初期进行一般性资料的收集，调查本地区生产、流通、分配、消费等计划以及本企业已有的各项统计资料，这是对被调查对象进行的初次摸底，明确哪些问题需要深入调查，哪些调查项目需要进一步调整、补充，为指定调查方案提供情报。

调查方案应该包括调查目的、调查范围、调查具体内容、调查主要对象、调查方法、时间安排、调查要求和应注意的事项等内容，并附有各种调查表。

调查表（表3-1）与调查效果关系很大，一方面要易于被调查者填写，另一方面要符合调查目的，便于汇总。

表 3-1 货源调查表

被调查单位：　　　　　　　　　　年　月　日

货源量			非运输量			运输量								公路托运量		分季度运量/t			
货物名称	年产量	期末库存量	进货量	当地供销量	期末库存量	其他	运输线路		里程	运量/t	货运周转量/(t·km)	其中				运量/t	货运周转量/(t·km)	一季度	二季度	三季度	四季度
							起点	止点				铁路运量/t	水运运量/t	公路							
														运量/t	货运周转量/(t·km)	其中自运量					
																运量/t	货运周转量/(t·km)				

调查表的设计应该符合以下要求：

（1）尽量减轻被调查者的负担。与调查关系不大的问题可以省略，凡是需要被调查者反复回忆或者艰辛查找资料才能回答的问题应该避免。

（2）问题要具体准确，切勿模棱两可。
（3）调查题目的备选答案要完备，不应该让被调查者感到无答案可选。
（4）调查问题不应有诱导性，以免被调查者受工作人员态度的影响。
（5）问题应该与被调查者的知识水平相适应，一般使用通俗语言，让被调查者能够并愿意回答问题。
（6）尽量采用能让计算机识别的调查表格，以提高资料整理的速度，节省统计费用。

6. 组织学习

要组织调查组全体成员进行学习，明确调查目的，熟悉调查方案内容以及调查表的填制要求和方法，便于开展进一步的工作。

7. 实施方案

在实地调查中，一般采用访问法和观察法。

3.1.4 调查资料整理分析

1. 审查收集资料

（1）查缺补漏。为了准确及时地做好分类汇总工作，首先要对调查资料进行查漏补缺，如发现差错、遗漏等情况，应该立即更正、补充、必要时应该重新进行调查，然后将资料进行分类汇总。

（2）资料优选。从整理后的资料中优选信息，总结出几种典型观点或意见。

2. 编制货源调查汇总表

（1）编制会员调查分户汇总表的样式与货源调查表大致相同，将最前面的"货物名称"改为"物资单位"即可，见表3-2。

表3-2 汽车运输托运量分线运量表

线别　　　　　　　　　　上（下）　　　　　年　　月　　日
　　　　　　　　　　　　　　　　　　　　　　　行

编号	物资单位	货名	运输线路			全月运输量		其中							备注
			起点	止点	里程	运量/t	货运周转量/(t·km)	一季度		二季度		三季度		四季度	
								运量/t	货运周转量/(t·km)	运量/t	货运周转量/(t·km)	运量/t	货运周转量/(t·km)	运量/t	货运周转量/(t·km)	

（2）汽车运输托运量分类运量表见表 3-3。

表 3-3 货物分类运量调查汇总表

运输方式		货物运输量		货物分类					
		运量/t	货运周转量/(t·km)						
铁　路									
航　运									
公　路	自　运								
	托　运								
合　计									

3.1.5 货运信息整理分析

货运信息整理分析是指对汽车货运市场调查得到的原始信息资料进行一系列统计、汇总处理、计算、绘图等工作，为汽车货运市场分析提供基础依据。

1．货流图的绘制

货流图可针对某一地区、某一调度区、某车队或某班组营运范围的主要货物种类和重要物资绘制，对一些运量较大的主要线路，也可视情况需要分别绘制。为了便于绘制货流图并分析货流，可先编制一个货运点的货运量表，再据此绘制出货流图。

2．货流图的作用

（1）能够清晰地标明各种货物的流量、流向、流程，便于有计划地安排货物运输。
（2）便于发现运输组织计划中的问题，增强货物流向的合理性。
（3）便于根据货物流动的特点组织车辆、装卸设备等配置和调度。
（4）便于编制和检查车辆的运行作业计划，合理组织车辆运行。
（5）便于确定线路的通过能力、装卸站点的作业能力，为线路、站点的新建、扩建提供必要的基础资料。

  案例阅读

有 A、B、C 三地，A 与 B 间距 300km，B 与 C 间距 500km，收发货情况见表 3-4，由此绘制的货流图如图 3.3 所示。

表 3-4 货运量表（单位：t）

收货点 \ 发货点	A	B	C	供给发送货运量
A		200	300	500
B	500		300	800
C	200	400		600
合　计	700	600	600	1900

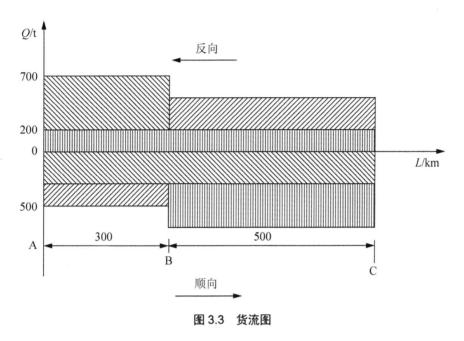

图 3.3 货流图

3.1.6 依据市场预测制订车辆配置方案

货运车辆是运输企业完成货物运输任务的基础，其配备情况直接关系到运输企业的运输生产效率和效益，对运输企业来说具有重要的意义。

在选择车辆配备时主要根据行车路线、运输对象来确定。在通常情况下，运输车辆的选择应保证运输费用最少这一基本要求，并应该做到以下几点。

1．大中小型货运车辆相结合

从合理运输的角度来说，一个运输企业在货运车辆的配备上，应该大中小型货车齐全，这样才能适应不同的货运线路及货流量变化的需要。同时，在数量上也应该配套，否则会影响到货运车辆的使用效率，造成货运车辆段位利用率不合理。

2．普通型货车如专用货车相配套

一般情况下，从事普通货物运输应该选用通用型货车，以降低运输成本，满足普通货主的要求；从事专门货物运输的企业，应该配备专用货车，以提高运输效率，保证运输货物的安全。

3．车型、品牌不宜复杂

从货运车辆技术管理的角度看，一个运输企业的货运车辆在车型品牌上不宜复杂。如果车型、品牌越多，在技术管理上的难度越大，需要储备的零配件也越多，还会带来其他一系列的问题。

范例

2012 年全国重点企业物流统计调查报告（节选）

调查时间：2013 年 4 月至 12 月

调查组织：国家发展改革委、国家统计局、中国物流与采购联合会和中国物流信息中心

调查对象：2012 年全国重点工业、批发和零售业企业物流状况和物流企业经营情况进行了统计调查。

调查方式：填表登记、问卷调查等方式。本次调查共收到 1299 家企业资料。其中工业企业 632 家，占 49%；批发和零售业企业 149 家，占 11%；物流企业 518 家，占 40%。

调查情况：

一、物流企业经营情况

2012 年物流企业业务量、业务收入增速有所回落，呈现"总体增速放缓、结构优化"的基本特征，企业物流成本增速放缓，盈利水平稳步回升。

1. 主要业务量增速回落，快递行业高速增长

1）物流企业业务量增长放缓

调查表明，2012 年物流企业主要业务量增幅有所放缓。图 3.4 显示物流企业货运量比上年增长 4.5%，增幅同比回落 6.8 个百分点；货运周转量增长 3.7%，增幅回落 4.1 个百分点；配送量和装卸搬运量增长 20.7%和 14.9%，增幅回落 3.1 和 14.3 个百分点。

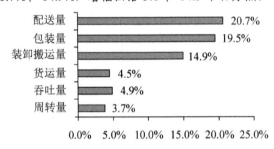

图 3.4　物流企业业务量增长情况

2）快递行业仍保持较快增长

调查表明，在物流行业整体增速放缓的背景下，受电子商务、网上购物持续高速增长推动，快递行业仍保持较快增长。图 3.5 显示 2012 年快递企业货运量、周转量及配送流通加工比上年同期增长 16.4%、58.1%和 103.6%，增幅明显高于物流行业平均水平。

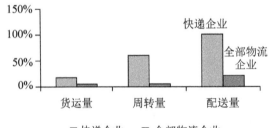

图 3.5　物流、快递企业业务量增长情况对比

2. 传统业务收入保持稳步增长，一体化物流快速发展

1）物流企业物流业务统计

调查表明，2012 年物流企业物流业务收入比上年同期增长 12.1%，增幅同比回落 4.8 个百

分点。图 3.6 显示，运输收入增长 5.5%；仓储收入增长 18.2%；信息及相关服务收入和一体化物流业务收入分别增长 28.1%和 76.8%。

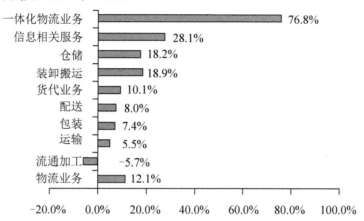

图 3.6　物流企业物流业务收入增长情况

2）收入构成统计

调查表明，从图 3.7 收入构成看，运输收入仍占近 6 成，配送及一体化物流业务收入占 9%和 7%。从变化情况看，运输收入占比下降 2 个百分点，一体化物流业务收入提高 3 个百分点。

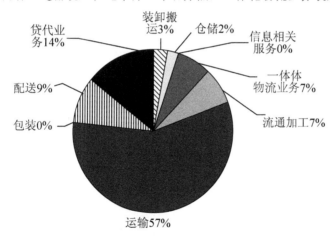

图 3.7　物流企业物流业务收入构成情况

3）物流企业类别

调查表明，从图 3.8 物流企业类型看，综合型物流企业主营业务收入比上年增长 16.7%，增幅同比回落 7.2 个百分点；运输型物流企业主营业务收入增长 6.2%，增幅回落 2.6 个百分点；仓储型物流企业增长 12.9%，增幅提高 0.6 个百分点。

3. 物流业务成本增速放缓

1）成本统计

图 3.9 所示调查数据表明，2012 年物流企业物流业务成本比上年增长 11.5%，增幅同比回落 17.5 个百分点。随着货运量等增速放缓，运输成本增速大幅回落 17.2 个百分点，增长 4.3%；仓储成本保持较快增长，比上年增长 24.2%；信息及相关服务成本和一体化物流业务成本分别增长 31.9%和 81.4%。

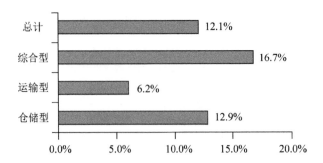

图 3.8　物流企业物流业务收入增长情况

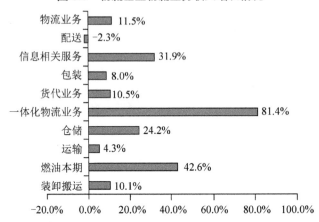

图 3.9　物流企业物流业务成本增长情况

2）成本类别构成

调查表明，从图 3.10 显示成本构成看，运输成本仍占近 6 成，其中，燃油成本占运输成本的比重提高 1.3 个百分点，达 42%；货代、配送及一体化物流业务成本分别占 15%、9% 和 7%。

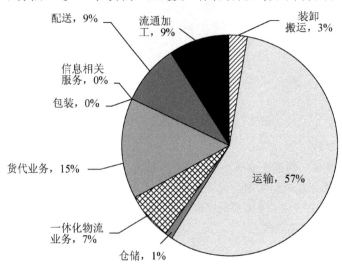

图 3.10　物流企业物流业务成本构成情况

3）物流企业类别

调查表明，从图 3.11 物流企业类型看，仓储型企业物流业务成本比上年增长为 10.9%，增幅同比提高 4.9 个百分点；综合型增长 17.7%，增幅回落 15.8 个百分点；运输型企业成本增长 3.9%，增幅回落 20.1 个百分点。

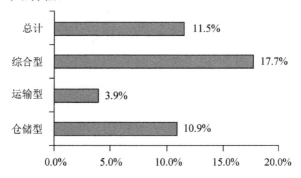

图 3.11　物流企业物流业务成本增长情况

4. 企业资产规模平稳增长

图 3.12 所示调查数据表明，2012 年物流企业资产总计比上年增长 13.9%，增幅与上年基本持平。物流企业资产规模增速逐步放缓，进入平稳增长阶段。

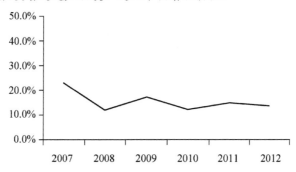

图 3.12　2007—2012 年物流企业资产总计增长情况

5. 企业盈利水平有所回升

1）历年企业物流利润统计

图 3.13 调查数据表明 2012 年物流企业物流业务利润额增长由降转升，比上年增长 4.4%。从物流企业类型看，仓储型企业物流业务利润额比上年增长 2.8%；综合型企业增长 5.9%；运输型企业增长 2.4%。

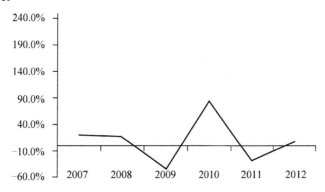

图 3.13　2007—2012 年物流企业物流业务利润增长情况

2）收入利润率回升

调查表明 2012 年物流企业平均收入利润率为 7.3%，比上年提高 2 个百分点。

从图 3.14 物流企业类型看，综合型企业收入利润率为 7.5%；仓储型企业为 3.0%；运输型企业为 7.3%。在运输型企业中，水上运输企业增幅最高为 4.6%，同比提高 4.4 个百分点，此外道路运输企业为 4.7%，同比下降 0.4 个百分点。

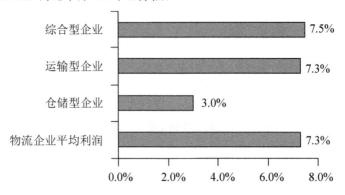

图 3.14　不同类型物流企业利润增长情况

二、调查综述

2012 年我国物流需求缓中趋稳，企业物流效率有所提升，但经济运行中的物流成本依然较高。综合 2012 年全国重点企业物流经营数据以及全年国民经济数据研究，得出以下结论。

1. 社会物流总费用较快增长

表 3-5 显示 2012 年社会物流总费用及各类费用构成情况。在运输费用中，受燃油价格上涨、道路运量快速增长的影响，道路运输费用同比增长 12.6%，增幅比社会物流总费用高出 1.2 个百分点。在保管费用中，利息费用增长 13.3%，增幅比社会物流总费用高出 1.9 个百分点。

表 3-5　2012 年社会物流费用统计

类　别	金额/万亿	同比增长	比　例	环比上升幅度
物流总费用	9.4	11.4%		-7.1%
运输费用	4.9	10.7%	52.5%	-0.3%
保管费用	3.3	11.8%	35.2%	0.2%
管理费用	1.2	13.1%	12.3%	0.1%

2. 社会物流总额缓中趋稳

2012 年全国社会物流总额 177.3 万亿元，按可比价格计算，同比增长 9.8%，增幅较上年回落 2.5 个百分点。分季度看，1 季度为 10.9%，上半年为 10%，前三季度为 9.6%，呈逐季回落之势，4 季度则明显趋稳回升，全年总体保持较快增长。

从构成情况看，工业品物流总额 162 万亿元，按可比价格计算，同比增长 10%，是推动社会物流总额增长的主要动力。受网购等电子商务快速发展推动，快递等与民生相关的物流发展势头良好，全年单位与居民物品物流总额按可比价格计算，同比增长 23.5%，增幅高于社会物流总额 13.7 个百分点。进口货物物流总额 11.5 万亿元，按可比价格计算，同比增长 7.8%。农产品物流总额和再生资源物流总额同比分别增长 4.5% 和 10.2%。

3. 物流业增加值平稳增长

2012 年全国物流业增加值 3.5 万亿元,按可比价格计算,同比增长 9.1%。其中,各类物流企业增长值见图 3.15 所示。2012 年物流业增加值占 GDP 的比重为 6.8%,占服务业增加值的比重为 15.3%。

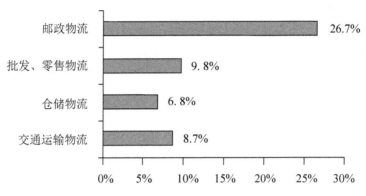

图 3.15 各类物流企业增加值增长情况

3.2 物流运输生产计划的制订

20 世纪 90 年代,沃尔玛提出了新的零售业配送理论,开创了零售业工业化运作的新阶段,即通过集中管理配送中心向各商店提供货源。其独特的配送体系,不仅大大降低了成本,而且加速了存货周转,成为"天天低价"的最有利的核心竞争力。沃尔玛公司共有 6 种形式的配送中心,每个配送中心都有不同的职责。沃尔玛巨资建立的卫星通信网络系统使其供货系统更趋完美,在短短数小时内便能够完成"填妥订单→各分店订单汇总→送出订单"的整个流程,大大提高了营业的高效性和准确性。沃尔玛正是通过信息流对物流、资金流的整合、优化和及时处理,实现了有效的物流成本控制。

3.2.1 运输量计划的编制

物流运输生产计划是指物流企业对计划期内本企业应完成的物流运输量(包括旅客和货物)、物流车辆构成和车辆利用程度等方面进行的部署和安排。

运输量计划的编制要有对运输量科学的预测才能够完成,运输量的预测是根据国民经济和社会发展对运输的需求,就未来的旅客和货物运输量做出定性和定量的计算和分析。它是研究分析未来运输业需要担负的任务,寻求发展运输能力的目标和途径,研究各种运输方式之间运输量的合理分配和综合运输网建设,以形成合理的运输业结构的依据。做好运输量预测,对于保证运输业适应国民经济的发展和人民物质文化生活水平的提高来说,都有重要意义。

预测的运输量包括铁路、公路、水路、航空等运输方式的旅客运量、旅客周转量、货物运量和货物周转量,以及管道运输的货物运量和货物周转量。运输量预测按期限通常分近期预测、中期预测和长期预测,一般 5 年以内为近期,5~10 年为中期,10 年以上为长期。

运输量预测大致分为以下 3 步：

第一步，系统分析客货运输量和工农业生产之间关系的历史和现状，分析确定未来旅客平均行程延长或缩短的趋势及其影响因素，寻求它们之间关系数量上变化的趋势，掌握预测计算用的数据和成因。

第二步，调查了解预测期内发展国民经济的方针政策，以及有关工农业生产等社会经济发展的主要指标，分析引起未来运输量需求的因素变化的趋势。

第三步，采用多种方法进行综合比较，确定预测运输量的速度和规模，力求提高预测的准确性和及时性。

1. 运输量计划的内容

运输量计划以货运量和货物周转量为基本内容，主要包括上年度货运量和货物周转量的业绩、本年度各个季度的计划值、本年计划与上年度实际业绩的比较等内容，见表 3-6。

表 3-6 货运量表（单位：t）

指标	单位	上年度业绩	本期（年计划）				本期计划为上期业绩的百分比	其他
货运量								
货物周转量								

2. 运输量计划的编制

任何一项生产计划的编制，都必须以深入的市场调查为基础，掌握货流的详细情况尤为重要。通常在确定货物运输量时要注意以下几点：

（1）参考国家近期运输方针和政策对交通运输的影响。

（2）国家公路交通网的发展规模和计划。

（3）企业自身长期发展计划的相关要求。

（4）各种运输方式发展的情况以及企业自身的运输生产能力。

（5）将托运计划、运输合同、运输量的预测等资料作为重要依据，这是保证能及时准确地顺利组织运输生产的前提。

（6）运输市场历年相关统计调查的资料。

通过市场需要与运力的平衡结果的预测以及上级部门下达的货物运输量任务，使生产效率和积极效应保持平衡，在满足社会需要、有利于国民经济发展和保证良好的经济效益的前提下，合理确定物流运输量的计划值。

汽车运输经常存在运力和运量之间的矛盾。当运力不能满足社会需要时，只能依靠对社会运输的经济调查来掌握货物运输的流量、流向和运距，确定实载率和车辆日行程等指标后，本着"确保重点、照顾一般"的原则，采取以车定产的办法确定货物运输量计划值。

一般来说，货运量和货物周转量的计算公式为

$$货运量 = \frac{货物周转量计划}{计划货物平均运距}$$

$$货物周转量 = 车日平均行程 \times 车日平均吨位 \times 车辆数 \times 日历天数 \times 车辆工作率 \times 里程利用率 \times 载重利用率$$

$$\text{货物平均运距} = \frac{\text{货物周转量}}{\text{货运量}}$$

以上公式虽然是对货物运输量的计算,但对于旅客运输也一样适用。

这些公式是不是什么时候都适用呢?其实不然,这是在运力小于运量的时候使用的相关公式,一旦运力大于运量的时候,可以根据运输需求量的多少,来决定运输服务供给投入运力的多少。一般来说,这种运输服务供给应在保持合理车辆运用效率指标水平的基础上,预测投入的车辆数,并将剩余运力另行安排。

运距的长短、实载率的高低、装卸停歇时间的长短都会影响车辆日行程,进而影响周转量。因此,实载率和车辆日行程必须根据不同情况分别做出预算后综合确定,运输量计划值还必须通过与车辆运用计划平衡后确定。

3.2.2 车辆计划的编制

车辆计划的编制主要反映企业在计划期内,营运车辆类型以及各类车辆数量增减变化情况及其平均运力。它是衡量企业运输生产能力大小的重要指标,能够为编制运输生产计划提供企业生产经营实力的依据。车辆计划的主要内容包括车辆类型及区分年度、年末及全年平均车辆数、各季度车辆增减数量、标准及吨位等。表 3-7 是一张车辆计划表,表中列举了部分车型,对于某些企业来说拥有的车型可能更多,可以在末行再加上;表中按季度对企业拥有指定车型的吨位和数量进行统计。

表 3-7 车辆计划表

车辆类别	额定吨位/t	年初		季度车辆								年末车辆变化		全年	
				第一季度		第二季度		第三季度		第四季度					
		车数/辆	吨位/t	车数/辆	吨位/t	车数/辆	吨位/t	车数/辆	吨位/t	车数/辆	吨位/t	车数/辆	吨位/t	车数/辆	吨位/t
大型货车															
中型货车															
集装货车															
零担货车															
全挂货车															
半挂货车															

注:车辆和吨位增加(+)
车辆和吨位减少(-)

在制表的时候要注意以下几点:

(1) 年初车辆及吨位应该以上期末统计数据为准。

(2) 车辆增加是指计划期内本单位新购车辆或者由外单位调入车辆,车辆减少是指企业调出车辆或者计划报废、封存、改为非营运车辆。

(3) 标记吨位以车辆营运执照上的数据为准,一般不能随意改变,如果车辆经过改装则应以改装后的数据为准。

(4) 年末统计数量是指计划期内车辆增减变化的实际数据。

(5) 全年平均车辆数量和平均总吨位是编制运力计划的主要依据。

$$日平均车辆数 = \frac{计划期营运车日总和}{计划期日历天数}$$

$$日平均吨位数 = \frac{计划期营运车吨日总和}{计划期日历天数}$$

日平均车辆数是指物流企业计划期内每日平均拥有的车辆总数；日平均吨位数是指物流企业计划期内每日平均拥有的吨位总数；营运车日是指一辆营运车列入计划一天；营运车吨日是指一个营运车吨位列入计划一天。

日平均车辆数和日平均吨位数是企业在计划期内可以投入营运的规模大小，不能等同于企业拥有的车辆数和吨位数，其中的区别在于能否投入营运。对于运输企业来说，车辆有可能出现意想不到的故障或者需要定期检修，因此在所有计划期内不一定每一天都能够参与营运。车辆的完好率和和工作效率对企业来说就显得尤为重要，相关公式如下：

$$车吨日 = 车辆数 \times 营运车日 \times 标记吨位$$

$$车辆工作率 = \frac{工作车日}{计划期总车日} \times 100\%$$

$$车辆完好率 = \frac{完好车日}{计划期总车日} \times 100\%$$

 案例解析

某物流企业车队某月1日有50辆车，15日新增10辆车，可是到25日又报废了5辆车。
（1）问该月总车日是多少？平均车数是多少？
（2）如果报废的5辆车本月都不能用，另有7辆车进行二级维护一天，问车队该月完好率是多少？

解：
（1）总车日 = 50×14 +（50+10）×10 +（50+10-5）×7
　　　　　= 1685（车日）

$$平均车数 = \frac{1685}{31} = 54.35（辆）$$

（2）完好车日 = 总车日 - 非完好车日
　　　　　　 = 1685 -（5×24+7）
　　　　　　 = 1558（车日）

$$完好率 = \frac{1558}{1685} \times 100\% = 92.5\%$$

3.2.3 车辆运用计划的编制

车辆运用计划是指计划期内全部营运车辆生产能力利用程度的计划，它有车辆各项运用效率指标组织，是平衡运力与运量计划的主要依据之一。表3-8为车辆运用计划表，表中主要对本年度的各个阶段进行统计，也包括本年度和上一年度的对比；表中对运输企业车辆的运用各种指标进行了统计，是以后物流运输生产计划制订的依据。

第 3 章 公路物流运输计划与调度

表 3-8 车辆运用计划表

指 标	上年度业绩	本年度完成					本年度计划与上年度业绩比较
		一季度	二季度	三季度	四季度	全年	
营运总车日							
平均营运车辆							
车辆平均吨位							
车辆完好率							
车辆工作率							
工作车日数							
平均每日出车时间							
平均车日行程							
里程利用率							
载重行程							
载重行程周转量							
吨位利用率							
平均运距							
货运量							
单车产量							

车辆运用计划的编制方法有顺遍法和逆编法两种。

1. 顺编法

顺编法是以可能为出发点，先确定各项效率指标值，在此水平上确定计划可完成的运输工作量，其计算过程如下：

第一步，根据计算汽车生产率的顺序，逐项计算各项利用效率指标的计划数值。

第二步，计算保持相同水平时可能完成的运输工作量。

第三步，将计算结果与运输量计划相对照。

经过以上 3 步后，如果计算结果与计划相符合，表明可以完成任务，此时可以根据报告期内的统计资料并做好计划期内的货源落实情况，计算计划期内的各项利用率指标的数值来编制车辆运用计划；如果计算的结果与运输量计划有较大差异，特别是低于运输量计划时，则应调整各项车辆运用效率指标，直到二者基本达到一致，才能以此来编制车辆运用计划。

2. 逆编法

逆编法是以需要为出发点，通过既定的运输工作量来确定各项车辆运用效率指标必须达到的水平。计算时，各项指标值的确定要经过反复测算，保证能够完成计划的运输任务。

案例解析

某汽车运输公司某年第一季度平均营运货车数为 100 辆,其额定吨位为 5,经分析测算全年平均车辆完好率可达 93%,工作率为 90%,技术速度为 50km/h、工作车时利用率 80%、平均每日出车时间 10h,里程利用率为 70%,重车载重量利用率(即吨位利用率)为 100%,运输量计划中显示的平均运距为 80km,货物周转量为 10 200 000t·km,据此资料确定车辆运用效率指标的计划值,并编制车辆运用计划。

解:计算结果见表 3-9;车辆运用计划略。

表 3-9 车辆运用计划指标计算

序号	指标	单位	计算过程	计划值
1	营运车日	车日	100×90	9000
2	平均营运车数	辆		100
3	平均总吨位	t	9000×5÷90	500
4	平均吨位	t		5
5	车辆完好率			93%
6	车辆工作率			90%
7	工作车日	车日	9000×90%	8100
8	工作车时利用率			80%
9	平均车日行程	km	50×80%×10	400
10	总行程	km	400×8100	3 240 000
11	里程利用率			70%
12	载重行程	km	3 240 000×70%	2 268 000
13	载重行程载质量	km	2 268 000×5	11 340 000
14	吨位利用率			100%
15	可完成周转量	t·km	11 340 000×100%	11 340 000
16	平均运距	km		80
17	可完成货运量	t	11 340 000÷80	141 750
18	车吨位季产量	t·km	11 340 000÷500	22 680
19	单车季产量	t·km	11 340 000÷100	113 400
20	车公里产量	t·km	11 340 000÷3 240 000	3.5

3.2.4 物流车辆运行作业计划的编制

物流运输生产计划虽然按年、月、季度安排了生产任务,但它只是纲领性的生产目标,不可能对运输生产的细节做出作业性安排,因此,物流运输车辆运输作业计划工作是物流运输生产计划的继续,可以实现具体的运输过程。

车辆运输作业计划的任务主要表现在两个方面:

(1)把企业基层车队、车站、和车间以及相关职能部门有机地组织起来,协调一致工作。

第3章 公路物流运输计划与调度

(2) 不断提高运输效率,保证企业每天能够均衡地完成运输任务。

1. 车辆运行作业计划的类型

通常根据物流车辆运行作业计划执行时间的长短,可以将其分为以下几种:

(1) 长期运行作业计划。计划使用时间为半个月以上,适用于经常性的运输任务,通常其运输线路、起止地点、运输量及货物等都比较固定。

(2) 短期运行作业计划。其形式适应性较广,对于货运起止地点较多、流向复杂、货种也比较繁多的货运任务。可对其编制周期为 3 天、5 天、10 天的作业运行计划,做出表 3-10 所示车辆五日运行计划表。

表 3-10 车辆五日运行计划表

年　月　日至　　年　月　日

日期	作业计划内容				运力/t	周转量/(t·km)	执行情况检查
1							
2							
3							
4							
5							
指标	计划	工作效率/%	车日行程/km	实载率/%	运量	周转量/(t·km)	
	实际						

(3) 日运行作业计划。主要在货源多变、货源情况难以早期确定和临时性任务较多的情况下采用。这种计划需要天天编制来适应临时性的运输任务。

(4) 运次运行作业计划。通常适用于临时性或季节性、起止地点固定的短途大宗货运任务。安排方法是根据货物性质、运距长短、道路情况、装卸条件等,确定车辆每日或每班应该完成的运次和工作量。

2. 车辆运行作业计划的编制原则

编制车辆运行作业计划通常要考虑企业的月度运输任务及车辆运用效率指标,这是制定作业计划的主要依据,可以防止车辆运行作业超负荷或者运输量不足。还要考虑货源调查资料、相关运输任务以及已被批准的运输合同、车辆技术状况以及保养作业计划、装卸地点的装卸能力及现场情况、计划期间的气象情况。合同是企业生产任务的保证,车辆的完好率是运输任务完成的根本,不做好车辆保养就会出现车辆故障进而影响运输任务的完成。在综合考虑这些因素后,在制订车辆运行作业计划的时候要遵循以下原则:

(1) 工农业生产急需的、抢险救灾及战备物资要优先安排,不能延误。

(2) 综合企业的运力和运量实际情况,要保证重点、兼顾一般、综合平衡。

(3) 选择相对经济的路线,组织合理运输,保证发挥车辆效率。

3. 车辆运行作业计划的编制步骤

编制车辆运行作业计划是一项复杂细致的工作，无论货源充足与否，都要编好车辆运行作业计划，保证良好的运输生产秩序，尽可能地提高车辆运用效率。

（1）根据货运任务资料确定货源汇总和分日运送计划，见表3-11。

表3-11 货源汇总和分日运送计划表

年 月 日至 日

线别	托运单号	发货单位	起运点	品名	包装	运距/km	托运吨数	分日到达运送计划											剩余物资	处理意见
								日		日		日		日		日		吨数	
								吨数	车数	吨数	车数	吨数	车数	吨数	车数	吨数	车数		
合计																			

（2）认真核对出车能力，妥善安排出行车辆及保修计划。

（3）根据相关资料，逐车编制车辆运行作业计划，合理选择车辆行驶路线，确定运行周期，根据货物的性质和类型选择适宜的车辆运输。

（4）检查各车运行作业计划的执行情况，出现问题及时解决，并为编制以后的车辆运行作业计划做好准备。

（5）根据相关政策及企业运输计划要求审核运行作业计划。

3.3 车辆运输路线的优化

中国东莞一起交通意外造成了公路的堵塞，焦急的司机满头大汗，因为时间已经比预期超过了将近45min，当交通再次恢复时，司机加足了油门，还是没能将货物正点送到目的地；50h以后，美国西海岸的一家专营店与该货物相关产品的价格已经出现了波动，造成数十甚至上百美元的价格差异。IT产业是一个咬合紧密、高效协作的产业链条，当一个环节出现问题时，将引起一系列的连锁反应，无形之中某个环节的失误就被放大了许多倍，最终以价格的形式表现出来。

3.3.1 降低物流运输成本

影响物流运输成本的因素很多，控制措施既涉及运输环节本身，又涉及供应链的整个物流流程。要想降低物流运输成本，就必须运用系统的观点和方法，进行综合分析，发现问题，解决问题，使物流运输活动更加优化、物流运输成本更加合理化。

1. 提高企业物流运输管理水平

运用系统观点不断优化运输资源配置，提高管理技术和手段的运用，提高企业运输管理水平，树立物流战略成本管理的理念，追求整个供应链、整个流通过程的物流运输成本最小化，不断发掘运输成本降低潜力，持续降低物流运输成本水平。

2．消除运输中不合理现象

物流运输不是一个孤立的环节，在组织运输时，要对运输活动及其涉及的其他环节科学规划，统筹安排，尽量压缩不必要的环节，减少个别环节所占用成本。对有条件直运的，应尽可能采取直达运输，减少二次运输。同时，更要消除对流及隐含运输、迂回运输、重复运输、过远运输等不合理现象。

3．合理选择运输方式，提高运输效率

在目前多种运输工具并存的情况下，必须注意根据不同货物的特点及对物流时效的要求，对运输工具所具有的特征进行综合评价，以便采取合理选择运输工具的策略，并尽可能选择廉价运输工具。

合理选择运输方式时，要合理组织多式联运，采用零担凑整、集装箱、回空车捎脚运输等方法，扩大每次运输批量，减少运输次数；采用合装整车运输、分区产销平衡合理运输、直达运输、"四就"直拨运输等合理运输形式，有效降低运输成本。

4．提高运输工具技术装载量

改进商品包装，改善车辆的装载技术和装载方法，对不同货物进行搭配运输或组装运输，可以使同一运输工具装载尽可能多的货物，最大限度利用运输工具的装载吨位，充分使用装载容积，提高运输工具的使用效率。对有条件的货物，也可开展托盘运输。

5．科学设计运输网络，实现优化运输

在运费、运距及生产能力和消费量都已确定的情况下，可充分运用运筹学、管理数学中的线性和非线性规划技术、网络技术等解决运输的组织问题，制订科学合理的运输计划和方案；运用定制化运输等方法和手段，合理设计运输网络；运用GPS、GIS等先进技术，对运输活动及过程进行跟踪、监控和调度，实现对车辆和线路的最优化、节点配送的优化等功能，也可进一步提高运输效率，提高安全性，减少损失，降低成本。

配送是运输在功能上的延伸，主要服务于支线运输。通过效率化的配送，可提高物流规模效益，实现共同配送，也可以降低物流运输成本。选择最佳配送手段，可实现车辆运行的效率化，降低配送成本，同时也提高了供应保证程度，降低了库存成本，进而降低物流总成本。

3.3.2　选择物流运输路线

1．货物运输路线选择的目标

运输路线选择的目标实际上是多元的，运输路线选择的目标准则应根据运输的具体要求、企业的实力及客观条件来确定，但制订方案选择的目标值应当是容易计算的。因此，一般要尽可能选择单一化的目标值，以便于求解和增加其实用性。

（1）效益最高或成本最低。当有关项目数据容易得到和易于计算时，可以用利润最大化或成本最低作为目标值。

（2）路程最短。如果运输成本与运输里程相关性较强，而和其他因素相关性较弱时，运输路程最短的实质就是运输成本最低。此时考虑用运输里程最短作为目标值，可以大大简化运输路线选择和运输工具调试方法。值得注意的是，当运输成本不能通过里程来反映时，比如道路收费、道路运行条件严重影响成本时，单以路程最短作为目标就不适宜。

（3）其他指标。其他指标有以吨公里最小、以服务水准最优、以劳动消耗最低等作为目标。

2．货物运输路线选择的约束条件

线路选择目标的实现过程受很多条件的限制，因而必须在约束条件下寻求成本，最低或线路最短等目标。

（1）满足所有收货人对货物品种、规格、数量的要求。
（2）满足收货人对货物发到时间范围的要求。
（3）在允许通行的时间内进行运送。
（4）各运送路线的货物量不得超过运输工具容积和载重量的限制。
（5）在企业现有运力允许的范围内。

与一般的运输路线选择相比，运输调度下的运输路线选择还将考虑更多的约束因素，比如服务时间的限制、运力的大小、某类运输工具可行的运输路线、途经城市应装载或交付的货运员、基于安全考虑的驾乘人员的工作与休息时间等。

3.3.3 优化方法一：表上作业法

1．运输问题的数学模型

设某种物品有 m 个产地 A_1，A_2，…，A_m，各产地的产量分别是 a_1，a_2，…，a_m；有 n 个销地 B_1，B_2，…，B_n，各销地的销量分别为 b_1，b_2，…，b_n。假定从产地 A_i（$i=1$，2，…，m）向销地 B_j（$j=1$，2，…，n）运输单位物品的运价是 c_{ij}，问怎样调运这些物品才能使总运费最小？

这是由多个产地供应多个销地的单品种物品运输问题。为直观清楚起见，可列出该问题的运输表，见表 3-12。

表 3-12 运输表

	B_1	B_2	…	B_n	产量
A_1	c_{11}	c_{12}	…	c_{1n}	a_1
A_2	c_{21}	c_{22}	…	c_{2n}	a_2
…	…	…	…	…	…
A_m	c_{m1}	c_{m2}	…	c_{mn}	a_m
销量	b_1	b_2	…	b_n	

设 x_{ij} 为从 A_i 运往 B_j 的物品数量，c_{ij} 为从 A_i 运往 B_j 的单位物品的运价，则对于平衡运输问题（$\sum_{i=1}^{m} a_i = \sum_{j=1}^{n} b_j$），其数学模型的一般形式可表示为 $\min s = \sum_{j=1}^{n} \sum_{i=1}^{m} c_{ij} x_{ij}$。

2．表上作业法求解运输问题

利用表上作业法求解运输问题一般要用的方法有：最小元素法、位势法和闭合回路法。

1）最小元素法

最小元素法中，元素是指单位运价。这种方法的基本思想是：运价最便宜的优先进行调运，下面通过例子来说明。

某种物品要从 A_1、A_2、A_3 三个仓库运往四个销售点 B_1、B_2、B_3、B_4。各发点（仓库）的发货量、各收点（销售点）的收货量以及从 A_i 到 B_j 的单位运价 c_{ij}（i＝1，2，3；j＝1，2，3，4）见表 3-13。如何组织运输才能使总运费最少？

表 3-13　运价表

收点＼运价＼发点	B_1	B_2	B_3	B_4	产量
A_1	9	18	1	10	9
A_2	11	6	8	18	10
A_3	14	12	2	16	6
需求量	4	9	7	5	25

由表 3-13 可知，总需求量（25）＝总产量（25），供销平衡。现从 c_{ij} 取最小值的格子开始（若有几个 c_{ij} 同时取最小值，则可取其中之一。这里选取的原则就是先上后下，先左后右）。在本例中 c_{13}＝1 最小。这说明，将 A_1 的物资调给 B_3 是最便宜的，故应给 c_{13} 所对应的变量 x_{13} 以尽可能大的数值。显然应取 x_{13}＝min（9，7）＝7。在 x_{13} 填上 7，表示已经供给的数量。由于 B_3 的需求已经得到满足（或者说 B_3 列已被满足），故 x_{23}、x_{33} 应为零，在 x_{23}、x_{33} 处打×，将 B_3 列划去（B_3 列置为深灰显，也可以用删除线替代），并将 A_1 的发点相应地改为 2，见表 3-14。

表 3-14　步骤 1

收点＼运价＼发点	B_1	B_2	B_3		B_4	产量
A_1	9	18	1	7	10	2
A_2	11	6	8	×	18	10
A_3	14	12	2	×	16	6
需求量	4	9	7		5	

在表 3-14 剩余的运价中，最小的 c_{ij} 为 c_{22}＝6。有 x_{22}＝min（10，9），即令 x_{22}＝9，并在第 2 列的其他网格（即 x_{12}、x_{32}）处打×，于是第 2 列又被划去（B_2 列置为深灰显），且 A_2 的发点只有 1 了，这样形成了表 3-15。

表 3-15 步骤 2

收点 \ 运价 \ 发点	B_1	B_2		B_3		B_4	产量
A_1	9	18	×	1	7	10	2
A_2	11	6	9	8	×	18	1
A_3	14	12	×	2	×	16	6
需求量	4	9		7		5	

由于表 3-15 第 2 列、第 3 列都被划去，所以只能在第 1 列中找最小的运价，此时 x_{11} 最小，而此时 A_1 仓库只有 2 个货物，因此在 x_{11} 处填上 2，此时，A_1 的发点已分配完毕（一般说成"A_1 行被满足"），故应在第 1 行的其他空格处（实际上只有 x_{14}）打上×，划去第 1 行（A_1 行置为深灰显），见表 3-16。

表 3-16 步骤 3

收点 \ 运价 \ 发点	B_1		B_2		B_3		B_4		产量
A_1	9	2	18	×	1	7	10	×	0
A_2	11		6	9	8	×	18		1
A_3	14		12	×	2	×	16		6
需求量	4		9		7		5		

此时表 3-16 中 c_{21} 的运价最小，在 x_{21} 处填上 A_2 仓库剩余的货物量 1，该仓库的货物也分配完毕，因此在第 2 行的其他网格处（实际上只有 x_{24} 了）打上×，划去第 2 行（A_1 行置为深灰显），在 x_{31} 处填上 1，见表 3-17。

表 3-17 步骤 4

收点 \ 运价 \ 发点	B_1		B_2		B_3		B_4		产量
A_1	9	2	18	×	1	7	10	×	0
A_2	11	1	6	9	8	×	18	×	0
A_3	14		12	×	2	×	16		6
需求量	4		9		7		5		

然后选取 c_{31},因为 B_1 的需求量为 4,已经配给了 3 个还差 1 个,所以将 A_3 仓库的货物分配给该处 1 个,在该网格内添加货物量 1,并将 A_3 仓库的货物量修改为 5,此时 B_1 已经全部满足需求货物,因此将第 1 列划去(B_1 列置为深灰显),见表 3-18。

表3-18 步骤5

收点＼运价＼发点	B_1		B_2		B_3		B_4		产量
A_1	9	2	18	×	1	7	10	×	0
A_2	11	1	6	9	8		18		0
A_3	14	1	12	×	2	×	16		5
需求量	4		9		7		5		

现在只有 1 个没有分配货物的销售店 B_4,在 x_{34} 处填上 5,在第 4 列(或第 3 行)的其他网格处(实际上已无空格)打上×,划去第 4 列(或第 3 行)置为深灰显,见表 3-19。

表3-19 步骤6

收点＼运价＼发点	B_1		B_2		B_3		B_4		产量
A_1	9	2	18	×	1	7	10	×	0
A_2	11	1	6	9	8	×	18	×	0
A_3	14	1	12	×	2	×	16	5	0
需求量	4		9		7		5		

至此,所有方格都已填上数或打上×,总共填了 3+4−1=6 个数(等于基变量的个数,配送过货物的为基变量),其余方格均已打×。每填一数就划去了一行或一列,总共划去的行数与列数之和也是 6。可以证明,用最小元素法所得到的一组解 x_{ij} 是基可行解,而且填数处是基变量,打×处是非基变量。它对应的目标函数为

$$Z=9\times2+1\times7+11\times1+6\times9+14\times1+16\times5=184$$

2)位势法

表上作业法所得到的是一个初始方案,上面的方案做得是不是合理,还需要一个验证的过程。表上作业法验证一般有两种方法:位势法和闭回路法,这里先介绍位势法。

利用位势法来检验首先需要构造位势。一般来说配送过的为基变量,没有配送过的为非基变量,构造位势法一般是用基变量来构造,构造结束后来检验非基变量是否正确。

这里在表 3-19 中添加一行为 UI 来表示列位势,添加一列 VI 表示行位势,见表 3-20。对于表中的每一个网格都对应两个位势,表中的基变量应该是行位势和列位势之和。

表 3-20 添加位势

运价 发点 收点	B$_1$		B$_2$		B$_3$		B$_4$		产量	VI
A$_1$	9	2	18	×	1	7	10	×	0	
A$_2$	11	1	6	9	8	×	18	×	0	
A$_3$	14	1	12	×	2	×	16	5	0	
需求量	4		9		7		5			
UI										

将运价表中对应表 3-20 有运量处划方格，然后在表的右边添加一列，下面添加一行，并且在添加的行、列里填上一些数，使得表中任何划了方格的对应运价正好等于它所在行及所在列中新填入数字之和，具体做法如下：

将 A$_1$ 行右边空格填入 0，则 B$_1$ 列、B$_3$ 列下面的空格中必须分别填入 9、1。由于 11＝9＋2，所以 A$_2$ 行的右边空格必须填入 2。类似的，B$_2$ 列的下面应该填入 4（因 6＝4＋2），A$_3$ 行的右边只能填 5（因 14＝9＋5），最后由于 c_{34}＝16，所以 B$_4$ 列必须填入 11。这样就得到了表 3-21，这个表称为位势表，新填入的数字分别称为行位势和列位势，并分别记为 α_i 和 β_j（i＝1，2，3；j＝1，2，3，4），再求检验数。

设 x_{ij} 所在的格子的检验数为 δ_{ij}，则我们可以证明

$\delta_{ij}＝c_{ij}－（\alpha_i＋\beta_j）$（$i$＝1，2，…，$m$，$j$＝1，2，…，$n$），并且当所有的 $\delta_{ij} \geq 0$ 时，对应的调运方案是最优方案。

表 3-21 位势表

运价 发点 收点	B$_1$	B$_2$	B$_3$	B$_4$	VI（α_i）
A$_1$	2 9（0）	18（δ＝14）	7 1（0）	10（δ＝－1）	0
A$_2$	1 11（0）	9 6（0）	8（δ＝5）	18（δ＝5）	2
A$_3$	1 14（0）	12（δ＝3）	2（δ＝－4）	5 16（0）	5
UI（β_j）					

显然，对于那些已确定了调运量的格子的检验数 δ_{ij} 应该为零，即有 $c_{ij}＝\alpha_i＋\beta_j$。上面在求行位势与列位势时就利用了这一关系，下面来求其余方格所对应的检验数。

$$\delta_{12} = c_{12} - (\alpha_1 + \beta_2) = 18 - (0+4) = 14$$
$$\delta_{14} = c_{12} - (\alpha_1 + \beta_4) = 10 - (0+11) = -1$$
$$\delta_{23} = c_{23} - (\alpha_2 + \beta_3) = 8 - (2+1) = 5$$
$$\delta_{24} = c_{24} - (\alpha_2 + \beta_4) = 18 - (2+11) = 5$$
$$\delta_{32} = c_{32} - (\alpha_3 + \beta_2) = 12 - (5+4) = 3$$
$$\delta_{33} = c_{33} - (\alpha_3 + \beta 3) = 2 - (5+1) = -4$$

3）闭回路法

如果已确定了某一调运方案，从某一空格出发（无调运量的格子），沿水平方向或垂直方向前进，遇到某一个适当有调运量的格子就转向 90°继续前进。如此继续下去，经过若干次，就一定回到原来出发的空格。这样形成的一条由水平和垂直线段组成的封闭折线，称为闭回路。

（1）闭回路法操作。

在表上作业法中，闭回路是重要的概念之一，它既可以计算检验数，又可以调整调运方案。由于数字格对应着基变量，其检验数均为零，而一般考虑的是非基变量的检验数，所以只研究从空格出发所形成的闭回路。

由闭回路的构成可见，除起点是空格外，其余所有的拐角点都是填有调运量的。可以证明一个重要的事实：从每一个空格出发都存在唯一的闭回路。下面通过例子来说明。

在表 3-22 中的初始调运方案中做出从（3，2）对应的空格为起点的闭回路为
$$(3, 2) \rightarrow (2, 2) \rightarrow (2, 1) \rightarrow (3, 1) \rightarrow (3, 2)$$

这条闭合回路，除出发格（3，2）为空格外，其余都是数字格。

表 3-22 闭合回路 1

收点＼运量＼发点	B_1	B_2	B_3	B_4
A_1	2		7	
A_2	1	9		
A_3	1			5

为确定空格（k，t）的检验数，便可以从空格（k，t）出发作闭回路，并对该回路的顶点进行编号，即以（k，t）格为第一个顶点，所经过的顶点依次为第二个、第三个……则闭回路上奇数顶点的单位运价之和减去偶数顶点的单位运价之和所得到的差，就是空格（k，t）的检验数。其经济意义是，非基变量 x_{kt} 取值增加一个单位所引起的总运费的变化量。

现以计算（3，2）格的检验数为例加以说明。若让（3，2）格的调运量增加一个单位，为保证产销平衡，则其奇数顶点的调运量也都要增加一个单位。同时，所有偶数顶点的调运量也都要减少一个单位。经过这样调整后，就会得到一个新的调运方案，见表 3-23。

表 3-23　闭合回路 2

发点 运量 收点	B_1	B_2	B_3	B_4
A_1	2		7	
A_2	1	9		
A_3	1	1		5

现在考虑按上述方法调整方案后,总运费将如何变化。因为一方面,闭回路上所有奇数顶点的调运量都增加了 1 个单位,单考虑这一因素,总运费的增加量等于闭回路奇数顶点单位运价之和;另一方面,闭回路上所有偶数顶点的调运量都减少了 1 个单位,单考虑这一因素,总运费的减少量等于闭回路偶数顶点单位运价之和。如果同时考虑这两方面的因素,总运费的增加量就等于该闭回路上奇数顶点的单位运价之和减去偶数顶点单位运价之和所得的差,其差值就是空格的检验数,所以(2,3)格的检验数为

$$\delta_{32}=(c_{32}+c_{11})-(c_{22}+c_{31})=(12+11)-(14+6)=23-20=3$$

这表明,如果让(3,2)格的调运量（A_3 运往 B_2 的货物量）增加一个单位,总运费将增加 3 元（这与前面用位势法求检验数的结果是一致的）。同样,可以求得表 3-23 中的基本可行方案每个空格检验数(δ),将其列于表 3-24 每个相应方格的括号内。

表 3-24　新运输方案

发点 运量 收点	B_1	B_2	B_3	B_4
A_1	2		7	
A_2	2	8		
A_3	0	1		5

(2) 最优方案的判别准则。

在讨论闭回路法求检验数时,如果看到某个空格的检验数为正,那么若使该空格的调运量增加（即由非基变量变为基变量）,总运费就会增加;如果某个空格的检验数为负,若使该空格的调运量增加,总运费就会减少。一般自然会想到：如果没有负的检验,总运费就不能再减少了。一般会得出结论,即判别最优方案准则：对于运输问题的一个基本可行

方案,如果所有的检验数非负,即 $\delta_{ij} \geqslant 0$,那么该方案就是最优方案。这里的结论和前面线性规划的结论是一致的。因为运输问题是极小化线性规划问题,所以最优判别准则乃是所有检验数非负。

用上述最优判别准则检查见表 3-25,由于表中还有负的检验,所以现在得到的方案还不是最优方案。

表 3-25　检验数 1

收点\运量\发点	B_1	B_2	B_3	B_4
A_1	2 9	18（$\delta=14$）	7 1	10（$\delta=-1$）
A_2	1 11	9 6	8（$\delta=5$）	18（$\delta=5$）
A_3	1 14	12（$\delta=3$）	2（$\delta=-4$）	5 16

（3）调运方案的改进。

如果所得的基本可行方案不是最优的,就要对其进行改进,这一步工作相当于普通单纯形法的换基迭代,其运算法则和步骤如下：

第一步,确定进基格。选取绝对值最大的负检验数格为进基格,标以"*",进基格所对应的变量就是单纯形法所对应的变量。

第二步,从进基格出发作闭回路,并沿任一方向对该闭回路的顶点进行编号,但进基格必须为第一个顶点。

第三步,确定调整量,求出闭回路上所有偶数顶点调运量的极小值 θ,θ 叫做调整量。

第四步,调整方案,令此闭回路上所有奇数顶点的调运量加 θ,所有偶数顶点的调运量减 θ,其余调运量不变。调整后进基格由空格变为数字格,在闭回路的偶数顶点中选取一个调运量为零的顶点改为空格,如果有几个偶数顶点的调运量同时变为零,只能选取其中一个顶点改为空格；如果有几个偶数顶点的调运量同时变为零,只能选取其中一个顶点改为空格。这个变为空格的偶数顶点所对应的变量,就是单纯形法是所说的出基变量。

表 3-25 中,δ_{33} 是绝对值最大的负检验数,以（3,3）格为空格出发的闭合回路（3,3）→（1,3）→（1,1）→（3,1）用 θ_1 表示该闭合回路上的调整量,则 $\theta_1=\min (x_{13}, x_{31})=\min (7,1)=1$。沿着该闭合回路奇数顶点的调运量加 θ_1,偶数顶点的调运量减 θ_1,结果见表 3-26。

对表 3-26 所示的基本可行方案用闭合回路法重新计算检验数,结果见表 3-27。其中,以（2,4）格为空格的闭回路是（2,4）→（2,1）→（1,1）→（1,3）→（3,3）→（3,4）→（2,4）,得

$$\delta_{24}=(c_{24}+c_{11}+c_{33})-(c_{21}+c_{13}+c_{34})=1$$

现在,$\delta_{14}=-5$ 是唯一的负检验数,以（1,4）格为空格对偶调运量进行调整,$\theta_2=\min (6,5)=5$,调整后的结果见表 3-28。

对调整后的调运方案继续求检验数,见表3-29。

表3-26 结果1

收点＼运量＼发点	B_1	B_2	B_3	B_4
A_1	3		6	
A_2	1	9		
A_3	0		1	5

表3-27 结果2

收点＼运量＼发点	B_1	B_2	B_3	B_4
A_1	3 9	18（$\delta=14$）	6 1	10（$\delta=-5$）
A_2	1 11	9 6	8（$\delta=5$）	18（$\delta=1$）
A_3	14（$\delta=4$）	12（$\delta=3$）	1 2	5 16

表3-28 检验数2

收点＼运量＼发点	B_1	B_2	B_3	B_4
A_1	3 9	18	1 1	5 10
A_2	1 11	9 6	8	18
A_3	14	12	6 2	16

表 3-29 最终运输方案

收点＼运量＼发点	B₁	B₂	B₃	B₄
A₁	3 9	18（4）	1 1	5 10
A₂	1 11	9 6	8（5）	18（6）
A₃	14（4）	12（7）	6 2	16（5）

由表 3-29 可见，所有的检验数 $\delta_{ij} \geq 0$，当前的方案为最优调运方案。此时，总的调运费为

$$Z = 9 \times 3 + 1 \times 1 + 10 \times 5 + 11 \times 1 + 6 \times 9 + 2 \times 6 = 155$$

即当 $x_{11}=3$、$x_{13}=1$、$x_{14}=1$、$x_{21}=1$、$x_{22}=9$、$x_{33}=6$ 时为最优，最小费用为 155 个单位。

由初始的最小元素法得到的运费为 184，到这里调整后的运费为 155，相对比前后运费节省了 29 个单位。

3.3.4　优化方法二：图上作业法

1．图上作业法的概念

图上作业法是指利用商品的生产地和销售地的地理分布和交通路线示意图，采用图解的形式，规划商品的运输方案，以求得商品运输吨公里最小的方法。图上作业法适用于同一种运输工具进行运输的状况，采用科学规划的方法，使得空车行程最短或空车行驶的耗费最小。

（1）在运输中，若使用同一种运输工具，则运费的计算往往仅与运送物资的多少及里程有关。因此，在求最佳的运输方案时，用吨公里作为度量的标准比用运费作为度量标准更加方便、实用。

（2）在求解最佳运输方案时，用吨公里作为度量单位，还可以在已经画出的交通图上进行，操作起来较为简单、方便、直观、快捷。

（3）在铁路、公路等交通部门经常使用这种方法决策最优运输问题。

2．编制交通图和流向图

1）交通图

（1）反映发点（产地）与收地（销地）及交通线路及其距离组成的图形。

（2）发点用"○"表示，发出货物的数量记在"○"之内（单位：t）。

（3）收地（销地）用"□"表示，收取货物的数量记在"□"之内（单位：t）。

（4）两点之间的线路长度记在交通线路的旁边。

简单交通图如图 3.16 所示。

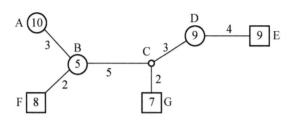

图 3.16 简单交通图示例

复杂交通图如图 3.17 所示。

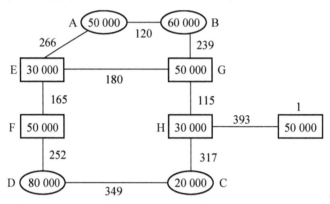

图 3.17 复杂交通图示例

2）流向图

在交通图上表示物资流向的图被称为流向图，如图 3.18 所示，在图中每个发点吨数全部运完，每个收点所需吨数均已满足。

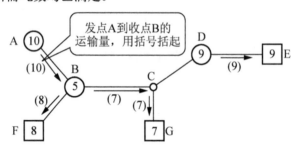

图 3.18 流向图示例

关于流向图的一些规定如下：

（1）箭头必须表示物资运输的方向。
（2）流量写在箭头的旁边，加小括号。
（3）流向不能直接跨越路线上的收点、发点、交叉点。
（4）任何一段弧上最多只能显示一条流向，即同一段弧上的多条流向必须合并。
（5）除端点外，任何点都可以流进和流出。
（6）含有圈的流向图（图 3.19）的补充规定如下：
① 顺时针方向的流向必须画在圈的内侧，称为内圈流向（图 3.20 左图）。
② 逆时针方向的流向必须画在圈的外侧，称为外圈流向（图 3.20 右图）。

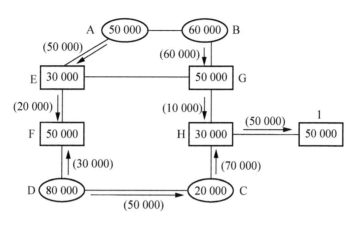

图 3.19 有圈的流向图

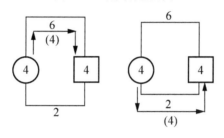

图 3.20 内圈流向、外圈流向示例

3）对流向图的检验

在物资运输中，把某种物资从各发点调到各收点的调运方案是很多的，但目的是找出吨公里数是最小的调运方案。这就要注意，在调运中不要发生对流运输和迂回运输，因此在制定流向图时，就要避免它出现以下几种不合理的现象。

（1）对流。对流就是在一段线路上有同一种物资出现相对运输现象（往返运输），同一段线路上，相对方向都有流向。如图 3.21 所示，甲、乙两地是一种对流现象，如果把流向图改成图 3.22，就可以避免对流现象，从而节约运输量 $20 \times 10 = 200$（吨公里）。

图 3.21 对流图示　　　　　　　　图 3.22 非对流图示

（2）迂回。迂回就是当收点与发点之间的运输线路有两条或两条以上时（即交通图成圈），如果运送的货物不是走最短线路，则称这种运输为迂回运输。当交通图成圈时，如果流向图中内圈流向的总长（简称内圈长）或外圈流向的总长（简称外圈长）超过整个圈长的一半就称为迂回运输。如图 3.23 所示就是一种迂回现象，应改为如图 3.24 所示的非迂回方案。

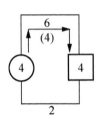

图 3.23 迂回图示

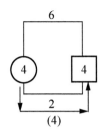

图 3.24 非迂回图示

4）正规（最优）流向图

这是一个最优的调运方案，它的流向图必是无对流、无迂回的流向图，这种流向图称为正规流向图。

物资调运的图上作业法就是寻找一个无对流、无迂回的正规流向图，实现步骤如下：

第一步，做出一个无对流的初始可行方案。

第二步，检验有无迂回。若无，结束；否则，调整，直到最优。

3．图上作业法求解运输问题

1）无圈的交通图

方法：供需归邻站。

案例：求如图 3.25 所示情况下的最优调运方案。

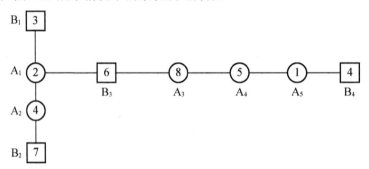

图 3.25 直线型无圈交通图

解：求解结果如图 3.26 所示。

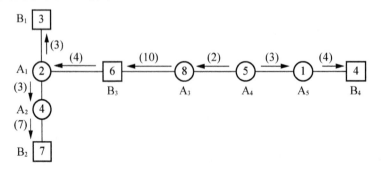

图 3.26 求解结果 1

案例：求如图 3.27 所示情况下的最优调运方案。

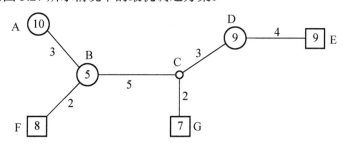

图 3.27　树形交通图

解：求解结果如图 3.28 所示。

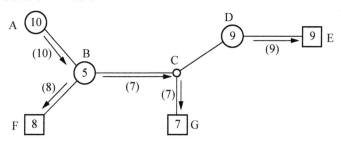

图 3.28　求解结果 2

注意：抓各端，各端供需归邻站，即先满足端点的要求，逐步向中间逼近，直至收点与发点得到全部满足为止。

2）有圈的交通图

方法：首先破圈，变为无圈交通图，然后再用供需归邻站的方法求解。

案例：求如图 3.29 所示有圈交通图的最优调运方案。

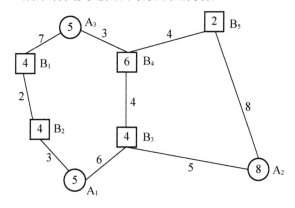

图 3.29　有圈交通图

解：

第一步，"丢边破圈"。"丢边破圈"即丢掉一条边，破去一个圈。丢边时，往往是丢掉圈中长度最大的边，如图 3.30 所示。

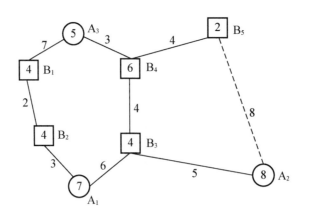

图 3.30　丢边破圈

第二步，作流向图。在无圈的交通图上作流向图，如图 3.31 所示。

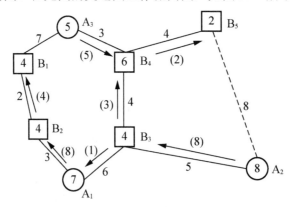

图 3.31　变为无圈

注意：先外后内，先端点后中间点，要求每个边都有流向。当某条边无流向时，必须填上运输量为零的虚流向。

第三步，补上丢掉的边，检查有无迂回。圈 $B_5B_4B_3A_2$ 的圈长＝4＋4＋5＋8＝21，内圈长＝4＋4＋5＝13＞21/2，有迂回，所以流向图不是最优流向图，需要调整。

第四步，对方案进行调整。找出有迂回圈的流量最小的边（去掉的边除外），改此边为丢掉的边（边 B_5B_4），并补上原来丢掉的边（边 B_5A_2），得到新的交通图，在此交通图上做新的流向图，如图 3.32 所示。

第五步，对新方案进行检验。圈 $B_5B_4B_3A_2$ 的圈长＝4＋4＋5＋8＝21，内圈长＝4＋5＝9＜21/2，外圈长＝8＜21/2。内圈、外圈的长度均不超过圈长的一半，所以该圈不存在迂回；圈 $A_3B_1B_2A_1B_3B_4$ 的圈长＝7＋2＋3＋6＋4＋3＝25，内圈长＝2＋3＋6＋3＝14＞25/2，有迂回，所以流向图不是最优流向图，需要调整。

第六步，对方案进行调整。找出有迂回圈的流量最小的边（去掉的边除外），改此边为丢掉的边（边 A_1B_3），并补上原来丢掉的边（边 B_1A_3），得到新的交通图（如图 3.33 所示），在此交通图上做新的流向图。

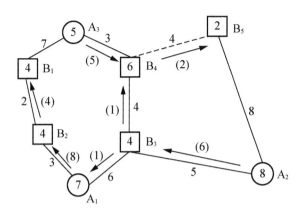

图 3.32 调整方案

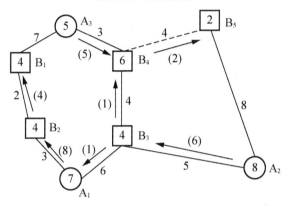

图 3.33 新方案

第七步,对新方案进行检验。圈 $A_3B_1B_2A_1B_3B_4$ 的圈长＝7+2+3+6+4+3=25,内圈长＝ 2+3+3=8<25/2,无迂回,外圈长＝4+7=11<25/2,无迂回,所以流向图是最优流向图,不需要调整。

第八步,总运量＝7×1+2×3+3×7+3×4+2×4+5×6+8×2=88(t·km),见表 3-30。

表 3-30 总运量表

发＼收	B_1	B_2	B_3	B_4	B_5	发货量
A_1	3	4				7
A_2			4	2	2	8
A_3	1			4		5
收货量	4	4	4	6	2	

可验证:此方案中无迂回现象,即为最优方案。

3.3.5 优化方法三:节约里程法

利用节约里程法确定配送路线的目的是,根据配送方的运输能力以及到客户之间的距离并考虑各客户之间的距离,来制定能够使配送车辆总的周转量达到或接近最小的配送方案。

节约里程法的基本思路是：假设 P_0 为配送中心，分别向用户 P_1、P_2 送货。P_0 到 P_1、P_2 的距离分别为 S_1 和 S_2，两个之间的距离为 S_{12}。送货方案有两种：一种是配送中心向两个用户分别送货，另一种是配送中心向两个用户同时送货，比较两种方案使用的距离能够节约多少，使用路程最少的就是节约里程法。节约里程法的两种配送方式如图 3.34 所示。

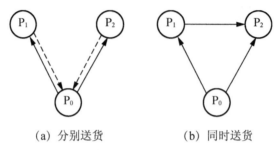

(a) 分别送货　　　　(b) 同时送货

图 3.34　节约里程法的两种配送方式

扩展到 n 个用户，那节约里程法的配送就是：如果一个配送中心分别向 n 个用户配送货物，在汽车载货能力允许的前提下，每辆汽车的配载线路上经过的客户个数越多，里程节约量就越大，配送线路也就越合理。下面通过案例进行证明。

已知配送中心 P 向 5 个用户 A、B、C、D、E 配送货物，其配送路线，配送中心到用户的距离以及用户之间的距离如图 3.35 所示。图中括号内表示的是用户的需求量（单位：t），线路上的数字表示两个节点之间的距离，配送中心有 3 台 2t 和 2 台 4t 的两种卡车可用。

试求出：

（1）用最优里程法制定最优的配送方案。

（2）设卡车的平均行驶速度为 40km/h，试比较优化后的方案比单独向各个用户配送可节约多少时间。

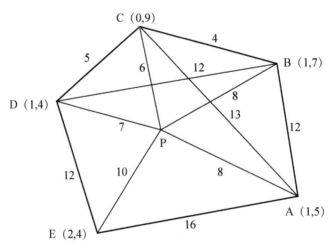

图 3.35　运输路线图

解：

第一步，根据图 3.35 做出运输里程表，见表 3-31。

表 3-31　运输里程表

需求量	P				
1.5	8	A			
1.7	8	12	B		
0.9	6	13	4	C	
1.4	7	15	12	5	D
2.4	10	16	18	16	12	E

第二步，根据运输里程表和节约里程公式，做出相关节点之间节约里程表，见表3-32。如计算 AB 之间的节约里程，是将配送中心 P 到客户 A、B 之间的距离加在一起减去 AB 客户之间的距离就是两点之间节约的里程。

表 3-32　节约里程表

序　号	路　线	节约里程	序　号	路　线	节约里程
1	AB	4	6	AC	1
2	BC	10	7	AD	0
3	CD	8	8	BD	6
4	DE	5	9	BE	0
5	EA	2	10	CE	0

第三步，按节约里程由大到小进行排序，见表 3-33。

表 3-33　排序后的节约里程表

序　号	路　线	节约里程	序　号	路　线	节约里程
1	BC	10	6	EA	2
2	CD	8	7	AC	1
3	BD	6	8	AD	0
4	DE	5	9	BE	0
5	AB	4	10	CE	0

第四步，确定单独送货线路，如图 3.36 所示。

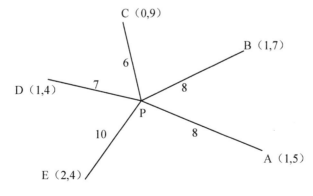

图 3.36　单独送货线路

计算得出初始单独配送的方案距离为 39×2＝78（km）。

第五步，根据载重量约束与节约里程大小，将各客户点连接起来，形成二次配送路线，形成了 M、N 两个配送方案，如图 3.37 所示。

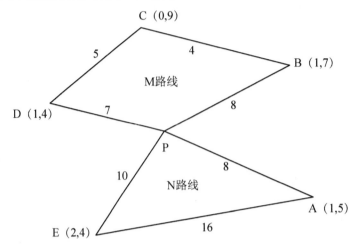

图 3.37　二次配送路线

由于车辆只有 3 台 2t 和 2 台 4t 的两种，很显然从货物的需要量来看不适合使用 2t 的车辆，按节约最大的里程数来看，可以将 BC、CD 两点和配送中心连线，且货物的总量为

$$Q=Q_B+Q_C+Q_D=1.7t+0.9t+1.4t=4.0t$$

正好为一个 4t 的车辆，所以 M 方案的路线为

$$P—B—C—D—P$$

由于 DE 已经包括了 D 用户，所以 EA 就是最大的节约里程数，可以将 E、A 两个用户和配送中心连线，并且货物总量为

$$Q=Q_E+Q_A=2.4t+1.5t=3.9t<4t$$

正好够一个 4t 的车辆，虽然也可以使用一台 4t 和一台 2t 的车辆对两个用户分别送货，但是从成本节约的角度来看，使用一台 4t 的车辆是最符合经济效益的，所以 N 路线是

$$P—E—A—P$$

第六步，计算节约里程和时间。

采用 M、N 两个方案的车辆运输行驶路程为

$$PB+BC+CD+DP+PE+EA+AP$$
$$=8+4+5+7+10+8+16$$
$$=58（km）$$

所以节约里程为：20km

节约时间为：20÷40＝0.5（h）

3.4 案例：怎样分析物流运输计划

1. 案例任务

长春 CJ 物流公司于某年 9 月 2 日接到一份商品车运输订单，见表 3-34。

表 3-34 订单内容

单位名称	所需车型	数量/辆	交货日期
沈阳腾达大众 4S 经销店	BORA	16	9 月 10 日
北京飞跃大众 4S 经销店	BORA	10	9 月 11 日
	AODI/C7	4	
四平飞翔大众 4S 经销店	BORA	5	9 月 7 日
吉林通达大众 4S 经销店	BORA	8	9 月 11 日
	AODI/C7	2	

该公司现有运输车辆见表 3-35。

表 3-35 CJ 公司现有运输车辆

车型	载货数量/辆	自重/t	数量/辆	计重收费限重/t
FAWJ6 6 桥运输车	21、16	25	2	55
FAWJ6 5 桥运输车	14	24	3	45
FAWJ6 4 桥运输车	12	23	1	37

待运商品车的数据见表 3-36。

表 3-36 待运商品车规格

车型	长	宽	高	质量
宝来	4523mm	1775mm	1467mm	1300kg
奥迪 C7（新 A6）	5015mm	1874mm	1455mm	1800kg

商品车运费见表 3-37。

表 3-37 商品车运费

车型	BORA	AODI/C7
运费/（元/千米）	0.80	1.00

结合图 3.38 请针对以上任务做出运输计划。

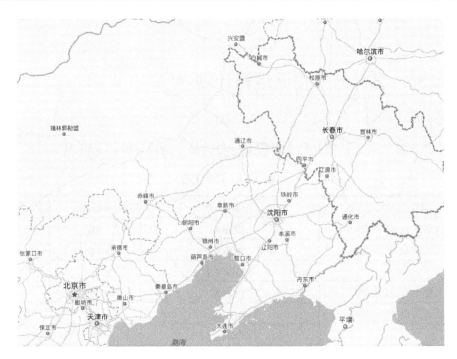

图 3.38　吉林省及周边交通线路图

2．案例分析

1）订单分析

经过对订单的分析，得到以下几方面的数据作为运输任务计划的参考。

（1）运送车辆型号及数量汇总见表 3-38。

表 3-38　运送车辆型号及数量汇总

车　　型	BORA	AODI/C7
总数量/辆	39	7

（2）北京市运送方向及时间见表 3-39。

表 3-39　北京运送方向及时间

线路名称	交货时间	里程/km	BORA/辆	AODI/C7/辆
长春—四平	9月7日	135	5	
长春—沈阳	9月10日	313	16	
长春—北京	9月11日	1172	10	4

（3）吉林市运送方向及时间见表 3-40。

表 3-40　吉林运送方向及时间

线路名称	交货时间	里程/km	BORA/辆	AODI/C7/辆
长春—吉林	9月11日	133	8	2

2）确定运输车辆

通过以上对订单的分析，确定三线运送车辆。

长春—吉林方向

提货装车日期为 9 月 10 日，起运日期为 7 月 10 日，直达运输，配备 GPS 监控设备，计划调度员填写计划台账、发车台账表传给前台客服，以备提车、发车信息及时传递。

运送路线	长春—吉林
交货时间	9 月 11 日
里程/km	133
运输车辆	FAWJ6 4 桥 12 位运输车 1 辆
装载车辆/辆	BORA：8
	AODI/C7：2
商品车总质量/t	14
装载后总质量/t＜37	37
车辆牌照	吉 A3241

长春—四平—沈阳方向

可以将运送到四平、沈阳的订单任务合并执行。提货装车日期为 9 月 7 日，起运日期为 9 月 7 日，四平需要中转卸货，配备 GPS 监控设备，计划调度员填写计划台账、发车台账表传给前台客服，以备提车、发车信息及时传递。

运送路线	长春—四平—沈阳
交货时间	9 月 7—10 日
里程/km	313
运输车辆	FAWJ6 6 桥 21 位运输车 1 辆
装载车辆/辆	BORA：21
商品车总质量/t	27.3
装载后总质量/t＜55	52.3
车辆牌照	吉 A3242

长春—北京方向

提货装车日期为 9 月 9 日，起运日期为 7 月 9 日，直达运输，配备 GPS 监控设备，计划调度员填写计划台账、发车台账表传给前台客服，以备提车、发车信息及时传递。

运送路线	长春—北京
交货时间	9 月 11 日
里程/km	313
运输车辆	FAWJ6 5 桥 14 位运输车 1 辆
装载车辆/辆	BORA：10
	AODI/C7：4
商品车总质量/t	20.2
装载后总质量/t＜45	44.2
车辆牌照	吉 A3243

注意：
（1）商品车总重量为车载所有商品的重量之和。
（2）装载后总重量为所有商品车重量之和与运输车自重之和。

3）运费计算

运费计算见表 3-41。

表 3-41 运费计算

运输线路	运费/元
长春—吉林	1117.2
长春—沈阳	4546.4
长春—北京	14 064
合　计	19 727.6

注：运费=运费单价×车型辆数×里程。

4）司机配备

司机配备见表 3-42。

表 3-42 司机配备

运输线路	司机姓名	年　龄	驾照级别	营运资格证	驾龄	身体状况	联系电话
长春—吉林	张××	35	A2	有	5	好	19100012101
	石××	40	A1	有	5	好	19100012102
长春—四平—沈阳	李××	37	A2	有	6	好	19100012103
	王××	33	A2	有	5	好	19100012104
长春—北京	赵××	36	A2	有	7	好	19100012105
	孙××	35	A2	有	8	好	19100012106

由于商品运输车属于特种车辆，每辆商品运输车配备正、副两名司机。根据企业驾驶员记录表挑选身体健康无重大疾病史，驾驶证为 A2 及以上标准、具备职业资格证等运营证件，5 年及以上商品运输车驾驶经验的司机。

5）其他

由调度签发出行车辆及驾驶员的调度单，协调商品车提车装车，运输途中进行实时监控，遇到问题及时解决，到达卸车后通知司机带回签收单

3．问题思考

（1）对于本次发送任务安全送达后，回来车辆的空置率应该如何考虑？

（2）试试其他装车方式，逐一进行比较，看是否有其他最优运输方式？

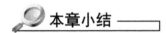本章小结

本章是本书比较重要的内容，因为物流货运市场的调查和预测对于有效掌握物流及运输市场的状况非常重要，对于企业来说可以做到运输任务更有效地执行，只有在此基础上才能合理制订运输任务，包括货物运输计划、车辆增减计划、车辆运用计划等，进而才能通过合理有效的运输线路进行实施。对于运输线路的优化可以通过表上作业法、图上作业法、节约里程法进行相应的处理。

第 3 章 公路物流运输计划与调度

课后习题

一、填空题

1. 货运市场调查的主要方法有（　　）、（　　）和（　　）。
2. 物流运输生产计划是指物流企业对计划期内本企业应完成的物流运输量、（　　）和（　　）等方面进行的部署和安排。
3. 车辆运用计划的编制方法有顺编法和（　　）两种。
4. 物流运输生产计划是指物流企业对计划期内本企业应完成的物流运输量、（　　）和（　　）等方面进行的部署和安排。
5. 运输量预测按期限通常分为（　　）中期预测和（　　）。
6. 货运市场经营状况调查主要是对货运业户经营状况、（　　）和营运车辆等进行调查。
7. 车辆运行作业计划的类型：长期运行作业计划、（　　）、日运行作业计划和（　　）。
8. 货运量的计算公式为（　　）。
9. 观察法主要有高断面观测法、（　　）和（　　）。
10. 在选择车辆配备时主要根据行车路线和（　　）来确定。

二、选择题（1～6 题为单选题，7～10 题为多选题）

1. 下面（　　）是按照调查地点的不同进行调查的。
   A．驻站询问法和随车询问法 B．观测调查法和随车询问法
   C．观测询问法和驻站询问法 D．观测调查法和驻站询问法
2. 公路货物运输市场需求调查的核心是（　　）。
   A．变化趋势的调查 B．货运市场需求数量的调查
   C．货主需求行为的现状 D．货源调查
3. 收集资料的审查包括（　　）步。
   A．1 B．2 C．3 D．4
4. 下面不属于观察法的是（　　）。
   A．高断面观测法 B．随车观测法
   C．观测询问法 D．驻站观测法
5. 以下（　　）不是货流图的作用。
   A．能够清晰地标明各种货物的流量、流向、流程，便于有计划的安排货物运输
   B．便于发现运输组织计划中的问题，改变货运方向
   C．便于根据货物流动的特点组织车辆、装卸设备等配置和调度
   D．便于编制和检查车辆的运行作业计划，合理组织车辆运行
6. 在实地调查中，一般采用（　　）。
   A．访问法和观察法 B．驻站询问法和随车询问法
   C．观测调查法和驻站询问法 D．随车观测法
7. 降低物流运输成本的方法有（　　）。
   A．提高企业物流运输管理水平 B．消除运输中的不合理现象

C．提高运输工具技术装载量　　　　D．合理选择运输方式，提高运输效率

E．科学设计运输网络，实现优化运输

8．利用表上作业法求解运输问题的过程一般要用的方法是（　　）。

A．最小元素法　　B．位势法　　C．闭合回路法　　D．列表法

9．通常情况下，运输车辆的选择应保证运输费用最少这一基本要求，并应该做到（　　）。

A．大中小型货运车辆相结合　　　　B．普通型火车和专用货车相配套

C．车型、品牌不宜复杂　　　　　　D．各种车型车辆相互结合

10．公路货运市场环境调查主要包括（　　）。

A．政治环境　　　　　　　　　　　B．经济环境

C．科技环境　　　　　　　　　　　D．生产环境

E．社会环境

三、简答题

1．物流运输计划的制订包括哪几方面？

2．什么是车辆运输调度？车辆调度的原则包括哪些内容？

3．如图 3.39 所示，有某物资 7t，由发出点 A_1、A_2、A_3 发出，发量分别为 3t、3t、1t，运往收点 B_1、B_2、B_3、B_4，收量分别为 2t、3t、1t、1t，收发量平衡，问应如何调动才能使吨公里最小？

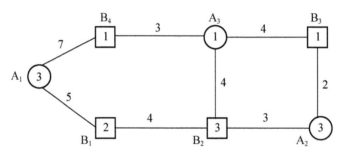

图 3.39　交通图

4．设配送中心 P_0 向 7 个用户 P_j 配送货物，其配送路线网络、配送中心与用户的距离以及用户之间的距离如图 3.40 所示，图中括号内的数字表示客户的需求量（单位：t），线路上的数字表示两结点之间的距离（单位：km），现配送中心有 2 台 4t 卡车和 2 台 6t 卡车两种车辆可供使用。

（1）试用节约里程法制订最优的配送方案。

（2）设配送中心在向用户配送货物过程中单位时间平均支出成本为 45 元，假定卡车行驶的平均速度为 25km/h，试比较优化后的方案比单独向各用户分送可节约多少费用？

（3）配送货物的运输量是多少？

（4）配送货物的周转量是多少？

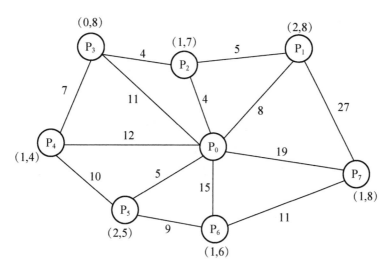

图 3.40 配送网络

四、案例分析题

淘日本网面临的问题

2010 年 5 月 9 日，淘宝网七周岁新闻发布会上，马云的老朋友兼投资人孙正义成为全场焦点。这位日本软银的董事长及日本雅虎的拥有者在新闻发布会上正式宣布与日本雅虎淘宝网实现平台对接。

日本雅虎是目前日本最大的 C2C 网站，早在 2007—2008 年，淘宝网就曾经试图和日本雅虎合作。"不过，那时候的日本雅虎并不像今天这么开放，他们还没有准备好和我们进行这样深度的合作。"

而真正的合作计划启动于 2010 年 1 月份前后，短短不到半年的时间，淘宝网与日本雅虎合作推出的新购物平台淘日本网于 6 月 1 日正式上线。这也被看做是早在 2008 年 9 月就提出的"大淘宝"理念的第一个样本。

尽管外界普遍看好"大淘宝"理念，但这丝毫没有减轻马云的压力："我最担心的是这个孩子在 6 个月以内，除了哭以外，带给大家的更多的是麻烦，而不是喜悦。"

马云的担心不是没有道理。虽然上线只有短短一个多月的时间，但淘日本网线上交易额远不尽如人意。其中的物流费用更是深为网购者诟病。

某顾客长期热衷网络代购，而淘日本网的出现却并没有带给她惊喜。"听说淘日本网上线，本来以为再也不用依靠传统代购了，但那天看中了一款一休娃娃准备下单时才发现运费竟然是商品价格的好几倍。"

大多数网购者都面临跟该顾客同样的顾虑。由于淘日本网目前仍仰仗第三方国际快递公司，为了减少关税缴纳的可能性及享受中国香港这一全球贸易之都带来的诸多过关政策方面的便利（主要体现在结汇与购汇方面），淘日本网选择了香港作为从日本到中国内地这条物流线的中转站，但这也意味着运送成本的增加。

这当然是淘日本网无奈之下的选择。至少就目前而言，淘日本网还没有日本商家直接进驻，其借用的是雅虎日本的电子商务平台，所以淘日本网所有的商品信息都直接取自雅虎日本。

从支付方面来看，也是国内的消费者把钱先付给支付宝，再由淘日本网作为代理间接跟雅虎日本进行再交易。

网购者需要面临的就变成了多达 6 个方面的物流费用:
(1) 日本国内的物流费(日本供应商到仓库)。
(2) 仓库管理费(货物检查和再包装)。
(3) 国际物流保险费(万一丢失、客户可以得到最高 3 万元人民币赔偿金)。
(4) 国际运费(从日本仓库经过香港分拣中心)。
(5) 个人进口通关代报关费用(海关特别检查到需要补缴关税的例外)。
(6) 国内的配送费(从海关进来到客户手中)。

以淘日本网上一款价值两百多元人民币的印花连衣裙为例,其运费显示为 148 元。这中间主要包括了从东京运送到中国香港的费用,合计 68 元;再由申通快递从中国香港重新包装运送到内地,合计 38 元;其中还包括完税价格在人民币 200 元及以上的需要征收的大约 20%的关税。如此一合计,光物流费用就相当于商品本身价格的一半。

尽管淘宝网曾向媒体表示,未来公司会在中国与第三方合作建立几十个仓储和物流中心,争取实现在内地直接清关。如此一来,则可以将物流费用在现有的基础上减少 30%~40%。但申通快递却认为在现有国家政策不改变的情况下,运费降价很难在短期内实现。

分析:
就你对网络购物的理解,请阐述淘日本网的发展前景如何。

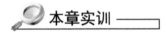

企业运输情况调查

【实训目标】
1. 通过相关物流企业的调查,了解企业运输经营的状况。
2. 学会收集、整理、分析所需的资料,并做出市场调研报告。

【实训地点】
物流运输企业。

【实训学时】
8 学时。

【实训内容】
1. 实训开始前,由教师联系物流企业,请企业介绍自己的发展和经营状况。对企业有进一步的了解后,学生可以自由提问。另外,学生也可以通过上网对企业进行了解,这样能保证有针对性地提出问题。
2. 在调查结束后,学生根据获得的资料信息,对资料做进一步的整理,做成电子版的企业运输经营调查报告。

【实训考核】
1. 资料收集和整理(20 分)。
2. 实训内容分析和结果(40)。
3. 完成实训报告(20 分)。
4. 汇报演讲(20 分)。

配送运输计划与决策

【实训目标】
通过对任务的分析,进一步了解运输线路优化的重要性。
【实训地点】
物流实训室。
【实训学时】
2 学时。
【实训内容】
销售企业 A 主要对自己的销售点 B_1、B_2、B_3 和大客户 C_1、C_2、C_3、C_4 进行配送,如图 3.41 所示,配送方法为销售点和大客户有需求就立即组织装车送货,结果经常造成送货车辆空载率过高,同时往往出现所有车都派出去而其他用户需求满足不了的情况。所以销售经理一直要求增加送货车辆,但由于资金原因一直没有购车。如果你是该企业决策人,你会通过买车来解决送货效率低的问题吗?为什么?请结合配送的概念分析该案例,并提出解决运输配送办法,要求写出具体可行的电子版配送计划书。

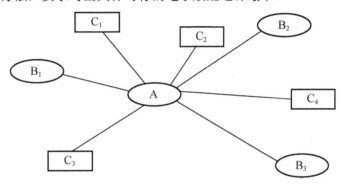

图 3.41 实训配图 1

【实训考核】
1. 完成任务(20 分)。
2. 完成可行的配送运输计划书(60 分)。
3. 汇报演讲(20 分)。

配送运输线路优化和改进

【实训目标】
通过对任务的分析,采用节约里程法来确定最优线路,并通过配送决策软件加以实施。
【实训地点】
物流实训室。
【实训学时】
2 学时。
【实训内容】
1. 根据本章课后习题简答题的第 4 题背景资料,利用节约里程法求出最优运输方案。图 3.42 中各点对应的公司如下:

P_0——配送中心
P_1——美程公司
P_2——美家公司
P_3——美来公司
P_4——美福公司
P_5——美麟公司
P_6——美兰公司
P_7——美翔公司

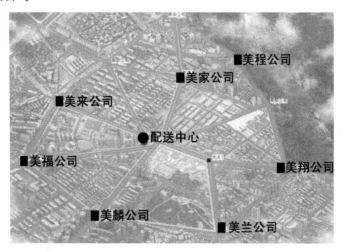

图 3.42　实训配图 2

2．进入运输配送软件，设定运输线路。确定后，系统会给出提示，判定是否是最优运输线路；如果不是重新加以调整。

3．如果遇到运输线路出现交通意外也要及时进行调整，最终确定合适的运输线路。

4．开始模拟配送。

5．利用 RF 手持终端签收配送中心配送到达的货物。

【实训考核】

1．一次能够完成最优线路的设定，并用 RF 终端签收货物的成绩为优。

2．不能确定最优线路，由系统进行更正后进行配送，并能使用 RF 签收的成绩为良。

3．能够完成路线设定，不能使用 RF 签收的成绩为及格。

第4章 公路运输生产过程组织与管理

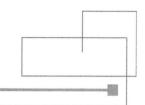

整车货物运输和零担货物运输是物流生产过程中常见的生产组织方式，它们都是适用于一般货物的运输方式。但是在现实中，也有特殊的货物，如危险货物、鲜活货物或者长、大、笨重货物等，它们在生产过程中的组织和管理则是特种货物运输管理。

合理选择运输方式，需要按照合理化的原则来安排物流生产任务。

学习目标

（1）了解整车货物运输的概念及组织方法。
（2）了解零担货物运输的概念及组织方法。
（3）了解特种货物运输的概念及组织方法。
（4）掌握运输合理化的"五要素"。

4.1 整车货物的运输组织

中国整车运输物流行业起步于20世纪90年代，伴随着中国汽车产业的逐步发展而发展，并密切跟随中国汽车产业的发展经历了从无到有、从粗浅到专业、从被动仿效到主动创新的逐步发展提升。"十二五"是我国加快转变经济发展方式的关键时期，汽车产业是我国的支柱产业之一。公路整车运输物流行业将通过组织创新、市场创新、技术创新、服务创新，提高物流服务的附加值，继续向汽车产业供应链全过程渗透和融合，在优化汽车产业结构、节约汽车产业成本、提高产业运行效率和效益等方面，发挥重要的促进和带动作用。

4.1.1 整车运输的概念

在公路运输中，托运人一次托运的货物重量在3t及3t以上的可以看作整车运输；如果货物重量在3t以下，但是不能与其他货物混装在一起，其性质、体积、形状需要单独提供车辆办理运输，这种情况也可以视为整车运输。

国家规定必须按整车运输的货物有以下几类：

（1）需要冷藏的货物，比如新鲜的肉类，蜂蜜等。
（2）鲜活货物，比如活的鸡、鸭、牛（图4.1为牲畜运输车）、羊等。
（3）规定需按整车办理的危险货物，比如石油、烧碱、天然气等危险品。
（4）易于污染其他货物的污秽品，比如未经过消毒处理或未使用密封不漏包装的牲骨、湿毛皮、粪便、炭黑等。
（5）不容易计数的散装货物，比如粮食、煤炭、矿石（图4.2为矿石运输车）等。

（6）一件重量超过 2t、体积超过 3m³ 或长度超过 9m 的货物（发站认为不致影响中转站或到站卸车作业者除外）。

图 4.1　牲畜高栏运输车

图 4.2　庞大的矿石运输车

国际整车物流是一种新兴的现代物流方式，是指一国运载货物或人员的车辆从一国到另一国境内后，通常地将货物或人直接送往目的地，然后车辆按原线路返回出发地的物流过程。整车物流主要由两部分组成，一部分是整车货物运输，另一部分是携车旅行。

在国际海峡运输中，整车物流非常普遍，整车货物运输被认为是货物运输中最便捷、最高效、最节省成本的运输形式，而携车旅行被称作是跨境旅行中最灵活、最便利、最潇洒的旅行方式。

4.1.2　整车运输的作业流程

整车货物运输作业过程是指从货主手里托运开始，到交付收货人为止的生产活动。图 4.3 是整车作业流程图，图 4.4 是整车快运组织模式图。

1. 托运受理

整车货物托运受理根据实际情况可采取下列方式办理承运，比如：登门受理、现场受理、异地受理、电话、传真、信函受理或者是网上受理等方式。不管采取什么方式受理客户需求，一定要按严格的货物托运程序办理，以免日后产生纠纷。

托运受理首先必须由客户填写托运单。货物托运是承运、托运双方订立的运输合同，托运单中明确规定了承运期内双方的权利与责任。

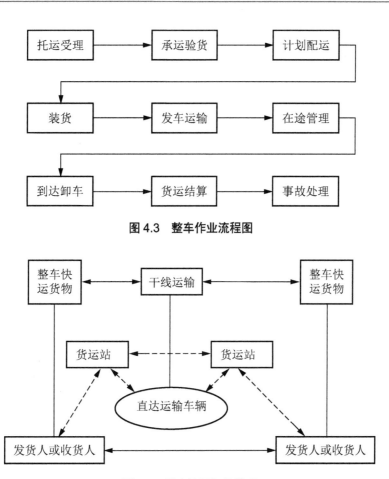

图 4.3 整车作业流程图

图 4.4 整车快运组织模式

受理承运时必须注意以下事项：

（1）每个收货人或者卸货地点只能开具一张托运单。对拼装分卸的货物应将每一拼装或者分卸的情况在托运单中写清楚，必须是同一托运人。

（2）易腐、易碎、已泄漏的货物、危险货物与普通货物，以及性质不同、运输条件不同的货物不能用一张托运单托运。

（3）托运集装箱时应该注明箱号和铅封印文号，接运到港、到站的集装箱还应该注明船舶、车次或者车站货箱位号，并提交封箱清单。

（4）托运人自己要求卸车的，要经过承运人确认后，在托运单中注明。

（5）托运人委托承运人代递有关证明、化验报告或者单据，必须在托运单中注明名称和分数。

（6）托运人对所填写的内容以及提供的有关证明文件的真实性负责并签字盖章，托运人或者承运人在改动托运单时必须也要签字盖章。

（7）托运人在普通货物中不能夹带危险品、易腐、易泄漏、贵重物品、有价证券等。

（8）托运的货物的包装应该符合国家标准，没有包装标准规定的货物，应该根据货物的重量、性质、运输距离等条件，按照运输需要，做好包装，保证货物安全。

（9）托运人应该根据货物性质和要求，按照国家规定，正确制作运输标志和包装储运图示标志。货物运输保险采取自愿投保原则,由托运人自行确定。汽车货物运输实行自愿保价的办法,办理保价运输的货物,应该在托运单中注明,汽车货运承运人按货物金额收取 7‰的保险费。

2．承运验货

(1)托运单的审核。托运单审核员要对运单内容进行审核和认定。货主要依据托运单的要求进行填写,具体审核内容包括:货物的名称、件数、重量、体积、有关运输要求等详细情况;检查有关运输凭证。

(2)验货。验收员要根据托运单中填写的主要货物情况和运输要求进行,具体内容包括:运单上的货物与实际货物的名称、数量、质量、体积是否属实;装运货物的数量、发运日期有无变更;货物包装是否符合运输要求;装卸场地的机械设备是否完好,道路通行条件是否良好。

3．计划配运

根据货物的运输数量、时间要求等条件调度人员编制《货物运输计划表》,再根据出车的能力状况最后编制出《车辆运行计划表》下达执行。值班调度员在派车时应该坚持"三不派"原则:未经检验合格的车辆不派;若装运粮食等货物,车辆未经消毒不派;拥挤装卸地点未改善不派。

4．装货

车辆到达装货地点,监装人员应该根据货票或者托运单填写的货物名称、数量进行确认,并确定交货地点。

装车前要检查货物包装是否完好,有无破漏、污染的情况,一旦发现应该立即与发货单位联系处理方式,明确各自的责任。

装车完毕后,还要检查货物有无错装、漏装的情况,与发货人员核对实际装车的数量。确认无误后办理交接签收手续。

5．发车运输

装车完毕后,由录单员把货物托运单及发货单位的发货清单录入电脑;定价员根据货物的性质、包装条件、数量、运输线路等情况确定运输费用;收费后开具发货票。

不同的运输方式有不同的费用计算,汽车整车货物运输费用由运价和杂费组成,运价根据不同的运输条件分别计价,并可根据规定实行加减处理。整车的货物运输项目有调车费、延滞费、空车损失费、车辆处置费、装卸费、通行费、保管费等,可以参考《汽车运价规则》具体办理。一般整车运输费用计算公式为

$$整车货物运费=吨次费×计费重量+整批货物运价×计费重量×计费里程+货物运输其他费用$$

6．在途管理

发车后车辆应该注意安全行驶,做好途中行车检查,防止货物散漏、绳索松动导致货物遗失、篷布松动导致货物雨淋等事故,还要注意防火、防盗。发现问题驾驶员应该立即处理,处理不了的应该立即联系货物调度员,协商处理方式方法。

另外,调度员也要根据 GPS 对车辆进行密切的观察,发现问题及时处理。

7. 到达卸货

整车货物运抵目的地后，收货人要检查货物是否与运单指定货物一致，货物是否有损坏、污染、变质等情况，应该积极组织装卸人员进行卸车。在货物进行卸车作业时，应该做到以下几点：

（1）检查车辆。检查车辆状态及施封情况，核对票据与车辆，确定卸车及堆放的地点及方法。

（2）卸车作业。卸车时注意货物安全，严禁扔、抛、拖、翻滚等不良行为，堆码要整齐稳固、防止倒塌，严禁倒置货物，注意安全作业。卸货时要注意货物是否有破损情况，如果出现破损要及时上报处理。

（3）卸车后工作。填写卸货登记，详细填写入库货物数量、货损情况，对受到污染的车辆，要及时进行清洗。

8. 货运结算

货物完全装卸完毕，要根据货物情况进行最后的费用清算处理，包括货物的破损情况的补偿、遗失等事故处理等。

9. 事故处理

在整车货物运输过程中，若发生相关车辆或者货物遗失等事故，应该立即联系相关调度中心，马上与保险公司协商保险理赔。

4.1.3 商品车运输案例

某物流公司接到 A 厂整车承运计划：2013 年 4 月 26 日将 20 台速腾 1.6L 自动时尚型商品车由长春运到北京，要求 8 点 30 分运输车辆（图 4.5）到达装车场地，9 点装车，出发时间为 4 月 27 日，预计 4 月 29 日到达北京某 4S 店，行走线路为京哈高速公路长春—沈阳—北京路段。随车正副驾驶员各一名，携带 GPS 通信设备。

图 4.5　商品车运输车

1. 运输商承运流程

运输商承运流程如图 4.6 所示。

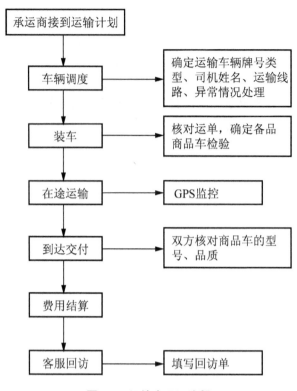

图 4.6 运输商承运流程

2．制订运输计划

公司在接到运输任务后，将任务计划及时下发给车辆调度，车辆调度要根据安排承运车辆及人员，并通知计划员做出运输计划，包括运输车辆、运输线路、运输司机、运输押运员、车行速度以及日行里程等，下达运输通知单。

3．装车

制订运输计划后，计划员将装车通知单车辆信息（车牌号、司机姓名）报给主机厂同时通知现场管理员，车辆调度通知司机装车。

当运输车到达装车现场后，由现场管理员与 A 厂人员沟通协调，如果运输车辆完全符合 A 厂要求才能进行装载。现场管理员还要确认运输车装车信息（运输车司机姓名、车号、司机联系方式、装车日期、商品车 VIN、台数、运输方向），将此信息传达计划员。

1）商品车装车过程

（1）司机出示运输单交由装车现场管理。

（2）现场管理人员按运输单所示底盘 VIN 号将商品车备出。

（3）司机按照运输单，认真核对所运车辆底盘 VIN 号。

（4）司机确认后，进行商品车外表检验（如果有质损，将质损情况通知主机厂人员，主机厂根据商品车质损信息确认此台商品车是维修或者换车），检验完毕后进行装载。

（5）装车时司机要按照先上后下的原则装车。

2）装车时候要注意的问题

（1）司机应穿无扣工作服。

（2）在司机将商品车开到指定位子后，慢下慢上，商品车车门处贴防撞胶条。

（3）每台商品车必须保证用两条绑带两个掩脚固定。

（4）如果在使用绑带时发现有生锈现象应及时打油。

（5）待所有车装完，应全面检查是否有遗漏，避免车辆在运输途中产生刮碰。

（6）如果商品车在装车过程中出现刮碰现象，应及时上报，由公司安全员进行处理。

4．在途运输

装车完毕后，按照日程安排开始在途运输。在途调度员要对每辆运输车进行 GPS 监控，同时与 4S 店接车人员联系，通知商品车将于 4 月 29 日到达 4S 店，做好接车准备。司机在到达 4S 店前一天与店里接车人员联系，告诉其目前所在位置及何时交车。

在运输过程中要注意以下几个问题：

（1）运输车辆的机械故障对商品车带来的安全问题。运输车机械故障一般出现在挂车焊接点开焊造成的架子坍塌、轮胎爆裂、车辆自燃等一些问题，这些问题绝非偶然，司机应做到勤检查，防患于未然。

（2）司机疲劳驾驶导致的交通安全问题。公司应明文规定，司机日行 500km，切勿为了赶运输进度而拼命行车，对己对人都不负责。

（3）自然环境对运输安全造成的影响。自然环境带来的安全隐患为雨雾天气、风沙天气及冰雪路面。由于车辆的特殊性，在雨雾天气特别容易发生交通事故，应尽量将长车的轮廓灯全部开启并保证其使用效果，减速慢行，如有必要应到服务区躲避，待雨雾散去方可行车。

风沙天气一般出现在新疆、西藏等西部地区，所以确定行车路线后，应先了解天气情况，才能出车。冰雪路面则是最考验司机驾驶经验及技能的，如果司机没有这方面经验，不要大意出行。

（4）司机安全意识差，没能及时处理掩脚绑带松动对商品车留下的安全隐患。这是考验个人素质的，司机莫要懒惰，保证做到停车第一时间检查绑带掩脚，发现问题及时解决，莫要留下安全隐患。如在炎热的夏季，应检查轮胎，避免行车中出现爆胎现象。

5．到达结算

当 4 月 29 日商品车运输送达 4S 店后，双方核对交车信息，确认无误后，司机或押运员将盖章（4S 店收车专用章）后的运输单邮寄给调度员，由调度员返给运单管理员，运单管理员整理运单返回 A 厂，财务人员按照运输单结算运费。同时，财务人员也要结算司机运费。

6．回访

当运输任务结束后，客服人员还将对 4S 店回访，有利于进一步提高未来的服务质量，保证客户满意。

7．突发情况处理

（1）运输途中板车出现故障。司机要及时通过 GPS 调度设备通知调度并说明情况原因，调度安排客服人员及时与 4S 店、主机厂沟通协调处理交车延迟问题。同时，视车辆故障程度及时安排人员抢修，待维修完毕后，将商品车及时送达 4S 店。

（2）车辆被扣押。司机要及时通知调度并说明情况原因，调度安排人员及时与 4S 店、主机厂沟通协调处理交车延迟问题。调度要及时与交通部门联系，待问题处理完毕及时将车运抵 4S 店。

（3）运输到达 4S 店发现商品车有质损。司机要及时通知调度。调度通知客服做好与 4S 店的沟通工作，确定车辆质损程度。同时，安排安全员与司机沟通准备好材料，及时将材料交予保险公司处理理赔问题。

4.2 零担货物的运输组织

零担是不够一整车的意思。公路零担货物运输作为物流的一个重要组成部分，具有一车多主、集零为整、化整为零、分线运送、直达转运、方便快捷等特点，给人们的生产生活带来极大的便利，已经成为促进国民经济发展的一支越来越重要的力量。

我国早在明代就设立了递运所，它们独立于驿站之外，专门从事货物运输的组织，其主要任务是运送国家的军需、贡赋和赏赐之物，由各地卫所管理。递运所的设置是明代运输的一大进步，使货物运输有了专门的组织，如明代陆路运输，基本上是采取定点和接力的方法。

4.2.1 零担货物运输的概念

公路零担运输作为物流运输的基本运输形式，是一切物流运作的基础。顾名思义，零担运输是与整车运输区别而言的一种运输方式，是指在运输组织中，将多家客户同一目的地的货物集合为一个整车进行运输。这种运输模式是在单一客户货量较小时最经济的一种。

《汽车货物运输规则》规定，在公路运输中，如果托运人一次托运货物不足 3t 称为零担运输，也就是如果托运人一次托运的货物数量不足一个整车，必须和其他客户货物同车运输则为零担运输。

但值得注意的是，判断一批货物是零担货物还是整车货物不完全取决于货物数量、体积或形状，还应考虑货物的性质、货物价值对运费的负担能力等因素，对于特种货物（包括集装箱货物），无论数量、体积、形状如何，承运人通常均不按零担货承运。

对于零担运输，货主需要运送的货物不足一车，则作为零星货物交运，承运部门将不同货主的货物按同一到站凑整一车后再发运。零担货物以件包装居多，包装质量差别很大，有时几批甚至十几批货物才能配载成一辆零担车，因此零担货物组织工作要比整车货运复杂得多。为克服这一缺点，已发展出定线路、定时间的零担班车，也可利用汽车运输的灵活性，发展上门服务的零担送货运输，如图 4.7 所示快递运输。

零担托运规定，为便于配装和保管，每批零担货物不得超过 300 件，每一件零担货物的体积最小不得小于 $0.02m^3$（一件质量在 10kg 以上的除外）。当然，这个标准会根据零担运输公司的不同而有所变化。由于目前中国零担运输行业的行业规范相对还不是很完整，所以不同承运商之间对货物的要求会有差异。对于单件货物重量较重或者体积尺寸较大的货物，会另行收取相关的操作费用，如装卸费、吊车费、搬运费等。

图 4.7　快递运输车

4.2.2　零担货物运输的特点

零担货物运输是货物运输中相对独立的一个部分，相对于其他运输，其具有以下几个特点。

1．货源不确定

零担货物运输的货物流量、货物数量以及货物流向具有一定的不确定性，并且多为随机性发生，难以通过运输合同方式将其纳入计划管理范围。为了组织好零担货源工作，应该合理利用车辆、仓库等设施，提高设备利用率，最重要的是运输企业一定要做好市场调查，掌握零担货物的市场规律。

2．组织工作复杂

零担货物运输货运环节多，作业及工艺细致，对货物配载和装载要求也相对较高。因此，作为零担货物运输作业的主要执行者——货运站，要完成零担货物质量的确认、货物的积配载等大量的业务组织工作。

3．单位运输成本较高

为了适应零担货物运输的需求，货运站要配备一定的仓库、货栅、站台以及相应的装卸、搬运、堆置的机具和专用厢式车辆。此外，相对于整车货物运输而言，零担货物周转环节多，更易于出现货损、货差，赔偿费用相对较高。因此，零担货物运输成本较高。

在市场运作条件下，货主在选择物流运输公司运送货物时，首要问题是确保自己的货物能够安全正点到达目的地，它们一般主要看物流公司的作业表现，但更重要的是看物流公司服务的可靠性。作业表现是指一个公司的整体构架、组织规模、代理网络、操作流程等；服务的可靠性是指能否按照揽货前的承诺把货物安全、快速、无误地运送到目的地。所以，零担运输应该从以下几方面进行不断完善：

（1）零担货物运输非常适合商品流通中品种繁多、小排量、多批次、价格较高、比较贵重的物品。

（2）零担货物运输承担一定的客运行李包裹的运输。

（3）零担货物运输机动灵活，对于具有竞争性、季节性和急需的零星货物运输具有重要的意义。

（4）零担货物运输可以上门取货、就地托运、送货到家、代办中转，提高服务质量，进一步有效地缩短货物的送达时间。

下面通过案例进一步说明零担运输。

案例阅读

某专线现装一台 150m³、限载 30t 的货车，有 3 种货物可装运，有甲、乙、丙 3 个客户货物进行托运。

甲（抛货 150 元/立方米）：150m³/16t。

乙（重货 75 元/吨）：15m³/45t。

丙（重抛货 175 元/立方米）：150m³/30t。

有 4 种装车方案可供选择，见表 4-1。

表 4-1 装车方案

货 类	方案一	方案二	方案三	方案四
甲	150m³/16t			145m³/15.5t
乙		10m³/30t		5m³/15t
丙			150m³/30t	
总收入/元	22 500	22 500	26 250	33 000

可以看出，方案四比另外 3 种的效益都要好，方案一和方案二都有运力浪费，方案三虽无浪费但因为装载的是重抛货效益也不尽理想。只有方案四通过合理配载达到了最好的经济效益（比方案三多出 25.7%的营业收入）。

当然在实际运作中，客户的货物是千差万别的，不能要求客户"要么是海绵、要么是铁块"，但合理配载无疑是零担运输企业的赚钱利器。

此外，散货的小件货物一般是按件收费，其单价远远超过按重量和体积的报价，这样的客户越多，零担公司的利润也就越丰厚。

4.2.3 零担货物运输的流程

一般来说，对于零担运输有两种运输组织过程，一种是如图 4.8 所示的直达式运输方式，该种运输方式一般将货物直接从起运地发货站，直接送达目的地；另外一种是如图 4.9 所示的中转式运输组织方式，在每个中转站将货物卸下，送达客户。

图 4.8 直达式零担运输组织图

第 4 章 公路运输生产过程组织与管理

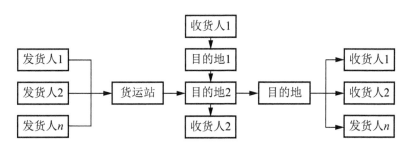

图 4.9 中转式零担运输组织图

1. 托运受理

托运受理是零担货物运输中的首要环节，由于零担货物运输线路多，站点也比较多，货物品种繁多，包装形状各异，性质不一，所以在受理零担货物托运时，必须由托运人认真填写"汽车零担货物运输运单"（表 4-2）。

表 4-2 零担货物托运单

托运日期：
启运站：   目的地：
托运单位：   地址：   电话：
收获单位（人）：   地址：   电话：

货物名称	包　装	件　数	实际质量	计算质量	托运人注意事项
					1. 托运单一式两份。
					2. 托运货物必须包装完好。
					3. 不得谎报货物名称，否则在运输过程中的损失由托运人赔偿。
					4. 托运物品不得夹带易燃、易爆等危险品
合　计					
收货人记载事项			起运站记载事项		

进货仓位：   仓库理货验收员：   发运日期：

运单填写必须字迹清楚，以下几点一定要注意：

（1）托运人对货物自愿投保汽车货物运输险、保价运输的，应在运单中注明。

（2）托运人注明的特约事项，经承运人同意后，承托双方签章生效。

（3）零担货物的包装必须符合国家和交通运输部门的规定和要求。对不符合包装标准和要求的货物，应由托运人改善包装。对不会造成运输设备及其他货物污染和货损的货物，如托运人坚持原包装，托运人应在"特约事项"栏内注明自行承担由此可能造成的货损。

（4）托运普通零担货物中不得夹带危险、禁运、限运和贵重物品。

（5）托运政府法令禁运、限运以及需要办理公安、卫生检疫或其他准运证明的零担货物，托运人应同时提交有关证明。

（6）托运时，托运人应在每件货物两端分别拴贴统一规定注有运输号码的货物标签。需要特殊装卸、堆码、储存的货物，应在货物明显处加贴储运指示标志，并在运单"特约事项栏"内注明。

 **案例讨论**

据《新京报》报道，一张被称为"最神收货地址"的快递单照片被网友热传。该快递单在地址一栏，并未按常规填写路名、门牌号等信息，而是用56个字为快递员指出了一条"路线"。这份快递单所属的快递公司表示，未查到该快递记录，可能并未寄出。

网传快递单上的地址栏中打印出的地址，除有5个字被遮挡外，其余内容为"……北京市朝阳区四环到五环之间十八里店老君堂公园对面山西刀削面东边胡同靠右直……在右拐走到头左拐红色大门院子"，共计56个字。

快递客服人员表示，无法查询到该快递单号的任何历史记录，说明这份快递单并未寄出，若确认并非伪造单据，可能快递单因地址临时更改等原因而已作废。

"这种为快递员热心指路的地址，其实不合规范"，快递员表示，快递公司对寄件地址的填写要求比较严格，快递公司一般会要求员工在收件时，要求发件人填写清楚具体的城市、区、街道、门牌号等，减少后续分拣、送件的麻烦，这张快递单很可能因地址不符合要求而作废。

讨论：

（1）该快递单特殊地址的填写是否合乎规定？

（2）该快递单被受理的原因是什么？

（3）假如你是托运受理员，受理该快递单的时候你应该怎么做？

2．过磅开票

业务人员在接收到零担货物运单后，应该及时验货过磅，并认真做好货物交接，做好记录，填写"零担货物标签"（表4-3），填写时字迹工整，不能模糊，填完后将标签粘贴于货物外包装上。零担货物过磅后，连同托运单一起交给保管员，保管员按托运编号及时填写标签以及相关标志，并根据托运单和磅码单填写"零担货物运输发票"（表4-4），收清运费。

表4-3 零担货物标签

车　次	
起　点	
终　点	
票　号	
总件数	

站　发

年　月　日

公路汽车行李、包裹、零担标签

站至　　　站

票　号	总件数			
	站	年	月	日

表 4-4　零担货物运输发票

起点站		中转站		到达站		公里			备注	
托运人	包装	详细地址								
收货人		详细地址								
货名	包装	件数	体积/m³			实际质量	计费质量	每百千克运价	合计	
			长	宽	高					
合计									托运人签章	

车站：　　　　　填票人：　　　　　复核人：　　　　　经办人：

 案例讨论

据央视 2013 年 11 月 29 日的报道，山东某镇的刘先生被一件沾染有毒化学品——氟乙酸甲酯的圆通快件夺去生命。圆通公司随后发布声明表达歉意，并表示揽件快递员对有毒快件曾进行了验视。据央视报道，这是涉事化工厂第三次通过圆通邮递氟乙酸甲酯样品。

圆通公司的声明中称，有毒快件交寄时，揽件快递员曾按照公司制度进行了验视。"快递员的化学知识有限，对化学品识别能力不够，而且也没有检验设备，当时发件的化工厂称无毒无害，就揽件发出了。"一位圆通方面工作人员解释。

据央视报道，寄件人此次快递氟乙酸甲酯样品约 25kg，寄件人称这是他们第三次通过圆通快递样品，之前询问其他快递公司均被拒。目前，相关工厂已经停业整顿，相关负责人被警方控制。

之前据湖北省邮政管理局通报，揽收有毒快件的圆通速递当地加盟网点——沙洋运通物流有限公司收寄点因为收寄验视不规范将被吊销快递业务经营许可证。

对于涉事的潍坊加盟点——潍坊捷顺通快递有限公司在责任事故发生后的迟报行为，山东省邮政管理部门也做出了经济处罚 28 000 元，并在全省通报批评的决定。

据央视报道，圆通速递公司表示，将尊重邮政管理部门的行政处罚决定，配合警方调查，对本次涉事的潍坊加盟点，决定采取清理出加盟网点的处罚。

讨论：

（1）结合附录《汽车货物运输规则》相关内容，分析这个案例问题产生的原因。

（2）以后在从事物流行业的工作接收货物时，你应该怎么做好验货工作？

3. 仓库保管

零担运输货物仓库应该严格划分货位，一般可以分为待运货位、急运货位、到达待交货位。

货物进出仓库还要按照单据出库入库，做到以票对货、票票不漏、货票相符。零担货物仓库要具有良好的通风能力、防潮能力、防火能力、安保能力以及灯光设备。为了使货物免受雨淋和提高装卸效率，仓库或者货棚尽可能设置于站台上。

4. 配载装车

零担货物由于本身具有特殊性，应该根据货物的性质、流向和流量等进行合理的配载装车，提高车辆的利用率。

零担货物在配载过程中应该遵循以下几个原则：

（1）中转先运、急件先运、先托先运、合同先运。
（2）在配装过程中应该根据先远后近、先大后小、先重后轻、先方后圆的原则。
（3）尽量采取直达运送方式，必须中转的货物则应该合理安排流向配载。
（4）充分利用车辆的载货量和容积。
（5）严格执行货物混装的限制规定，确保运送安全。
（6）加强预报中的待运量，尽可能使同站装卸的货物在重量及体积上相适应。

在装车完毕后，要复查货位，以免错装、漏装。驾驶员（或者随车押运员）要再次清点随车单证及货物，并签字确认，检查车辆关锁以及遮盖捆扎的情况。

5. 车辆运行及货物中转

零担运输车必须按期发车，不得延误，定期零担班车应该按规定路线行驶，凡规定停靠的中途站，车辆必须进站，并由中途站值班人员进行车路单签证。行车途中，驾驶员、押运员应该经常检查车辆货物安全及配载情况，如发现异常应该及时处理并立即申请就近车站协助处理，有 GPS 定位的要及时向总部报告。

零担货物中转作业有以下几种方式：

1）落地法

将到达运输车上的全部零担货物卸下入库，按方向或者目的地货站在货位上重新集结，再重新配装，这种方法简单易行，车辆载货量利用较好，但装卸作业量比较大，作业速度慢，仓库和场地的占用面积比较大。

2）坐车法

将到达运输车上运往同一目的地中转数量较多的货物或者卸车困难的那部分核心货物留在车上，将其余货物卸下后再加装同一目的地的其他货物。这种方法的核心是货物不用完全卸车，减少了装卸作业量，加快了中转速度，节约了装卸用工和货位，但对留在车上的核心货物的装载情况和数量不易检验和清点，在加装货物较多时也难免发生卸车和倒装等附加作业。

3）过车法

当几辆零担运输车同时到达后进行中转作业时，将车内的部分中转货物由一辆车直接换装到另一辆车。组织过车时，可以向空车上过，也可以向留有核心货物的车上过，这种方法在完成卸车作业的同时完成了装车作业，减少了零担货物的装卸作业量，提高了作业

第 4 章 公路运输生产过程组织与管理

效率，加快了中转速度，但是对到发车的时间要求比较高，经常会出现意外的干扰。

综上所述，这 3 种方法各有自身的优、缺点，并不是唯一的要采取哪种方法作业，应该根据实际情况将三者结合在一起，发挥每种方法的优势。

6．到站卸货

零担班车到站后，仓库管理人员应该检查货物情况，如果无异常，在交接单上签字并加盖公章；如果发现异常情况，则应该采取以下相应措施：

（1）有单无货，双方签字情况后，在交接单上注明，将原单返回。

（2）有货物单，确认货物到站后，由仓库管理员签发收货单，双方盖章，清单寄回起运货站。

（3）货物到站错误，将货物原车运回起运站。

（4）货物短缺、破损、受潮、腐烂等情况发生，应该双方共同签字确认，填写事故清单。

7．货物交付

零担货物交付可以是货主自己取货，也可以是承运人送货上门，不论何种形式，货物到站入库后，承运人要及时通知收货人。收货人凭有效证件和提货单来领取货物，并做好交货记录，预期提取的货物按有关规定办理。

案例讨论

目前快递市场迅猛发展，越来越多的人选择快递方式寄送物品，但由于快递公司良莠不齐，快递服务引发的纠纷也日益增多，如图 4.10 所示。

2013 年 8 月，李女士委托一家快递公司托运一个价值 325 元的包，在办理委托递送手续时，双方并未对赔偿额进行约定。接受委托后，快递公司在没有告知李女士的情况下，擅自将李女士托运的物品交由另一家快递公司运输，致使李女士运输物品外包装中途损坏，货物运输到达目的地后出现严重破损，收货人因此拒绝接收。李女士多次与快递公司交涉，对方均以责任在接受转运的快递公司为由拒绝赔偿。

图 4.10 案例图

讨论：
（1）附录中《汽车货物运输规则》中对这类纠纷是如何解释的？
（2）造成本案例物品破损的原因有哪些？
（3）请问李女士的损失能否得到赔偿，应该由哪一家快递公司赔偿？
（4）你在以后委托快递物品时应该怎么做？

4.3 特种货物的运输组织

特种货物运输在物流运输中经常会出现，承运特种货物运输的物流企业要具有相应的运输资质，特种货物运输需要特殊处理的运输车辆，对从业人员要求比较高。

蔬菜、水果、肉类、水产品等农产品（统称生鲜易腐农产品）也是特种货物之一，运输需要通过低温流通才能使其最大限度地保持天然食品原有的新鲜程度、色泽、风味及营养，冷链物流（Cold Chain Logistics）应运而生。冷链物流是指冷藏冷冻类食品在生产储藏运输销售等在消费前的各个环节中始终处于规定的低温环境下，以保证食品质量，减少食品损耗的一项系统工程，也称为低温物流（Low Temperature Logistics）。

目前，美国、加拿大、德国、意大利、澳大利亚、日本、韩国等国家已经形成了完整的农产品冷链物流体系，有些国家的生鲜易腐农产品冷链流通量已经占到销售总量的50%，并且仍在继续增长。

4.3.1 特殊货物的概念

特殊货物也就是特种货物，它是指在收运、储存、保管、运输及交付过程中，因货物本身的性质、价值或重量等条件，需要进行特殊处理的货物。

"附录一汽车货物运输规划"中对特种货物做了详细分类。特种货物是一个综合性概念，包括超大超重货物、押运货物、贵重货物、危险品、鲜活易腐物品等特种货物的运输。

常见的特殊货物有以下几种：
（1）鲜活易腐货物。
（2）尸体骨灰。
（3）活动物。
（4）贵重物品。
（5）危险品。
（6）超大超重货物。
（7）个人物品作为货物交运的行李。

4.3.2 危险货物运输

1. 危险货物的概念

危险货物是指在运输、装卸、储存和保管过程中，容易造成人员和财产损毁的，需要特别防护的，具有爆炸、易燃、毒害、腐蚀、放射性的货物。

根据汽车运输的特点，在我国交通部颁发的行业标准中，将道路运输危险货物分为以下9类：

(1)爆炸品。

(2)压缩气体和液化气体。

(3)易燃液体。

(4)易燃固体、自燃物品和遇湿易燃物品。

(5)氧化剂和有机过氧化物。

(6)毒害品和感染性物品。

(7)放射性物品。

(8)腐蚀品。

这些危险货物由于性质活泼或者不稳定,容易受外界条件的影响,如果在运输、装卸、储存作业中,受到光、热、撞击、摩擦,就很容易发生爆炸、燃烧、中毒、腐蚀、放射性辐射等严重事故,造成人员伤亡、财产损失、环境破坏等恶劣影响,所以在运输这些货物时必须采取特殊的措施保证安全。

2. 危险货物的包装要求

(1)包装物料的材质、规格和包装结构应与所装危险货物的性质和重量相适应,容器和包装物料与拟装物不得发生危险反应或严重削弱包装强度。

(2)充装液体危险货物,容器应留有正常运输过程中最高温度所需的足够膨胀余位,易燃液体容器至少应留有5%空隙。

(3)包装应密封不漏。液体危险货物要做到液密封口;对可产生有害蒸汽及遇潮、变干或酸雾能发生危险反应的应做到气密封口。对必须装有通气孔的容器,其设计和安装应能防止货物流出或进入杂质水分,排出的气体不致造成危险或污染。

(4)包装的衬垫应能防止容器移动并起到减震和吸收作用。

(5)包装坚固完好,能抗御运输、储存和装卸过程中正常冲击、振动和挤压,并便于装卸和搬运,表面清洁不黏附有害物质。

托运人要求改变包装时,应首先向发站提出经主管部或省、自治区、直辖市主管部门审查同意的包装方法及包装试验合格记录,发站认为符合运输要求时,报铁路分局(爆炸品、有机氧化剂由铁路分局报经铁路局)批准后,在指定时间和区段内组织试运。

3. 危险货物的托运及承运组织

(1)托运人托运危险货物时,应在货物运单"货物名称"栏内填写危险货物品名索引表内列载的品名和编号,并在"托运人记载事项"栏内保证托运的货物包装、标志正确,适于安全运输。在运单右上角,托运人应用红色墨水或红色戳记标明类项。同一货物如有危险货物品名索引表未列的其他名称,根据托运人的需要,可以在品名下面以括弧注明其他名称。

(2)性质或消防方法相抵触的危险货物不得按一批托运。类项或配装号不同的危险货物不能按一批零担货物托运。对能直接配装的危险货物和非危险货物,并在专用线装车和卸车时,可按一批托运。

(3)禁止运输过度敏感或由于自发反应而引起剧烈反应的爆炸品。对性质不稳定或由于聚合、分解在运输中能引起剧烈反应的危险货物,托运人应加入足量的稳定剂或抑制剂方能办理托运。易于发生爆炸性分解、需控温运输的危险货物,托运人应与铁路局商定安全运输办法，并在货物运单"托运人记载事项"栏内注明控制温度和危险温度。

（4）托运爆炸品时，托运人应提出危险货物品名表内规定的许可运输证明（公安机关的运输证明应是收货单位所在地县、市公安部门签发的爆炸物品运输证），同时，在货物运单"托运人记载事项"栏内注明证明的名称和号码。发站应确认品名、数量和运达地点与运输证明记载是否相符。

4. 危险品的装卸和运输

（1）装运危险货物除危险货物品名表备注栏内规定使用敞车及整车发送的毒害品和放射性矿石、矿砂应使用毒品专用车外，应使用棚车或危险货物专用车。

（2）危险货物装卸前，应对车辆和仓库进行必要的通风和检查，车体应干燥，车内不得留有残渣。

（3）整车运输的起爆器材、炸药及爆炸性药品、四级或气体放射性物品、液化气体罐车以及装有辐射源的仪器、仪表、器械，托运人必须派熟悉货物性质的人员随带必要的防护用品和工具、备件押运。

5. 危险品交接保管

承运单位及驾驶、装卸人员自货物交付承运起至运达为止应该负责保管。在交接过程中，装货时发现不良或不符合安全要求应该拒绝装运，或改善后再运；卸货时，发生货损、货差，收货人不得拒收，并应及时采取安全措施，以免扩大损失。同时，在运单上注明清楚，驾驶员、装卸工返回后应及时报告，及时处理。因故不能及时卸车的在待卸期间，行车人员应该对所运危险货物进行看护。由于危险品具有危害性，必须保证点收点交，签证手续完善。

 案例讨论

某年 3 月 29 日 18 点 50 分，一槽罐车标记吨位 15t，实际装载液氯 29.44t，加上罐体的重量约 35t，在山东驶往上海的京沪高速公路淮安段，左前胎突然爆胎，车体向左突破中间护栏冲至反向车道，右前胎又爆裂，并与对方车道上一辆装载着瓶装液化石油气的解放牌货车相撞，如图 4.11 所示。司机当场死亡，液化石油气瓶散落在高速公路上；槽罐车阀门破损，液氯泄漏，祸及公路旁村民。到 3 月 30 日 17 时，中毒死亡者 27 人，送医院救治 350 多人，疏散村民近万人，受灾作物面积 20 620 亩，畜禽死亡约 15 000 头（只），直接经济损失 2900 多万元。

图 4.11　案例图

讨论：
（1）造成本次事故的主要原因是什么？
（2）谈谈你对危险货物运输的认识。
（3）在附录《汽车货物运输规则》中对危险品运输有何规定和要求？

4.3.3 鲜活易腐货物运输

凡在道路运输中需要采取特殊措施（冷藏、保温、加温等），以防止腐烂变质或病残死亡的货物，均属鲜活货物。鲜活货物分为易腐货物和活动物两大类，其中占比例最大的是易腐货物。易腐货物是指在一般条件下保管和运输时，极易受到外界气温及湿度的影响而腐坏变质的货物，一般来说包括以下两类：

（1）易腐货物主要包括肉、鱼、蛋、水果、蔬菜、冰、鲜活植物等。
（2）活动物包括禽、畜、兽、蜜蜂、活鱼、鱼苗等。

"附录一汽车货物运输规则"中对鲜活货物进行了详细分类。

用冷藏来保存和运输易腐货物，必须连续冷藏。如果保管和运输中某个环节不能保持连续冷藏的条件，那么食品就可能在这个环节中迅速腐败。冷藏车就是为了运送易腐货物或对温度有特殊要求而特制的车辆。

目前，国外除采用加冰冷藏车、机械冷藏车和冷板冷藏车外，还大力发展鲜鱼车、牛奶车等特种车，我国也在试制冷藏集装箱。

不同货物适宜的运输温度见表 4-5 和表 4-6。

表 4-5 冷冻货物的运输温度表

货物名称	运输温度/℃	货物名称	运输温度/℃
鱼	－17.5～－15.0	虾	－17.8～－15.0
肉	－15.0～－13.3	黄油	－12.2～－11.1
蛋	－15.0～－13.3	浓缩果汁	－20

表 4-6 低温货物的运输温度表

货物名称	运输温度/℃	货物名称	运输温度/℃
腊肠	－5～－1	葡萄	6.0～8.0
肉	－6.0～－1.0	菠萝	0.0～11.0
鲜鸡蛋	－1.7～15	橘子	2.0～10.0
苹果	－1.1～16	柚子	8.0～15.0
白兰瓜	－1.1～1.2	洋葱	－1.0～15.0
梨	0.0～5.0	土豆	3.3～15.0

我国公路鲜活易腐货物运输有着以下几个特点：

（1）品类多，运距长，组织工作复杂。我国出产的鲜活货物有几千种，性质各不相同，加之南北方气温相差大，不仅同一地区在不同季节需要不同的运输条件，就是在同一季节，当车辆行经不同地区时，也要变换运输条件。在一次运送过程中，可能兼有冷藏、保温和加温3种运送方法，鲜活货物的运输组织工作与普通货物相比要复杂得多。

（2）季节性强，运量波动大。鲜活货物大部分是季节性生产的农副产品，水果集中在三、四季度，南菜北运集中在一、四季度，水产品集中在春秋汛期。在收获季节，运量猛增；在淡季，运量大大降低。

（3）运输时间紧迫。鲜活货物本身的特点是新鲜、成活，鲜活性质能否保持与运输时间的长短密切相关。铁路在运输鲜活货物时，虽然使用了特种车辆，采取了特殊措施，若是运输时间过长，还是会影响鲜活货物原来的质量。

（4）易受外界气温、湿度和卫生条件的影响。鲜活货物一般比较娇嫩，热了容易腐烂，冷了容易冻坏，干了容易干缩，碰破了及卫生条件不好容易被微生物侵蚀，使易腐货物腐烂变质，使活动物病残死亡。为此，人们采取各种保藏方法来抑制微生物的滋长，减缓呼吸作用，以延长保藏时间。其中，冷藏的方法是迄今最大量，最普遍、最有效的保藏食品的方法（图4.12和图4.13所示为冷藏车）。

图4.12 冷藏车

图4.13 冷藏车内部

目前，食品冷链物流标准随着物流服务规范化发展和食品安全产业对物流的支撑，市场需求越来越迫切。一方面，随着人民生活水平的提高和对食品安全的重视，形成了对冷链食品物流管理规范的巨大需求；另一方面，随着物流行业在现代服务行业的迅速崛起，食品物流特别是食品冷链物流是作为现代物流体系中需求最大、专业性最强的行业物流，其技术发展和管理规范也越来越受人关注。

作为冷链食品物流的一部分，冷冻食品是将农产品、畜禽产品、水产品经初步加工或调制加工后，采用速冻工艺并在低温条件下（-18℃以下）储存、运输、销售的包装食品。冷冻食品迎合了人们对快捷、方便生活的追求，发展势头十分迅猛，占城镇居民食品总消费支出的比重逐年扩大。但是，冷冻食品的品质保证是一个系统的物流工程，包括冷冻食品从生产开始直到消费者手中的整个环节。

冷冻食品的安全性和品质保证，除了生产加工企业的技术控制，更多地依赖于包括包装、运输和储存等整个物流环节的温度控制和物流管理。因为冻结状态下的冷冻食品，尽管其中微生物的生长繁殖受到抑制，但微生物并未被杀死，在流通过程中，一旦冷链中断或者温度失控，发生升温或者解冻，就会使残存微生物急剧繁殖增生，造成安全隐患，甚至引发食物中毒。可以说，冷冻食品的包装、运输和储存等物流过程规范化管理是冷冻食品品质的基本保障，严重影响到冷冻食品的食用安全。我国目前尚无冷冻食品包装、标志、运输和储存方面的物流国家标准和行业标准，亟须制定相应的国家标准进行统一规范和管理。

冷冻食品物流标准的制定，是食品冷链物流服务行业发展的需要，也是保证冷冻食品品质安全的需要，其制定有助于规范冷链技术发展，促进物流行业健康发展，从物流环节保证冷冻食品安全。

案例讨论

在麦当劳的冷链物流（图 4.14）中，质量永远是被考虑最多的因素。麦当劳重视品质的精神，在每一家餐厅开业之前便可见一斑。餐厅选址完成之后，首要工作是在当地建立生产、供应、运输等一系列的网络系统，以确保餐厅得到高品质的原料供应。

图 4.14 案例图

麦当劳的鸡蛋供应商必须在鸡蛋产下来 3 天内运到工厂，按标准检测鸡蛋的大小、新鲜度，然后清洗、消毒、打油（起保护膜的作用），冷藏保存。麦当劳还要求餐厅鸡蛋在冷藏条件下，必须在 45 天内用完，以保持新鲜美味。

麦当劳愿意在别人无暇顾及的领域付出额外的努力。比如，麦当劳要求，运输鸡块的冷冻车内温度需要达到 −22℃，并为此统一配备价值 53 万元的 8t 标准冷冻车，全程开机。同样的旅程，用 5t 的平板车盖上棉被一样可以操作，成本可以节省一半以上。但是，麦当劳对于这种可能影响最终产品质量的行为坚决禁止。"打个比方，在麦当劳看来，冰淇淋化了之后再冻上，就不是冰淇淋了，只能算是牛奶和冰晶的混合体。"其物流供应商这样形容麦当劳的立场。

坐在办公室中的物流经理，怎么知道货车发出之后货物是否处在冷冻状态？这要归功于麦当劳冷链物流中的标准化。麦当劳的冷链物流标准，涵盖了温度纪录与跟踪、温度设备控制、商品验收、温度监控点设定等领域。它不仅可以记录车的位置，而且可记录车的状态。只要在事后打开记录，有关冷冻车的发停时刻、温度变化等数据就会尽收眼底。

麦当劳对送货和接货也有固定的程序和规范。在货物被装车之前，必须根据冷冻货对温度的敏感程度，按照由外向里分别是苹果派、鱼、鸡、牛肉、薯条的顺序装车；接货时，则要对这些情况进行核查。接货的检查项目包括，提前检查冷藏和冷冻库温是否正常，记录接货的时间和地点,检查单据是否齐全,抽查产品的接货温度,最后才是核对送货数量,签字接收。即便是在手工劳动的微小环节,也有标准把关,如一台8t标准的冷冻车,装车和卸车的时间被严格限制在5min之内。

讨论:

(1)结合案例谈谈你对冷链物流的认识。

(2)根据麦当劳的冷链物流运作成功的案例材料,讨论一下中国应如何发展冷链物流市场?

4.3.4 长、大、笨重货物运输

1. 长、大、笨重货物的概念

在汽车运输货物中,长、大、笨重货物通常是指单件(含因货物性质或托运人要求不能分割拆散的组合件和捆扎件)货物具有超长、超大或超重的特点,这些货物称为长、大、笨重货物。由于这类货物的重量、体积往往超过普通车辆允许的载重量或容积,甚至超过桥梁、道路、涵洞的通过能力,所以运输大件货物时的安全、质量、效率问题特别突出。详细内容请参考"附录一"中对长、大、笨重货物的规格要求。

这类货物的特点如下:

(1)超长。此类货物多半是钢材、竹、木或其他制品,如钢梁、钢管、元钢、工字钢、钢板、轻轨、行车架、打桩机、原木、毛竹、水泥电杆、铝材长料等,宜采用加长、大型货车或半挂货车等车辆(图4.15)运输。

(2)超高、超宽。此类货物多半是钢铁制品,如立式车床、锻压机、变压器、大型锅炉、化工合成塔以及桥梁、工程设备构件等,通常采用大型平板汽车列车运输。

(3)笨重。等于或超过4t以上的笨重货物,常见有建筑和施工机械,如推土机、挖掘机、压路机以及大型金属铸件和机器设备等,可用半挂货车或大型平板汽车列车运输。

图4.15 长大超重货物运输车

一般来说,对于承运某些长、大、笨重货物载货车辆应该限速行驶。这些货物质量无一定标准,根据其质量在车辆底板上的分布状况,可以分为以下两类:

(1)均重货物。指其质量能均匀地或接近均匀地分布于载重车辆底板上的货物。

(2)集重货物。指其质量集中于装载车辆底板上某一小部分上的货物。

由于集重货物的质量往往在于所装车辆负重面最大容积质量,所以在确定集重货物的装载方案时,应该避免使车底过于集中,造成工作应力超过设计的允许限度。

2．长、大、笨重货物运输的基本要求

运输这类货物时,通常采取相应的技术措施和组织措施。鉴于长、大、笨重货物的特点,对装运车辆的性能结构、货物的装载和加固技术等方面都有一定的特殊要求,为了保证货物和车辆完好,保证车辆的行车安全,必须注意以下几方面的问题：

(1)货物的装卸应尽可能选用适宜的装卸机械,装车时应使货物的全部支撑面均匀、平稳地放置在车辆底板上,以免损坏大梁。

(2)载运货物的车辆,应尽可能选用大型平板等专用车辆。除特殊规定者外,装载货物的质量不得超过车辆的核定吨位,其装载的长度、高度、宽度不准超过规定的装载界限。

(3)支撑面不大的笨重货物,为使其质量能均匀地分布在车辆底板上,必须将货物安置在纵横垫木或相当于起垫木作用的设备上。

(4)货物的重心应尽量置于车底板纵横中心线交叉点的垂直线上,如无可能时,则对其横向位移应该严格限制；纵向位移在任何情况下必须保证负荷较重的一端轮对或转向架的承载质量不能超过车辆设计标准。

(5)重车重心高度应该有一定限制,重车重心如偏高,除应认真进行装载加固外,还应采取配重措施以降低其重心高度。

3．长、大、笨重货物的运输组织

(1)在办理托运手续时,除按一般规定外,托运人必须提交货物说明书以及装卸、加固等具体要求；在特殊情况下,还须向有关部门办理准运证。承运人应根据托运人提供的有关资料进行审核,掌握货物的具体特征,选择适合的车辆,在具备安全运输条件和能力的情况下,再办理承运手续。

(2)承运人应根据大件货物的外形尺寸和车货质量,在起运前会同托运人勘察作业现场和运行路线,了解沿途道路线形和桥涵通过能力,并制订运输组织方案。涉及其他部门的应事先向有关部门申报并征得同意,方可起运。

(3)制定货物装卸、加固等技术方案和操作规程,并严格执行,确保合理装载、加固牢靠、安全装卸。装卸作业由承运人负责的,应根据托运人的要求、货物的特点和装卸操作规程进行作业。由托运人负责的,承运人应按约定的时间将车开到装卸地点,并监装、监卸。

(4)运输大件货物,属于超限运输的,应按规定向公路管理机构申请办理《超限运输车辆通行证》,按照核定的路线行车。在市区运送大件货物时,要经公安机关和市政工程部门审查并发给准运证,方可运送。

(5)按指定的线路和时间运行,并在货物最长、最宽、最高部位悬挂明显的安全标志,白天行车时,悬挂标志旗；夜间行车和停车休息时装设标志灯,以警示来往车辆。特殊的货物,要有专门车辆引路,及时排除障碍。

(6)运输费用由承、托双方协商确定。因运输大型特型笨重物件发生的道路改造、桥涵加固、清障、护送、装卸等费用,由托运人负担。

4.4 运输组织合理化

运输合理化是指从物流系统的总体目标出发，按照货物流通规律，运用系统理论和系统工程原理和方法，合理利用各种运输方式，选择合理的运输路线和运输工具，以最短的路径、最少的环节、最快的速度和最少的劳动消耗，组织好货物的运输与配送。

4.4.1 运输合理化的"五要素"

运输是物流中最重要的功能要素之一，物流合理化在很大程度上依赖于运输合理化。影响物流运输合理化的因素很多，起决定作用的有 5 个方面，称作合理运输的"五要素"。

1．运输距离

运输过程中，运输时间、运输运费等若干技术经济指标都与运输距离有一定的关系，运距长短是运输是否合理的一个最基本的因素。

2．运输环节

每增加一个运输环节，势必要增加运输的附属活动，如装卸、包装等，各项技术经济指标也会因此发生变化，所以减少运输环节对合理化运输有一定的促进作用。

3．运输工具

各种运输工具都有其优势领域，对运输工具进行优化选择，最大限度地发挥运输工具的特点和作用，是运输合理化的重要的一环。

4．运输时间

在全部物流时间中运输时间占绝大部分，尤其是远程运输，因此，运输时间的缩短对整个流通时间的缩短起决定性的作用。此外，运输时间缩短，还要加速运输工具的周转，充分发挥运力效能，提高运输线路通过能力，不同程度地改善不合理。

5．运输费用

运费在全部物流费用中占很大的比例，运费高低在很大程度上决定整个物流系统的竞争能力。实际上，运费的高低，无论对货主还是对物流企业都是运输合理化的一个重要的标志，也是各种合理化措施是否行之有效的最终判断依据之一。

4.4.2 不合理运输的表现形式

1．返程或起程空驶

空车无货载行驶，可以说是不合理运输的最严重形式。在实际运输组织中，有时候必须调运空车，从管理上不能将其看成不合理运输。但是，因调运不当、货源计划不周、不采用运输计划而形成的空驶，是不合理运输的表现。

2．对流运输

对流运输也称"相向运输""交错运输"，指同一种货物或彼此间可以互相代用而又不影响管理、技术及效益的货物，在同一线路上或平行线路上做相对方向的运送，与对方运程的全部或一部分发生重叠交错的运输称对流运输。已经制定了合理流向图的产品，一般必须按合理流向的方向运输，如果与合理流向图指定的方向相反，也属对流运输。

3. 迂回运输

迂回运输是舍近取远的一种运输，可以选取短距离进行运输而不办理，却选择路程较长的路线进行运输的一种不合理形式。迂回运输有一定复杂性，不能简单处之，只有因计划不周、地理不熟、组织不当而发生的迂回，才属于不合理运输；如果最短距离有交通阻塞、道路情况不好或有对噪声、排气等特殊限制而不能使用时发生的迂回，不属于不合理运输。

4. 重复运输

本来可以直接将货物运到目的地，但是在未达目的地之处，或目的地之外的其他场所将货卸下，再重复装运送达目的地，这是重复运输的一种形式。重复运输的另一种形式是，同品种货物在同一地点一面运进，同时又向外运出。重复运输的最大毛病是增加了非必要的中间环节，这就延缓了流通速度，增加了费用，增大了货损。

5. 倒流运输

倒流运输是指货物从销地或中转地向产地或起运地回流的一种运输现象，其不合理程度要甚于对流运输，原因在于往返两程的运输都是不必要的，形成了双程的浪费。倒流运输也可以看成是隐蔽对流的一种特殊形式。

6. 过远运输

过远运输是指调运物资舍近求远，近处有资源不调而从远处调，造成可采取近程运输而未采取，拉长了货物运距的浪费现象。过远运输占用运力时间长、运输工具周转慢、物资占压资金时间长，远距离自然条件相差大，又易出现货损，增加了费用。

4.5 案例：怎样制订特殊货物运输计划

1. 案例任务

A 电气公司（下文简称 A 公司）由于产品测试的需求，于 2013 年 4 月 15 日委托 B 物流运输公司（下文简称 B 公司）于 2013 年 6 月 19 日将该厂生产的变压器设备在广州与沈阳两地之间做往返运输，返回时间待定，产品特性如下。

1）变压器设备概况
（1）名称：180000K 变压器
（2）规格：9m（长度）×3.3m（宽度）×4m（高度）
（3）质量：145t（初步预计）
（4）体积：120m³
（5）数量：主体一件、配件若干
2）设备特点
（1）质量大。

(2）形状基本规则（几何中心与重心基本保持一致）。

（3）裸体运输。运输该类设备具有的运输特性包括捆扎要求高，设备多由油漆饰面和软金属外壳、多有裸露的仪表设备；起吊，装卸要求高。

（4）运输平稳性要求高（主体变压器）。

3）运输要求

（1）在指定日期内将产品送达目的地。

（2）运输过程中保证产品的安全，运输过程中防止颠簸碰撞。

（3）要求运输企业有相应大件物品运输经验和资质。

（4）运输任务完成前先支付30%的运输费用，运输完成后全部结算。

2．案例分析

B 公司接到订单后进行了分析：变压器设备运至辽宁沈阳进行设备检验，检验完成由辽宁沈阳返回 A 公司。由于该设备检验程序复杂、不可控因素较多，运抵沈阳后返厂时间不确定。对于本次运输任务中的设备，由于尺寸超大、质量超限，主体的净尺寸为9m（长度）×3.3m（宽度）×4m（高度），质量约为145t。设备可能超出预计质量按160t考虑，在运输过程中需要的设施设备都比较特殊，因此需要从运输环节、装卸环节、后勤保障等多方面做详细的运输计划。

3．运输线路选择

设备运输路线可以从水路、铁路、公路 3 种运输方式中进行分析对比，选择确定技术上可行、经济上合理的运输方式。以下是 B 公司对各种运输方式的研究分析。

1）以水路为主的水陆联运

由广州陆运至黄埔港，由船运至大连港，再陆运至沈阳。其中，由于受船舶限制，内贸集装箱船舶无法满足大吨位、大体积裸体运输的可能，只能由杂货船只配送。但由于万吨级杂货船配货情况多变，不稳定因素较多，无法保证运输的时效性，同时也受到航道及装卸条件的限制。相比其他运输方式，水陆联运的设备吊装次数增加，大大增加设备的安全隐患。综合分析后认为，此方法无法发挥水运运输的优势。

2）铁路运输

广州至沈阳火车站铁路运输总里程超过 3500km。由于沿途受铁路隧道和跨铁路桥涵等不变高度障碍以及沿途铁路设施的限制，无法保障设备顺利运送。同时，设备在两地陆路运输中也受到装卸设备的约束，大大增加成本，将会高难度、高风险完成整个运输。

3）公路运输

从广州至沈阳公路运输里程在 3400km 左右。途径广深高速、京珠高速、冀津高速、津沈高速、沈阳绕城高速及 203 国道等，沿途多为国家一级高速公路或准一级高速公路，路况良好、净空高度和车道宽度均能满足该设备的运输条件。全部采用公路运输技术上能得到保障，也大幅降低设备的吊装次数，从而大幅增加了变压器的安全性，也减少装卸成本。

综合分析研究后决定，采用全程公路运输方案，发挥了陆运的大件运输优势，技术、设备、运力可靠，运输时间缩短。而且，在返厂时间不确定情况下，可调配的反应速度更快，也更为经济。

第4章 公路运输生产过程组织与管理

4．运输操作流程

运输操作流程如图 4.16 所示。

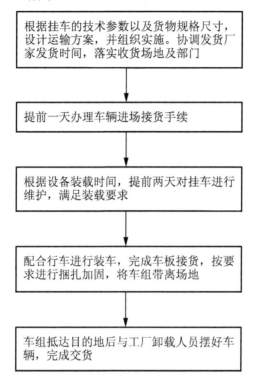

图 4.16　运输操作流程

5．运输安全技术措施

（1）在设备起运前一周，认真勘察排障后的运输路线，保证排障符合运输要求。

（2）在设备起运（公路运输）前两天，B 公司组织技术人员对运输使用的车辆及机具、索具进行检验，保证车辆、机索具的完好，并在装车前调车至装车现场。

（3）运输过程中，各岗位操作人员服从统一指挥，严格按照公司各程标准和 ISO 9000 质量管理体系作业程序文件实施，做好各环节详细记录和质量状况描述，以对过程有追溯性。

（4）运输过程中，严格执行《大型车辆操作规范》。运行中直行速度≤40km/h，弯道速度≤5km/h，乡村道路保持车速在 20km/h 以下，操作平稳，防止冲击和震动。通过沿途各个桥梁时，必须听从桥管部门人员的指挥，沿桥梁中心线行驶，车速不大于 10km/h，严禁刹车、换挡和变速。

（5）对车辆捆绑加固由专业起重工操作，并在运行过程中随时检查捆绑钢丝绳的预紧力。

（6）运输前做好超长标志，运输过程中使用对讲机指挥。

6．装卸工程

大件设备运输过程中，设备的装卸工程最为关键。由于 A 公司和到达地单位均有成熟、可靠的设备以及人员技术支持，B 公司将不承担该部分工程，但保留对该部分工作的意见。B 公司也从经济、安全、技术能力、可靠性等方面积极建议并参与其中。B 公司将派遣专业技术人员会同 A 公司有关人员在现场负责监装、监卸等工作。在接货时严格检查，如有残损，及时将残损情况报告给 A 公司指派的项目负责人，按照 A 公司意见处理，并做好相应的交接记录和书面报告。

7. 安全保障计划

为使参与本项目的所有部门和人员明确其安全职责和责任，需要为所有部门和人员确定安全工作的组织保证体系和明确各岗位的职责。

本项目施工前应做好以下具体工作：

（1）对员工进行安全教育，对有关操作规程和本计划组织员工学习。

（2）对投入施工的机械设备，运输车辆封、刹、工具进行严格的检查，保证基础作业设施的性能完好。

（3）提供必要的劳动防护用品，并进行检查。

（4）对作业任务进行确认。

B 公司人员进入厂区，A 公司有义务配备必要的安全防护设施，指定车辆摆放位置。双方针对装卸配送进行科学、合理的风险评估，确定实际需要的设备、工具。

运输前双方共同检查大件设备装卸和捆扎情况，做好超限运输标志。在运输途中，B 公司将定时检查大件设备的捆扎情况是否完好，如有安全隐患将及时采取措施清除，以确保设备运输、运输工具的安全。

B 公司将由安全质量监控人员全程跟踪，做好安全记录。

8. 应急预案

1）天气突变应急预案

如在运输作业期间遇天气突变（如降雨等情况），及时对货物进行遮盖并对车辆采取防滑措施，保证货物安全运抵指定地点。

2）车辆故障应急预案

在运输前，通知备用车辆及维修人员待命。如在途中运输车辆出现故障，立即安排维修技术人员进行维修；如确定无法维修，及时调用备用车辆，采取紧急运输措施，保证在最短时间内运抵指定地点。

3）道路紧急施工应急预案

项目部将大件设备运输经过的陆路路线进行反复勘察，并在设备起运前一天再次确认道路状况，掌握运输路线的详细资料。尽管如此，仍难以完全避免因道路紧急开挖施工导致的通行受阻情况。遇到此类情况，现场经理应及时采取补救措施，如难度较大项目经理将亲赴现场，协调内外部资源，及时提出运输路线整改方案，在施工部门配合下在最短的时间内完成对施工道路的整改，确保设备运输顺利通行。

4）道路堵塞应急预案

在设备运输过程中遇到交通堵塞情况，服从当地交通主管部门的协调指挥，加强交通管制；如遇集市或重大集会，应建议改变运输计划，或者寻求新的通行路线，保证顺利通过。

5）交通事故应急预案

在运输车辆发生交通事故时，现场人员及时保护事故现场，并上报项目经理、货主及保险公司，说明情况，积极协调交警主管部门处理，必要时，协调交警主管部门在做好记录的前提下"先放行后处理"。

6）加固松动应急预案

运输过程中，在因客观原因导致捆扎松动的情况下，由随从的质量监控人员及专家认真分析松动的原因，重新制订切实可行的加固方案，对大件设备进行重新加固。

7）货损、货差应急预案

如货物在卸装现场装车和交接过程中出现货损、货差，协助业主取得商检、保险公司的相关证明，确保业主利益。

8）机械故障应急预案

在工地现场装卸货时，如果作业机械或工具出现故障，应立即组织维修人员抢修；如果不具备维修条件或者无法维修，调用备用机械和工具，恢复正常作业。

9）不可抗力应急预案

在运输过程中有不可抗力的情况发生时，首先将运输设备置于相对安全的地带、妥善保管，利用一切可以利用的条件将事件及动态通知业主，并按照业主的授权开展工作。如果基本的通信条件不具备，则做好相关记录和设备的保管工作，直到与业主取得联系或者不可抗力事件解除。不可抗力的影响消除后，如果具备继续承运的条件，项目部将在确保设备以及运输人员安全的前提下，继续实施运输计划。

9．风险防范

B 公司与中国人民保险公司签订常年保险协议，可在全国任何地方处理意外事故，及时理赔。

10．人员配置

人员配置情况见表 4-7。

表 4-7　B 公司人员配置

类　别	人　数	备　注
项目经理	1 人	
车队长	1 人	
司机	3 人	
工人	3 人	
安全监管	1 人	

11．车辆及配备设施

（1）开道车一部。

（2）液压轴线车一部。

12. 返厂时间

送抵沈阳后，B 公司所有车辆、人员均撤回，再由 A 公司通知提货时间，B 公司再调派人员车辆进行返程运输。特别强调，A 公司有必要提前一星期左右通知 B 公司留有充分时间调度车辆人员前往。

13. 附表

附表为意见征询表（表 4-8），请 A 公司对 B 公司提出意见。

表 4-8 意见征询表

部　　门	意　　见
生产部	
装卸组	
项目组	
领导	

14. B 公司介绍

略。

本章小结

本章主要就整车运输和零担散货运输做了阐述。整车运输在操作过程中比较容易掌握，相对来说，零担散货的运输比较烦琐，其在快递行业中的应用比较广泛。但是不管是哪一类运输，都会给企业带来相关的利润，因此，在运输过程中一定要注意运输的合理化，尽量改进不合理的运输因素。

无论是整车运输还是零担运输，其业务运作过程均由发送管理、在运管理、中转管理、交付管理 4 个方面构成，但它们之间仍存在许多不同之处。表 4-9 是整车运输与零担运输业务运作对比表。

表 4-9 整车运输与零担运输业务对比

对比项目	整车运输	零担运输
承运人责任区间	装车/卸车	货运站/货运站
是否进站存储	否	是
货源与组织特点	货物品种单一 数量大 货价低 装卸地点一般比较固定 运输组织相对简单	货源不确定 货物批量小 品种繁多，站点分散，质高价贵 运输组织相对复杂

第4章 公路运输生产过程组织与管理

续表

对比项目	整车运输	零担运输
运营方式	直达的不定期运输	定线、定班期发运
运输时间	相对较短	相对较长
运输合同	通常当面签订书面运输合同	通常托运单或者运单作为合同的证明
运输费用的构成与高低	单位运输费率比较低，仓储、装卸等费用分担，需在合同中约定	单位运输费率较高，运输中往往包含仓储、装卸等费用

课后习题

一、填空题

1. 托运人一次托运的货物运输量在 3t 及 3t 以上的可以看做是（　　）。

2. 影响物流运输合理化的因素很多，起决定作用的有 5 个方面，称作合理运输的"五要素"，这五要素分别是（　　）、（　　）、运输工具、（　　）和运输费用。

3. 整车货物运输的作业流程中承运验货里包括两项内容分别是（　　）、（　　）。

4. 零担货物运输的流程是托运受理、过磅开票、仓储保管、配载装车、（　　）、到站卸货和货物交付。

5. 特种货物运输包括超大超重货物、贵重货物、押运货物、（　　）和（　　）等特种货物运输。

6. 最大量、最普遍、最有效的保藏食品的方法是（　　）。

7. 特种货物是指在收运、（　　）、保管、（　　）过程中，因货物本身的（　　）、价值或重量等条件，需要进行处理的货物。

8. 不合理运输的表现形式包括返程或启程空驶、（　　）、（　　）重复运输、（　　）和过远运输。

9. 危险货物是指在（　　）、装卸、（　　）过程中，容易造成人员和财产损毁的、需要特别防护的，具有爆炸、易燃、毒害、腐蚀、放射性的货物。

10. 鲜活货物分为（　　）和（　　）两大类。

二、选择题（1～5 题为单选题，6～9 题为多选题）

1. 零担货物在配载过程中应该遵循的原则是（　　）。
   A．中转先运、急件先运、先托先运、合同先运
   B．先远后近、先大后小、先重后轻、先方后圆
   C．中转先运、先大后小、先方后圆、合同先运
   D．先远后近、急件先运、先托先运、合同先运

2. 下面（　　）是整车运输的作业流程。
   A．托运受理—承运验货—计划配运—装货—在途管理—到达卸车—货运结算
   B．托运受理—承运验货—计划配送—装货—发车运输—到达卸车—货运结算

C. 托运受理—承运验货—计划配运—装货—发车运输—在途管理—到达卸车

D. 托运受理—承运验货—计划配运—装货—发车运输—在途管理—到达卸车—货运结算—事故处理

3. 以下（   ）是运输组织合理化中的"四最"。

A. 最少的运费、最短的路径、最少的环节、最快的速度

B. 最少的劳动消耗、最短的时间、最少的运输工具、最少的环节

C. 最短的路径、最少的环节、最快的速度、最少的劳动消耗

D. 最少的费用、最少的运输工具、最少的环节、最短的路径

4. 零担货物运输的特点有（   ）。

A. 货源不确定、组织工作复杂、单位运输成本高

B. 能耗高、原始投资少、资金周转快、环境污染严重

C. 货源不确定、资金周转快、环境污染严重

D. 组织工作复杂、单位运输成本高、资金周转快、环境污染严重

5. 零担运输货物仓库应该严格划分货位，一般可分为（   ）。

A. 交运货位　　B. 待运货位　　C. 急运货位　　D. 到达待交货位

6. 零担货物中转作业方法有（   ）。

A. 落地法　　B. 坐车法　　C. 过车法　　D. 落车法

7. 我国道路鲜活货物运输的特点有（   ）。

A. 品类多，运距长，组织工作复杂　　B. 季节性强，运量波动大

C. 运输时间紧迫　　D. 易受外界气温、湿度和卫生条件的影响

8. 判断一批货是零担货物还是整车货物的依据除了取决于货物的数量之外，还应该考虑（   ）。

A. 货物的性质　　B. 货物价值对运费的负担能力

C. 货物的体积　　D. 货物的形状的大小

9. 下面（   ）是危险物。

A. 爆炸品　　　　　　　　　B. 贵重物品

C. 超大超重货物　　　　　　D. 易燃液体

E. 氧化剂和有机过氧化物　　F. 鲜活易腐货物

G. 压缩气体和液化气体　　　H. 放射性物品

三、简答题

1. 请画出整车作业的流程图。

2. 简述零担货物运输的特点。

3. 查阅《汽车货物运输规则》，分析在运输过程中出现问题责任时应如何划分，又应该如何处理。

第4章 公路运输生产过程组织与管理

本章实训

制订整车货物运输计划书

【实训目标】
进一步了解和掌握整车货物运输作业流程和要求，做出运输计划书。

【实训地点】
物流实训室。

【实训学时】
4学时。

【实训内容】
长春 CJ 物流运输公司接到一批 30 台速腾新车配送业务，目的地为北京 FY 汽车经贸公司，装车提货为本运输公司货场。要求根据《公路运输货运规则》，并查阅相关资料，制定此次运输任务的计划书。请确定运输车辆的类型、容量、油耗、运输线路、人员配备、保险方式、运输过程中突发情况的处理、车辆监控、装车验货、到达验收、成本分析和客户回访情况处理等。

本次实训 6 人一组，可以聘请企业的相关运输调度计划人员作为指导教师。在指导教师的讲解指导下，结合本次配送任务的具体情况，团队合作对方案进行反复修改，最后形成可行的运输配送方案。

【实训考核】
1．实训过程表现（10 分）。
2．团队合作情况（10 分）。
3．实训报告撰写，计划书完整、表述清楚（20 分）。
4．了解当地的轿车运输、用工、油品的价格（10）。
5．运输方案可行性（各项内容资料充分，计划流程清楚，计划方案可行，表单齐全，事故处理得当）（40 分）。
6．汇报演讲（10 分）。

制订公路零担运输计划书

【实训目标】
进一步了解和掌握零担货物运输作业流程和要求，做出运输计划书。

【实训地点】
物流实训室。

【实训学时】
4学时。

【实训内容】
长春 JD 物流运输公司组织零担运输，从长春到北京，每隔两天发一次车，采用保价运输，保价费率为 3‰，货物保险费为 2000 元。本次运输货物有白象方便面、旺旺雪饼、心相印卷纸、张裕干红葡萄酒、罐装百事可乐、泉阳泉矿泉水，货物明细详见表 4-10。运输时间为 201×.1.5—201×.1.8，计费质量为货车的额定载质量。请问长春 JD 物流运输公司将如何开展这次运输任务？请替该公司做出此次运输计划作业书。

表 4-10 货物明细表

品　　名	质量/kg	体积/m³	件数/件	单件价值/元	发货方	收货方
白象方便面	5	0.040	150	48	北京 FY 食品经贸公司	长春 OY 车百超市
旺旺雪饼	3	0.040	90	76		
心相印卷纸	3	0.040	180	40	北京 TF 日用品贸易公司	长春 OY 商都超市
张裕干红葡萄酒	8	0.035	100	750	北京 HS 饮料供应商	长春 OY 卖场超市
罐装百事可乐	10	0.030	250	72		
泉阳泉矿泉水	5	0.035	200	48		

参考任务计划过程如下：

1．小组任务（表 4-11）。

表 4-11 小组任务表

货运角色	工作职责	负责人
托运人		
收货人		
定价员		
收款员		
调度员		
开票员		
受理员		
司磅员		
配货员		
理货员		
装车员		
货运司机		

2．工作计划安排表（表 4-12）。

表 4-12 工作计划安排表

作业内容	作业人员	完成时间	作业内容	作业人员	完成时间
托运受理					
调度					
起票					
发车					
运输到达					
车辆返回					

3. 货运方式分析。对运输货物特性进行分析，包括货物装车方式、行走路线。
4. 开展货运任务。
（1）托运受理：填写托运单（表 4-13）。

表 4-13 汽车零担运输货物托运单

起运站		到达站		托运日期		年 月 日
托运人		详细地址		电 话		
收货人		详细地址		电 话		
货物名称		包 装		件数/件	单位质量/kg	实际质量/kg
合 计						
计费质量/kg						

托运人注意事项：
① 托运单填写一式两份；
② 托运货物必须包装好，捆扎牢固；
③ 不得瞒报货物名称，否则运输过程中发生一切损失，均由托运人负责赔偿；
④ 托运货物不得夹带易燃危险物；
⑤ 以上各栏，由托运人详细填写。

发运日期		年 月 日	到达日期	年 月 日
理货验收员			托运人	

(2)验货司磅：填写货物运输计量验收单（表4-14），写出验货流程及标准。

表4-14 货物运单

承运日期： 年 月 日　　运到期限： 年 月 日　　合同编号：

装货地点							
卸货地点				领取货物期限			
车牌号		运输证号		车　型		挂车牌号	
货物名称及规格	包装形式	单位体积/m³	件数/件	单价/元	总价值/元	实际质量/kg	
合　　　计							
计费单位	质量/kg	计费单价		1元/千克	运费金额		元
货物名称及规格	单价/元	件　数	保价费率	保价费/元	保险费/元		
			3‰				
合　　计			3‰				
结算方式	现金	付款币种	人民币	计价单位	元	合　　计	2373元

运杂费合计：　　　　　　　　　　　　　　　　　　　　　　¥：　　元

违约责任约定：
① 托运人未按合同规定的时间和要求提供托运的货物，每逾期一天应向承运人支付违约金____元；
② 承运人不按合同规定的时间和要求配车、发运的，每逾期一天应向托运人支付违约金____元；
③ 未办理保价或保险运输的，货运事故赔偿方式及费用由双方协商；
④ 货物逾期到达，每逾期一天承运人应赔偿托运人____违约金；
⑤ 收货人未按合同规定的期限领取货物，每逾期一天，收货人（或托运人）应向承运人支付保管费____元。

托运人（签章）：	承运人（签章）：	收货人（签章）：
地址：	地址：	地址：
邮编：	邮编：	邮编：
电话：	电话：	电话：
传真：	传真：	传真：
签订时间：　年　月　日	签订时间：　年　月　日	签订时间：　年　月　日
签订地点：	签订地点：	签订地点：

(3) 验收入库：仓库保管员做好物品验收入库，写出入库的流程。
(4) 开票收费（表 4-15）。

表 4-15　公路汽车零担货物运输货票

起运站		到达站		运行距离		备　　注	
托运人		详细地址					
收货人		详细地址					
货物名称	包　装	件数/件	体积/m³	实际质量/kg	计费质量/kg	运价/（元/千克）	备注
合　　计							
托运人签章		填票员		复核人		经办人	

5．配载装车。
(1) 车辆信息（表 4-16）。

表 4-16　车辆信息表

车辆品牌		车辆类型			吨　位/t		
长		生产日期	年	月 日	车　况		
宽					保险金额		
高		购买日期	年	月 日	有	无	险金（元/年）
容　积		年检日期	年	月 日			

(2) 运输人员信息（表 4-17）。

表 4-17　运输人员信息表

司机姓名		性　别		民　族		年　龄	
家庭住址						联系电话	
驾驶经验		技术水平				维修水平	
工作态度		性格特点				文化水平	
身体状况				思想状况			

(3) 运输路线选择：写出运输线路及经过的路段名称及收费地点。
(4) 零担货物的配载：写出配载清单（表 4-18）。

表 4-18 货物装载清单

车属单位		车 号		吨位/t	
起运站		中转站		到达站	
托运人		承运人		收货人	
货物编号		包 装	件数/件	单位质量/kg	总质量/kg
001		纸 箱			
002		纸 箱			
003		塑料袋			
004		纸 箱			
005		塑料袋			
006		塑料袋			
合 计					
填单人		驾驶员		签发日期	年 月 日

（5）装车组织。

（6）司机发车开始运输任务。到站后货物卸车入库；注意货物到达验收的事项。

（7）到货通知（表 4-19）。

表 4-19 零担货物到货登记表

到站时间	年 月 日 点		本站站名	
始发站		驾驶员		是否中转	
货物编号		包 装	件数/件	总质量/kg	是否损坏
001		纸 箱			
002		纸 箱			
003		塑料袋			
004		纸 箱			
005		塑料袋			
006		塑料袋			
合 计					
填写人：	复核人：		年 月 日	

（8）收票交货。

（9）托运人结付费用（表 4-20）。

表 4-20 运费明细表

项目	货物名称	包装	件数/件	总价格/元	总质量/kg	计费质量/t	计费里程/km	运价/(元/千克)	总运费/元
运费									
合 计									
杂费	加油费/元	住宿费/元	过路费/元	过桥费/元	停车费/元	延滞费/元	保价费/元	保险费/元	总杂费/元
总 计	大写:	万	仟	佰	拾	元	￥:		元

开单人：　　　　　付款人：　　　　　收款人：

托运人已预付（　　）元，此次结算再付（　　）元。

6．此次任务完成情况总结。

【实训考核】

（1）任务计划过程（20 分）。

在此过程中要求任务分配清楚，职责明确，作业计划安排合理。

（2）货运方式分析（20 分）。

在此过程中应根据物品特性确定包装和装车的方式，并确定行走的路线。

（3）货物运输线路（40 分）。

在此过程中要求托运单、验收单、货票、车辆配载的人员、车辆、到货登记表、运费明细表等表格要填写清楚，组织过程有序，按计划执行。

（4）报告完成情况总结（10）。

（5）汇报演讲（10 分）。

第 5 章 公路运输车辆卫星定位系统操作实训

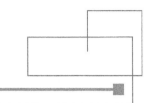

安全运输是运输企业管理中备受关注的问题，一套可对在运输过程中的运输车辆进行实时监控的安防定位系统是不可或缺的辅助手段。使用现代化的调度监控系统加强物流企业对行业的管理已经成为众多运输企业的共识，本章通过介绍诺思 GPS-GIS 车辆运输调度监控系统的使用能够使学生对先进的运输调度方式有初步的了解。由于本章实训内容操作性比较强，强调学生的动手能力，所以应该在物流实训室运输车辆调度室进行。

学习目标

（1）了解 GPS 的概念及特点。
（2）掌握车辆运行跟踪定位的方法。
（3）掌握地理信息的处理与编辑方法。
（4）掌握车辆调度的过程和方法。

5.1 诺思 GPS-GIS 系统

朱先生是一家运输公司的老板，但经常为企业用车的事情而烦恼：公司车辆的费用逐月增加，尽管占公司费用比例不高，但还是不可小觑。司机经常说是去为公司办事，但也有很多时候其实是做私活，特别是在休息日找个理由把车开回家，公司内部员工还经常为占用车辆而闹得不愉快，因为没法知道汽车是否真的开到该去的地方，所以用车制度修改了很多次，但问题和麻烦仍旧不断出现。在了解诺思定位系统功能后，朱先生给公司车辆安装上定位终端，现在所有汽车的行驶轨迹一目了然，特别方便查看汽车以前去过哪里，行车路线是否合理，有没有超出规定行驶范围，最终使得公司车辆费用大幅降低，用车效率大大增加，也使员工养成了按运输任务正常行车的习惯。

诺思 GPS-GIS 车辆运输调度监控系统是一套车辆监控和调度管理信息软件，由 3 部分构成：车载终端模块、移动通信系统与监控中心。下面介绍该系统主要几方面的功能。

1．定位追踪

选中车辆的实时位置信息和行驶数据，在信息监控中心可即时看到。在比较详细的全国地图上，对车辆位置更加一目了然，对于特殊的地理位置还可以进行标注。

2．历史轨迹回放

车辆行驶过的轨迹点可以随时在监控系统中回放，以重现车辆行驶的整个过程。

3. 超速报警

预先设定行驶速度的上限，当车辆在行驶过程中的实际行驶速度超出规定速度上限时，管理平台上将有超速报警提示。

4. 越界报警

该功能又称为电子围栏，在地图上划出一个区域或者行驶线路，当车辆驶出此区域或者线路的指定范围时，监控中心将显示越界报警信息，调度可及时做出相应的调度决策。

5. 远程控制

在执行任务的运输车辆遇到紧急情况时，由监控中心远程协助，或根据情况报警处理，对于运输车辆发送指令进行远程断油断电，使车辆无法启动，锁定车辆，保证车辆的安全。

6. 里程统计

该系统能自动记录车辆在某段时间内行驶过的准确里程数。

为了保证以上监控能够顺利完成，更好地实时监控车辆的运行情况，需要一台或者多台专用的计算机作为监控坐席，并且保证监控系统全天正常运行，这样车辆有问题时可以及时沟通，调度下达的调度指令能够及时传递出去。图 5.1 为诺思 GPS-GIS 监控调度模拟系统（下文简称系统）启动界面，启动后的系统主界面如图 5.2 所示。

系统主界面分为菜单区域（包括主菜单与标准按钮）、鹰眼、车辆信息列表、地图显示区域等。

（1）菜单区域。窗口内第一行，包括系统、视图显示、调度控制、系统维护、帮助。

（2）标准按钮。位于主菜单下方，将主菜单内的部分功能以快捷按钮的方式表现出来，包括的功能有显示设置、新建地图窗口、监控指令、地图查询、与通信服务器连接、平移、放大、缩小、地图信息、测距、测面积。

图 5.1　诺思 GPS-GIS 监控调度模拟系统启动界面

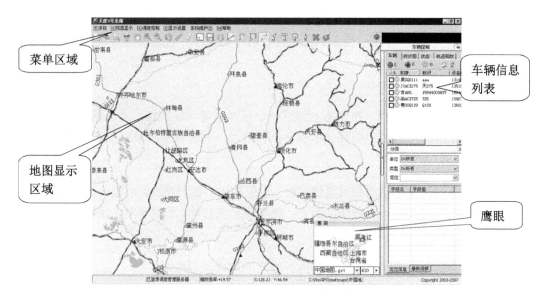

图 5.2 诺思 GPS-GIS 监控调度模拟系统主界面

（3）鹰眼。可放大指定位置的地图信息，可通过菜单设置开、关鹰眼。

（4）车辆信息列表。位于屏幕的右边。

（5）地图显示区域。位于屏幕的左边，屏幕中动态显示车辆的运行情况。

GPS（Global Positioning System，全球卫星定位系统）简单地说就是一个由覆盖全球的24颗卫星组成的卫星系统，这个系统可以保证在任意时刻，实现导航、定位、授时等功能。这项技术可以用来引导飞机、船舶、车辆等准确地沿着选定的路线，准时到达目的地。

1. GPS 的构成

GPS 具有全天候、全球覆盖、三维定速定时精度高、快速省时、高效率、应用广泛多功能等特点。它由三部分组成：空间部分——GPS 卫星星座；地面控制部分——地面监控系统；用户设备部分——GPS 信号接收机。

（1）空间部分。GPS 的空间部分由 24 颗工作卫星组成，它位于距地表 20 200km 的上空，均匀分布在 6 个轨道面上（每个轨道面 4 颗），轨道倾角为 55°。此外，还有 4 颗有源备份卫星在轨运行。卫星的分布使得在全球任何地方、任何时间都可观测到 4 颗以上的卫星，并能保持良好定位解算精度的几何图像，这就提供了在时间上连续的全球导航能力。

（2）地面控制部分。地面控制部分由一个主控站，5 个全球监测站和 3 个地面控制站组成。监测站均配装有精密的铯钟和能够连续测量到所有可见卫星的接收机。监测站将取得的卫星观测数据，包括电离层和气象数据，经过初步处理后，传送到主控站。主控站从各监测站收集跟踪数据，计算出卫星的轨道和时钟参数，然后将结果送到 3 个地面控制站。地面控制站在每颗卫星运行至上空时，把这些导航数据及主控站指令注入卫星。这种注入对每颗 GPS 卫星每天一次，并在卫星离开注入站作用范围之前进行最后的注入。如果某地面站发生故障，那么在卫星中预存的导航信息还可用一段时间，但导航精度会逐渐降低。

（3）用户设备部分。用户设备部分即 GPS 信号接收机，其主要功能是能够捕获到按一定卫星截止角所选择的待测卫星，并跟踪这些卫星的运行。当接收机捕获到跟踪的卫星信号后，即可测量出接收天线至卫星的伪距离和距离的变化率，解调出卫星轨道参数等数据。根据这些数据，接收机中的微处理计算机就可按定位解算方法进行定位计算，计算出用户所在地理位置的经纬度、高度、速度、时间等信息。

2. GPS 的应用

（1）陆地应用。主要包括车辆导航、应急反应、大气物理观测、地球物理资源勘探、工程测量、变形监测、地壳运动监测、市政规划控制等。

（2）海洋应用。包括远洋船最佳航程航线测定、船只实时调度与导航、海洋救援、海洋探宝、水文地质测量以及海洋平台定位、海平面升降监测等。

（3）航空航天应用。包括飞机导航、航空遥感姿态控制、低轨卫星定轨、导弹制导、航空救援和载人航天器防护探测等。

GPS 在汽车导航和交通管理中的应用非常广泛。三维导航是 GPS 的首要功能，飞机、轮船、地面车辆以及步行者都可以利用 GPS 导航器进行导航。汽车导航系统是在全球定位系统 GPS 基础上发展起来的一门新型技术。汽车导航系统由 GPS 导航、自律导航、微处理机、车速传感器、陀螺传感器、CD-ROM 驱动器、LCD 显示器组成。GPS 导航系统与电子地图、无线电通信网络、计算机车辆管理信息系统相结合，可以实现车辆跟踪和交通管理等许多功能。

（1）车辆跟踪。利用 GPS 和电子地图可以实时显示出车辆的实际位置，并可任意放大、缩小、还原、换图；可以随目标移动，使目标始终保持在屏幕上；还可实现多窗口、多车辆、多屏幕同时跟踪。利用该功能可对重要车辆和货物进行跟踪运输。

（2）提供出行路线规划和导航。提供出行路线规划是汽车导航系统的一项重要的辅助功能，它包括自动线路规划和人工线路设计。自动线路规划是由驾驶者确定起点和目的地，由计算机软件按要求自动设计最佳行驶路线，包括最快路线、最简单的路线、通过高速公路路段次数最少的路线的计算。人工线路设计是由驾驶员根据自己的目的地设计起点、终点和途经点等，自动建立路线库。线路规划完毕后，显示器能够在电子地图上显示设计路线，并同时显示汽车运行路径和运行方法。

（3）信息查询。为用户提供主要物标、如旅游景点、宾馆、医院等数据库，用户能够在电子地图上显示其位置。同时，监测中心可以利用监测控制台对区域内的任意目标所在位置进行查询，车辆信息将以数字形式在控制中心的电子地图上显示出来。

（4）话务指挥。指挥中心可以监测区域内车辆运行状况，对被监控车辆进行合理调度。指挥中心也可随时与被跟踪目标通话，实行管理。

（5）紧急援助。通过 GPS 定位和监控管理系统可以对遇有险情或发生事故的车辆进行紧急援助。监控台的电子地图显示求助信息和报警目标，规划最优援助方案，并以报警声光提醒值班人员进行应急处理。

（6）GPS 的其他应用。GPS 除了用于导航、定位、测量外，由于 GPS 系统的空间卫星上载有的精确时钟可以发布时间和频率信息，所以以空间卫星上的精确时钟为基础，在地面监测站的监控下，传送精确时间和频率是 GPS 的另一重要应用，应用该功能可进行精确时间或频率的控制，可为许多工程实验服务。此外，还可利用 GPS 获得气象数据，为某些实验和工程应用。

· 161 ·

5.2 系统基本操作实训

引进系统后，朱先生专门派人熟悉和掌握系统的使用方法，首先是熟悉系统的基本操作，包括地图的放大、缩小、漫游基本操作，鹰眼的使用方法，地名与地图信息的查询，距离的测定，车辆状态信息的查询等，并要求熟练掌握这些操作，以便能够方便灵活地使用系统来对车辆进行管理。

1. 地图操作

地图操作位于标准按钮区，主要包括地图的漫游、放大、缩小3个功能，分别用3个按钮 ⛶ ⊕ ⊖ 表示。

第一个为手型按钮：单击该按钮，可在地图上进行任意漫游。

第二个为地图放大按钮：单击该按钮，再单击地图，可对地图进行放大，多次单击地图，可对地图进行多次放大。

第三个为地图缩小按钮：单击该按钮，再单击地图，可对地图进行缩小，多次单击地图，可对地图进行多次缩小。

2. 使用鹰眼

系统设置了鹰眼功能，也就是主窗口右下角的预览框，操作员在预览框中用鼠标左键单击想要浏览的地区，系统主地图窗口将自动显示该地区。另外，操作员在主窗口中的任何放大、缩小以及漫游功能，预览框中也会用一个红色的方框表示当前地图主窗口的显示位置。

关闭/打开鹰眼：在主菜单中执行"视图显示"→"显示鹰眼"命令，单击勾选后则打开鹰眼显示，取消选择则关闭鹰眼显示，如图5.3所示。

3. 地名查询

单击标准按钮中的 按钮，进入地图查询界面，如图5.4所示。可在任意查找存在的地名，系统自动在地图搜索包含查询关键字的地名，显示查询结果；选择需要的结果，系统自动以红色标记定位于电子地图中相应的位置。

地名查询支持模糊查询，即输入地名的部分信息即可，但不支持拼音查询。比如要查找"公主岭"，只需要输入"公主"就可以，在下面的列表中会显示出相关的地名信息，用鼠标双击选定的地址就会在地图上显示出坐标指示的位置。

查看地名可以指定查找的范围，范围可以手工输入也可以在下拉列表中选择，一般有0.5/2/10/50/200km 几种不同的地图可视范围，其中，0.5km 是最精细的地图显示，200km 最粗略的显示。

4. 查看地图信息

单击标准按钮中的 按钮，选择地图中的任意位置都会弹出对话框显示要查看地理位置的信息，如图5.5所示。

图 5.3 使用鹰眼

图 5.4 查看地图信息

5. 测距

系统可任意测量地图中任意两点的距离,操作方法:单击标准按钮中的 按钮,再在地图中选择起始点、目的点,系统将自动算出两点之间的距离,也可以连续测量。比如测量"长春—九台—黄家店"的距离,要先选长春,再选九台,系统测出距离大致为 53km,然后再单击吉林,此时系统会测出距离约为 74km。结束测量按 Esc 键或者双击鼠标即可,如图 5.6 所示,图中虚线所示就是测量的线路。

图 5.5 地名查询

图 5.6 测量距离

6. 测量面积、周长

根据地图中随意绘出的多边形,系统可以自动计算出此多边形的面积、周长,并以此为基础可以统计公司业务的辐射面积。具体操作方法:单击标准按钮栏中的 按钮,再在地图中选择多边形的关键点,然后双击所选择的最后一个点,即可测出选择范围的面积与周长,如图 5.7 所示,所选择的多边形以虚现框显示。

7. 车辆信息状态

系统界面右部信息栏为车辆信息状态列表,列表中显示操作权限内的所有车辆,列表顶部是车辆的统计信息,列表下方是车辆查询条件输入框,所查询车辆在系统界面左部地

图显示区域显示的状态如图 5.8 所示。列表中车辆以 3 种状态显示,绿色、红色、灰色,各种颜色显示意义如下:

(1)绿色。正常——车辆处于受控状态,GPS 能正常定位。

(2)红色。故障——车辆处于受控状态,GPS 无法正确定位。

(3)灰色。离线——车辆处于不受控状态,无法得到 GPS 定位信息。

对应列表中的 3 种状态,列表下方的统计信息栏显示了 3 种状态的车辆数量。

图 5.7　测量面积和周长

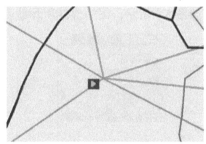

图 5.8　车辆显示状态

5.3　车辆跟踪实训

经过对系统基本操作的培训后,朱先生又要求进行车辆跟踪的培训,完成对单个车辆的跟踪,查看车辆经过的路程轨迹并做好记录,并在此基础上做好多辆车的跟踪处理,查看车辆的状态。

在通常情况下,地图上动态显示所有车辆的运行情况;在车辆较多、业务范围较广的情况下,有的车辆在屏幕内,有的车辆已经行驶到屏幕外;而在实际业务中,可能需要比较其中一个或几个车辆的运行情况,也就是说,需要对这一辆或几辆车进行同时跟踪,该系统具有这样的功能,使被跟踪的车辆始终在窗口内显示。

5.3.1　建立车辆信息库

想要跟踪车辆的运行,首先要建立相关车辆信息,该操作要打开"系统维护/数据库资料管理"进行,打开后的界面如图 5.9 所示。

1. 添加单位信息

添加单位信息是指增加车辆所在单位的信息,比如朱先生所在的 TD 国际物流有限公司,可以添加如图 5.10 所示的信息。

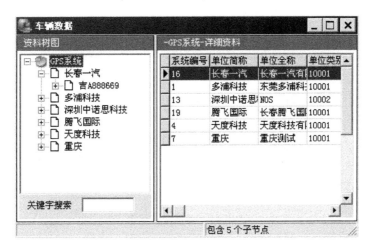

图 5.9 建立车辆数据信息

图 5.10 添加单位信息

2．添加车辆信息

添加完公司信息后，公司的车辆还要继续添加，包括车辆的车牌号码、车辆型号、VIN 号码、座位数、行驶的线路、百公里油耗等相关信息，如图 5.11 所示。

3．添加司机信息

司机信息是必须要填写的，这样可以对司机进行统一的管理，包括司机姓名、驾驶证号、联系电话等相关信息，以后出现问题能够及时和司机取得联系，如图 5.12 所示。

4．添加终端信息

终端是指随车携带的 GPS 终端定位系统，可以指定相应控制的计算机的 IP 地址、终端的型号以及通信号码，这样能及时了解携带车辆的具体情况，如图 5.13 所示。

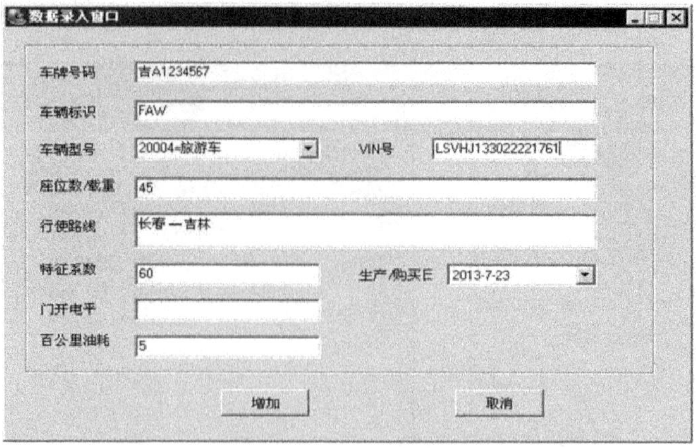

图 5.11 添加车辆信息

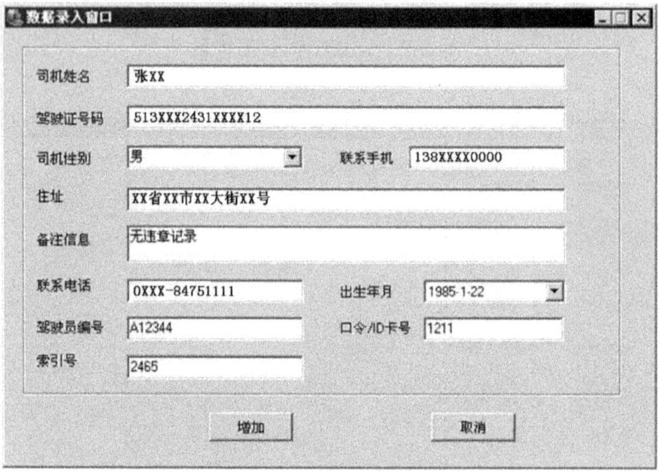

图 5.12 添加司机信息

图 5.13 添加终端信息

5．删除节点信息

如果在前面建立的数据有误，那么可以使用此项功能进行删除，删除后可以重新添加相关信息。

5.3.2 跟踪一辆车

在系统界面右侧车辆控制栏中，选择指定的车辆，右击后出现菜单，此时可以选择定位，可对选择车辆进行行驶位置的查询，如图 5.14 所示。

图 5.14 单车定位

5.3.3 同时跟踪多辆车

还是在系统界面右侧车辆控制栏中，每辆车前面都有复选标记，在想要跟踪的车辆前面进行勾选后，右击后出现菜单，选择其中的选项定位即可，如图 5.15 所示。在车辆列表栏选择跟踪车辆，一般可以确定 3 辆车的查询。

图 5.15 多车定位

5.3.4 车辆调度控制

车辆调度的一般控制方法：打开车辆控制可以通过菜单"调度控制"进行；一般有 3 项操作：调度消息、常用指令、高级指令。

1．调度消息

选择"调度消息"选项后，会弹出如图 5.16 所示的窗口。在"可选车辆"栏中可以显示指定单位的车辆，也可以显示所有的车辆。双击可选车辆后，该车辆可以移到"已选车辆"栏中，在"指令参数"栏里可以显示最近发送的信息，在"中文短信"栏中可以写入要发送的信息。确认无误后单击【发送】按钮就可以将信息发送到指定车辆 GPS 的通信终端，比如车辆偏离行驶路线这时可以发送"请按正常行驶线路行驶，不要偏离行驶线路"的指令，提醒司机注意。

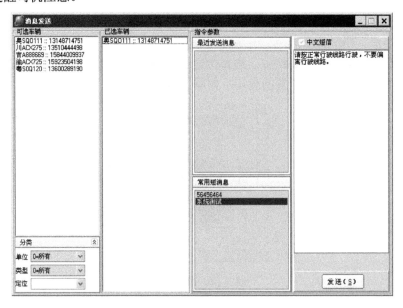

图 5.16 调度消息窗口

2．常用指令

选择"常用指令"后，会弹出如图 5.17 所示的窗口。这里和"调度消息"不同的是，它不仅可以发送短消息，而且还多了指令参数，比如系统复位、报警确认、车辆行驶里程、监听车辆状况等，这样可以直接了解车辆的运行状况。

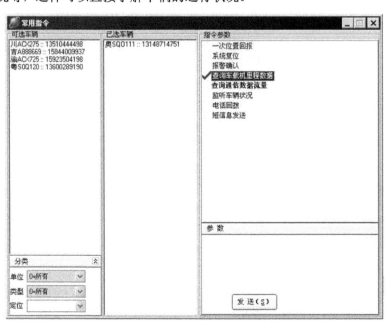

图 5.17 常用指令窗口

3. 高级指令

选择"高级指令"后，会弹出如图 5.18 所示的窗口。这里选定车辆后，可参看右边的"指令参数"栏，其中指令比较丰富，也比较带有强制性，比如：开、锁油/电可以强制控制打开和关闭车辆的油路和电路；禁止或者允许电话的接听、拨打方式；里程数清零，可以重新计算行驶里程；限定最高行驶速度；等等。

图 5.18　高级指令窗口

综上所述，在高级指令中，调度对车辆控制的力度是很强的，可以直接对车辆实施强制性的控制，但是这种方式还是要慎用，使用不当会影响驾驶员的积极性发挥。

5.4　地图处理与编辑实训

在地图处理与编辑实训中要求做好地图的处理，包括车辆行驶的路线、区域、图片的输出等操作。另外，要求做好地图关键点的编辑处理操作，在实际中经常需要添加或编辑一些地址信息，要求学会这些操作，确保正确的信息显示。

5.4.1　地图处理

1. 当前地图处理

在地图操作中，为了查看详细或粗略的车辆定位情况，可以在地图内漫游，对地图进行放大、缩小等操作。如果要返回初始地图界面，一种方式是按原操作做相反操作，但这样操作比较麻烦。为了解决此问题，系统设定了一种快捷方式，将使用最多的视窗保存为默认地图视窗，当经过了漫游、放大、缩小等地图操作后，需要返回初始地图视窗时，点击恢复地图视窗即可迅速返回初始地图视窗。同时，系统提供了将当前地图视窗作为图片输出的功能。

2. 保存当前视窗

单击地图顶端的 按钮，可将当前视窗保存，此时会出现如图 5.19 所示的对话框，再恢复地图的时候可以保存的地图视窗为准。

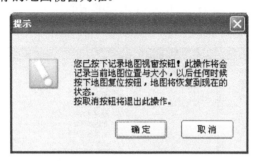

图 5.19　保存当前视窗对话框

3. 恢复视窗

单击地图顶端的 按钮，可将视窗恢复为保存的地图视窗，恢复的时候没有提示，会恢复到最近保存的地图视窗。

4. 地图输出

单击地图顶端的 按钮，可将当前视窗保存为图片输出，此时会提示选择适当的文件夹以及文件名称来保存现有的地图。

5. 显示行驶线路

单击地图顶端的 按钮，可显示增加的行驶线路。

6. 显示行驶区域

单击地图顶端的 按钮，可显示增加的行驶区域。

5.4.2　地图编辑

1. 关键点编辑

为了不断完善新增的固有的地理信息，记录一些临时的地理信息的特殊情况，调度会根据业务需要进行个性化的地理信息标注，系统引入了关键点的方式，即可在地图上任意添加一些标注点来处理上面的情况。选择主菜单下"视图显示/地图编辑栏"菜单，打开地图编辑栏按钮 。

选择地图编辑栏中的 按钮，可在地图上任意增加关键点。举例说明，在地图中增加一个名为测试点的关键点，如增加"长春汽车工业高等专科学校"（简称"长汽高专"）为关键点，操作步骤如下：

（1）将地图视窗找到长春的地理位置后，放大单击找到车辆所在的位置。

（2）单击增加关键点按钮。

（3）在车辆所在位置单击，此时鼠标为十字光标，单击后弹出如图 5.20 所示对话框。在对话框中输入相关信息，这里要注意，经度和纬度是系统自动提供的。单击【确定】按钮后弹出如图 5.21 所示的"对话框"，这里可设置关键点的外观。

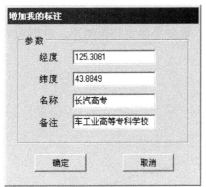

图 5.20 "增加我的标注"对话框

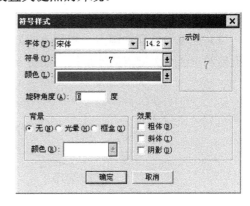

图 5.21 设置关键点对话框

（4）单击【确定】按钮后出现如图 5.22 所示的图片，红色位置即为关键点，显示名称为"长汽高专"。

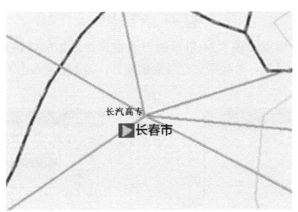

图 5.22 显示关键点

（5）如果要擦除关键点，首先单击地图视窗中的显示关键点按钮 ，在地图中选择需要擦除的关键点，然后单击地图编辑按钮 即可将关键点删除。

注意： 接下来增加九台和吉林两个关键点，为后边设置线路做准备。

2．行驶线路编辑

设置行驶路线是为了满足单位对特殊车辆指定行驶路线的要求。如果某辆车的行驶路线是简单的重复某些特定线路，就可以在地图上增加这个特定的行驶路线；如果车辆偏离指定的行车路线，指挥中心就会产生报警信息，并以声音的方式通知操作员，GPS 调度员就可以及时了解该车已经偏离既定的行车路线。

例如，对于经常走"长春—九台—吉林市"线路的车辆，设置名为"长—吉"的运输线路，操作步骤如下：

（1）在地图视窗中找到要设置的路线的地理位置，放大到适当的显示程度。将长春、九台、吉林3个关键点显示在地图视窗内。

（2）单击地图编辑栏中的增加线路按钮 ，鼠标变为十字光标模式，此时进入线路编辑状态。

（3）先单击长春关键点，然后单击九台关键点，最后单单吉林关键点，此时可以看到图上显示出3个关键点的连接线，如图5.23所示。

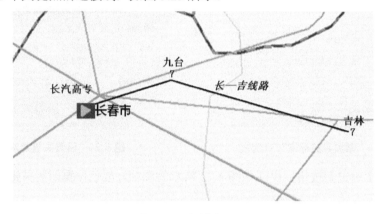

图5.23　关键点显示

（4）双击线路后出现如图5.24所示的对话框，对增加的线路进行命名；确定后出现如图5.25所示的对话框，对线路进行外观的修饰；确定后这条名为"长—吉线路"的路线就建立起来了。

图5.24　线路命名　　　　　　　　图5.25　线路外观设置

（5）擦除行驶路线，首先单击地图视窗中的显示关键点按钮 ，在地图中选择需要擦除的行驶线路关键点，然后单击地图编辑按钮 即可将该线路删除。

3. 行驶区域编辑

设置行驶区域是为了满足单位对特殊车辆指定行驶区域的要求。如果某辆车的行驶区域是在某个特定的区域内，就可以在地图上增加这个特定的行驶区域；如果车辆驶出指定的行车区域，指挥中心就会产生报警信息，并以声音的方式通知操作员，GPS调度员就可以及时了解该车已经驶出既定的行车区域。

例如,围绕长汽高专建立西新运输区域,操作步骤如下:

(1)打开地图视窗,放大并找到"长汽高专"的关键点,视窗放大到适当适合操作的程度。

(2)单击地图编辑栏的增加行驶区域按钮,然后在地图视窗中围绕设定的区域用鼠标左键进行连续选择,如图 5.26 所示,图中的虚线代表选择的路线。

(3)当回到起点的时候双击鼠标左键,弹出如图 5.27 所示的对话框,对区域显示的外观进行设置;确定后出现如图 5.28 所示的对话框,对该区域进行命名;确定后该区域就显示在地图视窗中,如图 5.29 所示。图中白色显示的部分就是新设定的行驶区域,可以把图 5.29 和图 5.26 做一下对比。

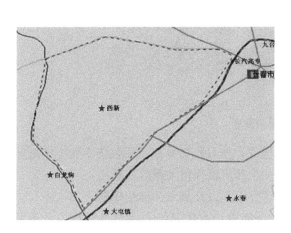

图 5.26 设定行驶区域图

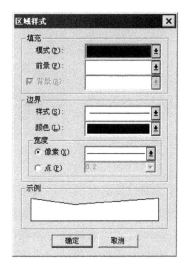

图 5.27 区域外观设置

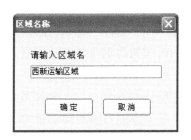

图 5.28 设置区域名称

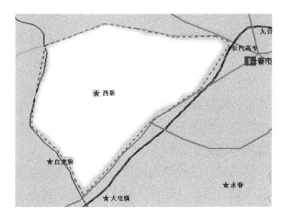

图 5.29 已设定区域图

(4)擦除行驶区域,首先单击地图视窗中的显示关键点按钮,在地图中选择需要擦除的行驶区域关键点,然后单击地图编辑按钮即可将该区域删除。

4. 显示设置

显示设置用于设置车辆在地图上的显示方式，如图5.30所示。

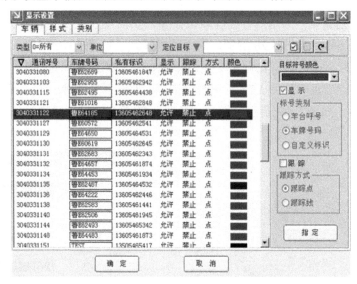

图5.30 显示设置

选择了要设置的车辆后，其信息栏将变为蓝底，在目标符号显示颜色的下拉框中选择要显示颜色，通过单击【指定】确定是否在地图上显示或保留（跟踪）轨迹。

（1）显示方式的选择决定车辆在地图上是否显示，以及显示的标注信息。

（2）跟踪方式的选择决定车辆跟踪轨迹在地图窗口上的显示方式是离散点还是线的形式。

5. 指定行驶线路

在系统界面显示设置里选择设定行驶路线，弹出如图5.31所示对话框，里面有前面设定的"长—吉线路"，下面进行设定车辆。

1）设定指定线路的车辆

先选择路线栏中的线路，然后双击左边的可选车辆栏中的车辆，将其移至路线设置里，这样就把线路上运营的车辆添加进来。以后车辆运输的时候按照这个线路来行驶，便使路线和车辆建立了联系。

指定行驶线路后后要勾选下面"启用限定行驶线路"，这样车辆在运行的路线中才能被监测到。另外，还可以限定车里偏移线路的范围，超出最大范围系统将自动报警。

2）撤销指定线路的车辆

先在路线栏中右击运输路线，这时该路线中的车辆显示在路线设置栏中，此时再右击选定的车辆，在快捷菜单中出现"删除"选项，选定后该车辆从路线设置栏中移到可选车辆栏中，便撤销了车辆和路线之间的关系。

图 5.31　指定行驶线路

6．指定行驶区域

指定行驶区域的操作和指定行驶路线的操作基本相同。在显示设置菜单中选择指定行驶区域后，弹出如图 5.32 所示对话框，此时可以进行车辆行驶区域的设置。

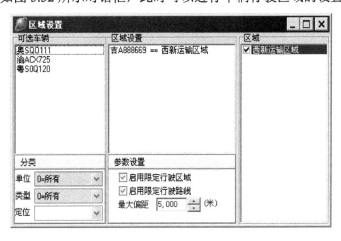

图 5.32　指定行驶区域

1）设定指定区域的车辆

先选择路线栏中的线路，然后双击左边的可选车辆栏中的车辆，将其移至路线设置里，这样就把线路上运营的车辆添加进来。以后车辆运输的时候按照这个线路来行驶，便使路线和车辆建立联系。

指定区域后要勾选下面"启用限定行驶区域"，这样车辆在运行的时候才能监测到。另外，还可以勾选限定车里偏移区域的范围，超出最大范围系统将自动报警。

2）撤销指定线路的车辆

先在路线栏中右击运输路线，这时该路线中的车辆显示在路线设置栏中，此时再右击选定的车辆，在快捷菜单中出现"删除"选项，选定后该车辆从路线设置栏中移到可选车辆栏中，便撤销了车辆和路线之间的关系。

5.5 信息统计与查询实训

通过以上的培训，大家对系统有了进一步的了解，下面就可以通过系统来查询更多的数据了。实训中可以进行历史车辆运输记录的查询，首先查看所有车辆在某个时间段的运行情况；再查看单辆车在某个时间段的运行轨迹；然后查看车辆的行程以及其他基本运输情况，如图5.33所示，图中包含车辆控制窗口、地图视窗、底部信息显示窗口。

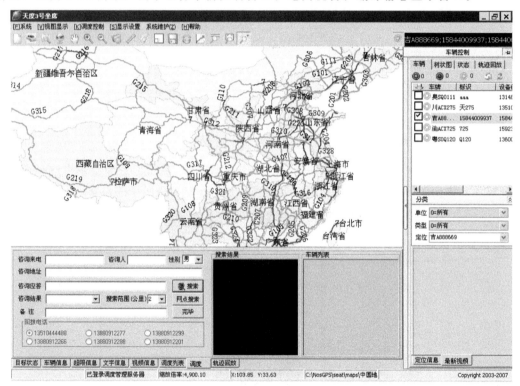

图5.33 车辆查询数据界面

5.5.1 查看车辆的历史轨迹

在图5.33右侧"车辆控制"选定"川ACX275"车辆后，可显示该车辆在时间段2014-5-14 00:00:00—2014-5-14 23:59:59内的运行轨迹，如图5.34所示，单击【轨迹查询】按钮可以查看该车的运行过程，还可以调节播放的速度，也可以看到该车的行车里程和油耗数量。

图 5.34 查看车辆历史轨迹

5.5.2 查看车辆的基本信息

在图 5.33 右侧"车辆控制"栏中,选定"粤 50Q120"车辆后,会出现如图 5.35 所示的基本信息窗口,该窗口将显示在图 5.33 所示界面的下部。

图 5.35 查看车辆基本信息

5.5.3 查看调度信息

在图 5.35 右侧"车辆控制"栏中,单击下部的【调度】按钮,可以查看车辆的调度信息,如图 5.36 所示。

图 5.36 查看车辆调度信息

5.5.4 其他数据查询

另外还可以在窗口中查询目标状态，表明当前车辆的运行情况；查看超限信息，即当前车辆的货运超重、超高、超宽等基本信息；查看视频信息，即当前车辆的运行过程中的视频监控。通过这些数据可以进一步了解当前车辆各方面的信息，以便调度人员能及时了解车辆的状况，及时发出相应的控制指令。

 知识拓展

国产北斗卫星导航系统

2011年12月27日起，我国自主研发的北斗卫星导航系统开始在我国及周边部分地区试运行。这颗"北斗星"不仅能够帮助我们确定方向，而且还能准确告诉我们自己处在地球的哪个位置，帮助我们快捷地到达目的地，告诉我们精准的时间，甚至还能在没有信号的荒僻之地借助卫星发送短信。这些还只是这颗"北斗星"的基本功能，随着下游的应用产品不断研发，这颗"北斗星"的功能将会越来越多。

1. 出身世家：定位精度可媲美GPS

或许你已经习惯于通过街旁网、人人网、大众点评网等社交生活网站进行签到，搜寻附近的餐厅、银行、酒店，评价品尝到的美食……这些已经渗透到我们日常生活的 LBS（Location Based Service）服务离不开卫星导航系统的定位、通信功能。

2011年年底，北斗导航系统开始试运行，我国民用市场拥有了自己的导航系统，这也意味着我国正式成为继美国和俄罗斯之后第3个具有成熟的卫星导航系统的国家。这颗"北斗星"其实是由10颗北斗导航卫星组成，在2007—2011年年底陆续发射完毕。目前，北斗系统试运行服务大体范围在东至日本、西至印度东部、南到澳大利亚、北至蒙古国的区域内。按计划，到2020年，将建成由5颗静止轨道和30颗非静止轨道卫星组网而成的全球卫星导航系统，届时北斗定位导航将覆盖全球。

"北斗志在将中国用户从GPS手中抢回来"，到了2020年肯定每个人的生活离不开北斗。中国这么庞大的经济圈，拥有了自己的全球定位系统后，就有可能将这一市场夺回来。"但这有一个前提，就是我们要提供同样水平的服务。"其实这一点在技术上并不困难。作为我国自主研发的卫星导航系统，北斗的全球导航精度比起导航界的巨头GPS已经不相上下。而在增强区域也就是亚太地区，北斗的精度甚至会超过GPS。

在试运行阶段，北斗导航的位置精度为平面25m，高程30m，测速精度为每秒0.4m，授时精度为50ns。到2012年年底，导航精度达到10m左右，到完全建成时，定位精度能达到厘米级。尽管建设北斗导航系统要发射多颗卫星，需要投入大量的财力、人力、物力，在北斗试运行的新闻发布会上，中国仍宣布，北斗将面向全球提供免费服务，而且用户数量上和GPS一样没有限制。

2. 独门绝技：信号盲区能发送短信

尽管在导航市场地位上一时还无法超越GPS，但北斗也有自己取胜的独门绝技——"短报文"功能正是一大亮点。"短报文"与目前的手机短信功能相类似，用户可以通过终端发送一条长度为120个字的信息，向外界告知位置。这在手机信号稳定的城市乡镇可能意义不大，但对经常出没于沙漠深山荒僻之地的"驴友"们来说，可谓大福音。2011年9月30日，一个14人户外登山团队违规进入四川四姑娘山景区海子沟，连续12天都无法和外界取得联系，当地组织数批搜救队进山搜寻，但始终无功而返。直到"失踪"14天之后，这批驴友才走出信号盲区。有了北斗的用户终端后，这样的麻烦就能轻易化解了。据了解，目前，有10万台利用"北斗一号"研发的类似"大哥大"的用户端投入市场。这种用户端虽然看起来很像砖头，但功能不容小觑。"驴友"们在没有信号的偏远山区迷路、大海航行迷失，都可以利用这个"大哥大"将自己的位置发送给北斗卫星，这样，搜救队就可轻而易举地将用户定位。当然，北斗并不只为"驴友"们量身定做。若在大海中航行捕鱼的渔民迷失了方向，在没有手机信号的情况下，也可以通过北斗系统发送消息，总部就能很容易找到失踪船只。

若消防队员深入森林救火，进入信息盲区，没有手机信号，与外界失去了联系，怎么办？通过终端给"北斗"发送信息，搜救部队就能轻易得知被困者所在位置。在汶川地震搜救时，北斗就曾经大展身手。在川西北通信信号遮蔽干扰严重的复杂环境中，美国的GPS只能显示终端位置信息而无通信功能，而卫星移动电话虽可实现语音通信，但不具备定位导航功能。北斗卫星导航系统同时具备空间定位、时间基准授时和短报文通信功能，解决了抢险救灾应急指挥中的定位与通信难题。

3．功底深厚："十八般武艺"样样精通

除了独特的短信功能能够在救援方面大显身手外，北斗还有诸多功能，给科学研究、社会管理和日常生活提供了便利。北京北斗星通导航技术股份有限公司是国内最早从事卫星导航定位业务的专业化公司之一，占据了北斗民用60%以上的市场份额。该公司相关负责人透露，北斗目前最大的民用领域是海洋渔业，应用终端在海洋渔业领域已形成规模，入网用户已过万户。北斗能够有效帮助对渔船实施动态监控、应急救援和防台救灾。北斗在海洋渔业的应用还包括为渔船发布天气预报和预警，提供渔业信息等。北斗系统用户端之一是高精度测量接收机，这个接收机非常敏感，它能感受到厘米级以下的变形，一辆重型卡车从大桥上驶过，桥梁变形多少？这微小的变形，通过肉眼肯定无法判断。而高精度测量接收机则可以精确地告诉你。

通过在车辆上安装卫星导航接收机和数据发射机，车辆的位置信息就能在几秒钟内自动转发到中心站。这些位置信息可用于道路交通管理，有利于减缓交通阻塞，提升道路交通管理水平。

在交通运输部正开展的重点运输车辆监控管理、服务示范工程中，北斗系统可以重点解决"两客一危"，即客运班车、旅游包车和长途危险品运输车在运输过程中的监管和服务问题，大大提高出行安全水平。

气象领域是最早应用我国北斗系统的重要领域之一。中国气象局也正在组织开展基于北斗系统的大气、海洋和空间监测运行应用，还参与了奥运气象保障，取得了很好的效果。

北斗还能管"公车私用"。2011年9月，广州市1万辆公车安装上了"北斗车载电子监控系统"。广州市公车使用管理信息系统采用我国自行研发的北斗卫星定位系统，这是我国北斗卫星民用化的第一个大型项目。

凡是装了"北斗"系统的公车，在节假日的时候都是放在单位里面的。比如在周六、周日，有人要开公务车，车内系统会提醒"今天是休息日，如果要使用的话要办理手续"。而且车启动之后，监督系统就会自动生成信息发给监督系统的管理员。

向地球报告最精确的时间，是卫星导航系统所能提供的主要功能之一。一旦GPS授时出现问题，我国的手机网络、广播电视网、电网都将受到极大的影响。这打破了GPS垄断，通过自主设备授时具有国家安全层面的重大意义。

4. 开放接口：北斗终端将与 GPS 兼容

在宣布北斗系统开始试运行时，我国也同时发布了北斗卫星导航系统的空间信号接口控制文件（ICD 文件）。这个文件主要是用来约束、规范和定义北斗卫星与地面接收终端之间的信号接口或特征，其中还包含北斗导航卫星发射信号的方式、频率等相关参数，有了这些数据，开发北斗终端时才有据可依。这就相当于政府提供了一个操作系统，而下游的企业就可以根据这个操作系统，来开发出各种各样不同功能的应用软件，投放到市场上使用。随着试运行和 ICD 文件的开放，原有 GPS 产业链上各环节企业的介入，一场激烈的竞争将在下游研发和应用领域展开，未来大规模的应用也即将到来。

北斗星通公司市场营销部的相关负责人透露，目前主要客户来自海洋渔业、水文水利、陆海运输、安全生产、地质灾害监测等行业，公司提供产品，给用户建立系统应用的平台，实现长期的运营服务。

对于已经使用 GPS 终端作为导航系统的用户，如果改用北斗系统，是不是还要另外购买北斗导航终端呢？不用担心，北斗导航系统的兼容开发模式，已经替用户免去了这部分支出。在提供试运行服务时，国内相关企业已经开始着手从事北斗应用终端的研发以及北斗和 GPS 兼容终端的研发，也就意味着使用 GPS 终端的用户可以单独使用北斗，也可以使用北斗和 GPS 兼容使用的终端。北斗导航不会取代 GPS，而是与之互补。兼容北斗和 GPS 的终端，类似于"一机双卡"的手机，可在一台导航仪上自动切换，从而提高定位精度。

正在初步构建的物联网，也离不开北斗的帮忙，北斗具备的定位和通信功能是物联网的关键环节。

虽然北斗有迎头赶上的趋势，但北斗卫星导航系统与美国 GPS 卫星导航系统相比，在未来的设计应用上还存在很多难点。GPS 在问世的近 30 年里积累了大量的空间实验数据，而其中最重要的太阳光压变化对于卫星所产生影响的数据，已经建立起数据模型。中国的北斗系统还处于起步阶段，还需要在摸索中前进。

第 6 章 公路运输优化与管理实训

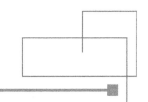

随着我国运输管理行业的迅速发展,越来越多的企业投身其中,然而,运输管理毕竟是一个复杂的系统工程,仅靠书本理论知识并不足以掌握适应企业运输管理实践需要的技能。本章所介绍的"运输优化与管理系统"有一套能使运输理论教学与企业运输实践有机结合的方案,并将此方案进一步实现为能促进运输教学实践的系统。本章内容都是在运输任务的调度执行过程中展开的,建议实训操作安排在物流实训室中完成。

学习目标

(1)了解公路运输信息化管理的方法及操作过程。
(2)掌握公路散货运输的托运及配送计划调度过程。
(3)掌握公路整车运输的托运及配送计划调度过程。
(4)掌握菜单操作及 3D 仿真界面下运输计划调度过程。

6.1 运输优化与管理系统

运输优化与管理系统模拟以公路运输为核心,其主要角色有发货人、承运人、收货人以及物流运输公司之间的物流、信息流的业务流程,发货人填单、承运人受理、办理托运、进行调度协调,运输公司在途 GPS 监控、收货人签收、结算、付款、统计分析、经营决策等运输过程,最终使运输环节的成本最小化、利益最大化、响应时间最短化、资金周转快速化。

6.1.1 系统介绍

运输优化与管理系统在很大程度上解决了学生实训难的问题:学生可以通过扮演运输中的不同角色或是综合扮演一个运输过程中的各个角色掌握运输管理的具体流程;迅速掌握运输管理的流程和细节;熟悉运输的运作模式;切身体会到运输各个环节中不同当事人面临的具体工作以及他们之间的互动和制约关系;深刻体会运输管理控制成本以达到利润最大化的思想。

本系统以实训的方式体现运输管理的实践过程。通过实训,学生可以熟悉运输的具体操作流程,增强感性认识,并可从中进一步了解、巩固与深化所学的运输管理理论知识,提高发现问题、分析问题和解决问题的能力。图 6.1 是本系统的操作与货运流程,描述了从托运人发货开始到收货人签单收货的整个过程,标明了系统数据的走向。以后在操作过程中对流程节点有疑问时,可以参照此图的流程,开始运输管理实训之前,需要从宏观上把握运输管理的整体流程。

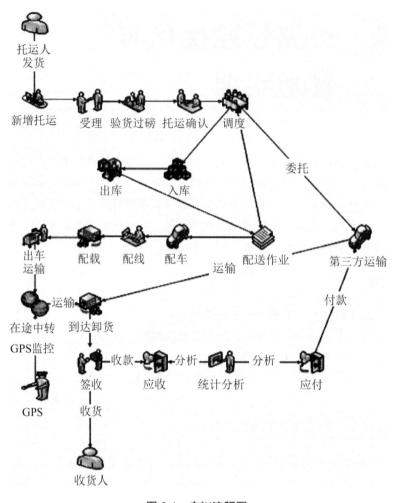

图 6.1 实训流程图

整个系统的实训可以分为独立单一任务实训和综合实训两部分。首先可以让学生从模块任务开始,逐一进行,最后让学生整体完整综合的实训任务。独立的模块共有以下 7 部分:

(1)基础数据实训。
(2)线路优化实训。
(3)散货托运实训。
(4)散货配送实训。
(5)整车托运实训。
(6)整车配送实训。
(7)中转调度实训。

对于综合实训任务需要把握两个方面,一方面是散货托运及配送,另一方面是整车托运及配送。对于综合任务的实训可以反复进行,可以分为自主运输和委托第三方运输,运输的过程中是否需要中转,需要反复讨论直至实训任务完成。

第 6 章　公路运输优化与管理实训

6.1.2　系统登录

运输优化与管理系统在服务器端启动后，可以在实训平台中的任何一台计算机上进入系统，登录的方法如下：首先确认局域网已经连接，在已经打开的计算机中打开浏览器，在地址栏中输入服务器 IP 地址"902"，如服务器 IP 地址为"172.17.23.4"，则在浏览器地址栏中输入"http://172.17.23.4:902"，确认后即可进入如图 6.2 所示的登录界面，教师和学生均可以通过此界面登录。

教师登录后可以进入如图 6.3 所示的操作管理平台，可以对实训数据进行管理；学生登录后可以进入如图 6.4 所示的实训操作平台，选择后进入如图 6.5 所示的界面，所有实训在这里完成。

图 6.2　登录界面

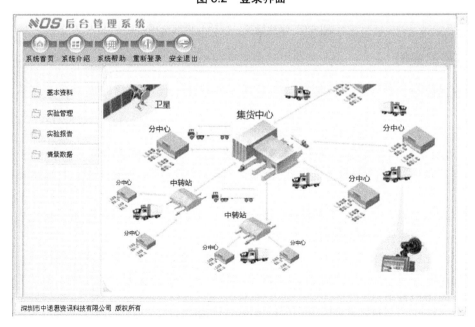

图 6.3　教师端平台

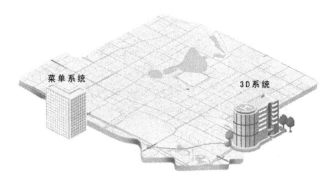

图6.4 学生端平台

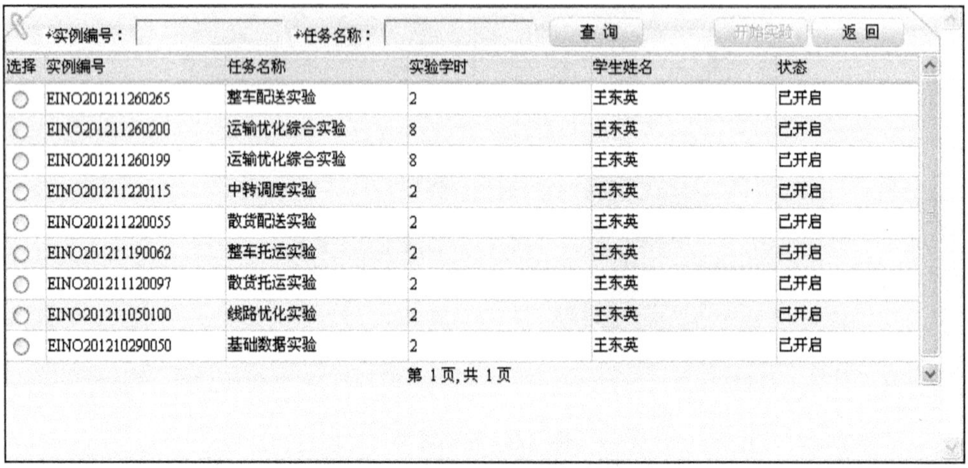

选择	实例编号	任务名称	实验学时	学生姓名	状态
○	EINO201211260265	整车配送实验	2	王东英	已开启
○	EINO201211260200	运输优化综合实验	8	王东英	已开启
○	EINO201211260199	运输优化综合实验	8	王东英	已开启
○	EINO201211220115	中转调度实验	2	王东英	已开启
○	EINO201211220055	散货配送实验	2	王东英	已开启
○	EINO201211190062	整车托运实验	2	王东英	已开启
○	EINO201211120097	散货托运实验	2	王东英	已开启
○	EINO201211050100	线路优化实验	2	王东英	已开启
○	EINO201210290050	基础数据实验	2	王东英	已开启

图6.5 学生登录——作业界面选择

6.1.3 实训安排

运输优化与管理系统严格按照运输管理设计思想，模拟运输管理中各个环节的相互关系。

本系统实训方式可分为两种：单元实训和综合实训。

（1）单元实训是指把运输当做一个实训的整体，一个学生轮流扮演运输上的各个角色，站在不同的角度思考问题和管理运输的运作。这样，学生可以从整体上把握运输管理的精髓。

（2）综合实训则是细化了的综合模拟实训，学生通过多次重复地做某个单元实训，熟练掌握运输上的某些环节的操作。

本章将分别介绍单元实训和综合实训。教学中，建议先采用单元实训的模式，待学生熟练掌握运输各环节间的具体运作后，再安排学生进行综合实训，让学生从整体上把握运输各环节间的相互关系。

实训开设课时安排可参考实训大纲，见表6-1。

第6章 公路运输优化与管理实训

表6-1 实训大纲

序号	实训名称	实训类型	实训简介	实训流程	实训学时
1	基础数据单元实训	单元实训	对实训用到的情景数据进行维护		2
2	线路优化单元实训	单元实训	模拟运输公司对运输线路优化的业务过程		2
3	散货托运单元实训	单元实训	模拟发货人办理托运、承运人受理托运和验货过磅、承运人与发货人进行托运确认、运输公司调度的业务过程	办理托运→托运受理→验货过磅→托运确认→托运调度	2
4	整车托运单元实训	单元实训	模拟发货人办理托运、承运人受理托运和验货过磅、承运人与发货人进行托运确认、运输公司调度的业务过程	办理托运→托运受理→验货过磅→托运确认→托运调度	2
5	散货配送单元实训	单元实训	模拟运输公司对接到的托运货物进行配送、配车、配线、配载的业务过程	配送作业→配车配线→配载	2
6	整车配送单元实训	单元实训	模拟运输公司对接到的托运货物进行配送、配车、配线、配载的业务过程	配送作业→配车配线→配载	2
7	中转调度单元实训	单元实训	模拟运输公司对到站点的货物进行配车或导货处理、并决策是否进行中转的业务过程	在途中转→配车→导货	1
8	综合实训	综合实训	模拟运输的整个业务过程,可以进行菜单操作以及情景环境模拟操作	详见上面的系统流程图	8

后面将按照单元实训的模式介绍运输各角色在各环节中的具体操作,实训开设的前提是教师已经在教师平台开启实训实例。

6.2 单元实训

本系统按照运输系统模块间的关系,设计了7种单元实训:基础数据单元实训、线路优化单元实训、散货托运单元实训、整车托运单元实训、散货配送单元实训、整车配送单元实训、中转调度单元实训。系统已经在每个实训的第一个环节准备好了可供学生操作的情景数据,学生可使用准备好的数据直接开始每个单元实训,当系统准备的情景数据使用完后,可以请教师在教师管理平台重新为学生实例化一个或几个单元实训。

系统在教师平台的实例化数据后,学生进入单元实训平台时,就能看到与自己学号对应的单元实训,单元实训中的数据与其他实训无任何联系,因此在实训过程中,无须考虑当前实训对其他实训的影响。

6.2.1 基础数据单元实训

1. 实训界面

学生进入登录界面后输入用户名和密码,即可进入到实训平台,教师已经为每个学生实例化了至少一个基础数据单元实训,选择单元实训类型为基础数据的实训,进入图 6.6 所示的基础数据单元实训系统。

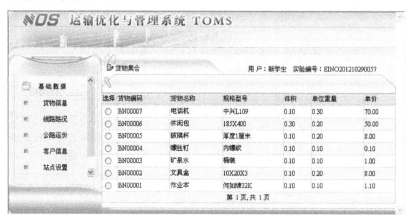

图 6.6 基础数据单元实训系统

初次进入实训平台后,首先应该修改"我的信息",如图 6.7 所示,在这里将"用户名称"修改为自己的真实姓名,也可以修改登录的密码。

图 6.7 修改用户信息

2. 实训任务及要求

任务编号	EAID201111170003
任务名称	基础数据实训
实训类型	基础数据单元实训
实训日期	2013-4-18
实训时长	2 课时
实训情景	基础数据是物流运输任务分配执行的基础,对于数据的汇总和统计比较十分重要
实训任务目标	了解并掌握基础数据的设置和维护,完成基础数据的填写,核对基础数据的准确性
实训任务要求	认真填写实训基础数据,不能有空白数据,认真核对相关数据,做到认真准确
实训任务内容	货物信息、线路路况、公路运价、客户信息、站点设置、车辆管理

第6章 公路运输优化与管理实训

3．实训数据

1）货物信息

货物名称	养血清脑颗粒	规格型号	国药准字 Z10960082
质　量	5kg	质量单位	kg
面　积	0.25m²	面积单位	m²
体　积	0.3m³	体积单位	m³
单　价	500 元	数量单位	箱

2）线路路况

起关键点	深圳	止关键点	昆明
线路等级	二类路区	里　程	1800km
平均油耗	0.5L	平均路桥洞费用	850 元
平均损耗	0.1L	平均行驶速度	75km/h

3）公路运价

运　距	150km
一等货物	1.1 元
二等货物	1.2 元
三等货物	1.5 元
危险货物	2.5 元

4）客户信息

公司编号	自动生成	公司简称	即时达
公司名称	即时达运输有限公司	注册日期	2000-10-10
网　址	www.jishida.com	成立时间	2000-10-10
法人代表	黄洋	注册资金	10 000 000 元
员工人数	150	主要客户	企业/工厂
城　市	深圳	国　家	中国
邮　编	692511	总公司	即时达运输有限公司
联系人	黄洋	联系电话	0755-2859××××
传　真	0755-2859××××	邮　箱	huangyang@jishida.com
联系地址	深圳市南山区物流园区××号		
公司简介	本公司承接整车及零担运输		

5）站点设置

关键点	呼和浩特	规模成本	65 000 元
位置描述	呼和浩特市长安街××号		

6）车辆管理

车　牌	内 A1168	车辆型号	8t
所属车队	即时达运输有限公司	所属站点	呼和浩特
额定载重	8000	额定体积	65m³
GPS 号码	15989586320	购车费用	150 000 元

4. 实训操作

1）货物信息

（1）执行"基础数据"→"货物信息"进入到货物集合列表页面。

（2）新增货物：单击【新增】按钮，进入到新增页面。

（3）完善货物明细然后保存即可。

2）线路路况

（1）执行"基础数据"→"线路路况"命令进入到线路路况列表页面。

（2）新增线路路况：单击【新增】按钮进入到路况新增页面。

（3）完善路况信息，保存即可。

3）公路运价

（1）执行"基础数据"→"公路运价"命令进入到公路运价列表页面。

（2）新增公路运价：单击【新增】按钮进入到公路运价新增页面。

（3）完善公路运价，保存即可。

4）客户信息

（1）执行"基础数据"→"客户信息"命令进入到客户信息列表。

（2）新增客户信息：单击【新增】按钮进入到新增客户信息列表。

（3）完善客户信息，保存即可。

5）站点设置

（1）执行"基础数据"→"站点设置"命令进入到站点设置列表页面。

（2）新增站点规模：单击【新增】按钮进入到新增页面。

（3）完善站点规模信息，保存即可。

6）车辆管理

（1）执行"基础数据"→"车辆管理"命令进入到车辆管理列表。

（2）新增站点车辆信息：单击【新增】按钮，进入到新增页面。

（3）完善站点，保存即可。

5. 实训结果

1）货物信息

选择	货物编码	货物名称	规格型号	体积	单位质量	单价
○	自动生成	养血清脑颗粒	国药准字 Z10960082	0.3m³	5kg	500 元

2）线路路况

选　择	起关键点	止关键点	线路等级	里程	平均油耗	平均路桥洞费用	平均损耗	平均行驶速度
○	深圳	昆明	二类路区	1800 km	0.51/km	5810 元	0.1kg/h	75km/h

3）公路运价

选择	运 距	一等货物	二等货物	三等货物	危险货物
○	150.00km	1.1 元/千米	1.2 元/千米	1.5 元/千米	2.5 元/千米

4）客户信息

选择	公司编号	公司简称	城市	国家	网 址	法人代表
○	自动编号	即时达	深圳	中国	www.jishida.com	黄洋

5）站点设置

选择	站点名称	规模成本	状 态
○	呼和浩特	65 000.00 元	启用

6）车辆管理

选择	车牌号	车型	所属公司	所属站点	购车费用	GPS 号码	状态
○	内 A1168	8t	即时达运输有限公司	呼和浩特	150 000 元	15989586320	待命

6．实训报告

完成本次实训任务后，打开平台上的实训报告，开始填写实训报告。

6.2.2 线路优化单元实训

1．实训界面

学生进入登录界面后输入用户名和密码，即可进入到实训平台，教师已经为每个学生实例化了至少一个线路优化单元实训，选择单元实训类型为线路优化的实训，进入线路优化单元实训系统，如图 6.8 所示。

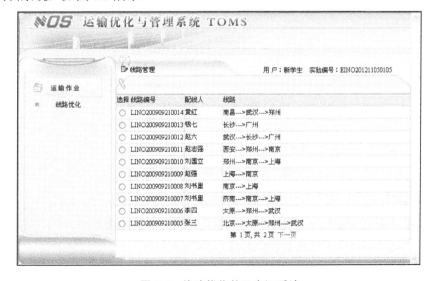

图 6.8　线路优化单元实训系统

2. 实训任务及要求

任务编号	EAID201112070001
任务名称	线路优化实训
实训类型	线路优化单元实训
实训日期	2013-11-18
实训时长	2 课时
实训情景	运输公司在进行货物运输调度的时候，运输线路是很重要的内容，正确掌握和设置运输线路尤为关键，所以有必要对线路进行熟悉和了解
实训任务目标	了解并掌握线路优化的设置和维护，掌握运输线路的增加、修改、删除等维护的操作。熟悉各条运输线路经过的地区
实训任务要求	认真填写实训基础数据，按预先提供的数据和地图建立相关运输线路
实训任务内容	（1）线路优化，建立广州—北京、海口—武汉、南宁—深圳、昆明—深圳、贵阳—深圳、拉萨—长沙、成都—郑州、重庆—上海、福州—重庆等线路的维护。 （2）根据 1.3.4 节的内容，通过网络查找经过的省市，在图 6.9 中对我国 5 条首都放射线路建立相应的线路

3. 实训数据

我国主要城市分布图如图 6.9 所示。

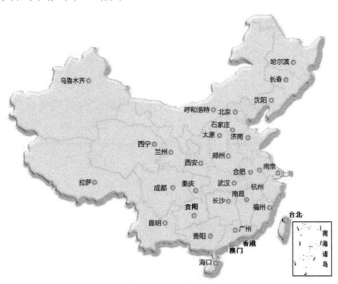

图 6.9　我国主要城市分布图

4. 实训操作

（1）执行"资料规划"→"线路管理"命令进入到线路列表页面。

（2）新增线路：单击【新增】按钮，进入到新增页面。

① 地图上的地名是根据"基础数据"中"关键点"里的设置自动显示的，如经纬度错误或范围过大，将无法显示。

② 设置线路只需在图中单击地名即可,行车路线输入框会自动显示所单击的地名,先单击的先显示,后单击的后显示。

③ 配线人:设定和维护线路的人员。

④ 配线日期:线路设置的时间。

⑤ 如当前设置的线路有问题,可单击【重新配线】按钮清空设置。

(3) 完成配线,保存即可。

5．实训结果

选　　择	线路编号	配线人	线　　路
	LINO201309210024	吴晓	深圳—南昌—上海
	LINO201309210023	李昌经	广州—长沙—武汉—郑州—北京
	LINO201309210022	张六顺	海口—广州—长沙—武汉
	LINO201309210021	王浩	南宁—广州—深圳
	LINO201309210020	王二期	昆明—南宁—深圳
	LINO201309210019	张店霞	贵阳—广州—深圳
	LINO201309210018	张三	拉萨—成都—重庆—长沙
	LINO201309210017	李长工	成都—西安—郑州
	LINO201309210016	张三	重庆—武汉—上海
	LINO201309210015	李光林	福州—南昌—重庆

6．实训报告

完成本次实训任务后,打开平台上的实训报告,开始填写实训报告。

6.2.3　散货托运单元实训

1．实训界面

学生进入登录界面后输入用户名和密码,即可进入到实训平台,教师已经为相应的每个学生实例化好了至少一个散货托运单元实训,选择单元实训类型为散货托运的实训,进入散货托运实训系统,如图 6.10 所示。

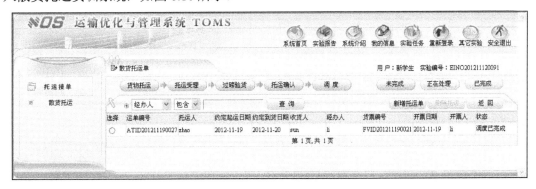

图 6.10　散货托运单元实训系统

2. 实训任务及要求

任务编号	EAID201112120001
任务名称	散货托运实训
实训类型	散货托运单元实训
实训日期	2013-4-18
实训时长	2课时
实训情景	托运人：天士力公司 承运人：南方货运公司 货物名称：电话机 发货地址：深圳南山 收获地址：广州白云
实训任务目标	熟悉散货托运货物处理的流程，熟悉单据的格式以及掌握托运单据的正确填写
实训任务要求	正确填写实训数据，要求准确无误
实训任务内容	以天士力公司作为托运人，以南方货运公司作为承运方，从深圳南山托运货物到广州白云，填写托运单据

3. 实训数据

1）托运信息

托运人	天士力公司	托运人电话	26548589	托运人地址	深圳南山
发货人	周清	发货人电话	26548589	发货人地址	深圳南山
收货人	周长山	收货人电话	89565890	收货人地址	广州白云
付款人	周长山	付款人电话	89565890	付款人地址	广州白云
计费里程	承运人填写	经办人	承运人填写	目的地址	广州
约定起运日期	2013-10-18	约定到货日期	2013-10-21		
承运人银行账号	承运人填写	付款人银行账号		起运地址	深圳
托运人（签章）	周清	托运人签章日期	2013-10-18	托运人备注	小心轻放
承运人（签章）	承运人填写	承运人签章日期	承运人填写	承运人备注	承运人填写

2）物货信息

货物名称	货物规格	包装形式	托运件数	单位质量	总质量	单件体积	总体积	单位价值	保险与保价
电话机	中兴L109	纸箱	100	0.30kg	30kg	0.10m³	10m³	70元	1000元
合计					30kg		10m³		

3）托运受理

计费里程	250km	经办人	黄兴	目的地址	广州
承运人银行账号		付款人银行账号		起运地址	深圳
承运人（签章）	黄兴	承运人签章日期	2013-10-18	承运人备注	货到付款

4）过磅验货

验货日期	2013-10-18	开票人	黄兴
开票单位	南方货运公司	开票日期	2013-10-18
货物等级	二级	运费	150 元
装卸费	30 元	计费质量	30kg

5）托运调度

（1）自主运输，不进行暂存入库。

（2）自主运输，进行暂存入库。

（3）委托运三方承运，物流公司为北方货运，委托费用 120 元。

4．实训操作

（1）执行"托运接单"→"散货托运"命令进入到货物托运单列表。

（2）新增托运单：单击【新增托运单】按钮进入到托运单填写页面。

（3）托运确认表头信息完善。

（4）托运确认货物明细：单击【添加物料】按钮，进入物料选择页面选择物料（可单选也可多选），然后单击【确定】按钮即可。

（5）完善物料信息，然后单击【保存】按钮进入"托运受理"流程。

（6）在"货物托运"保存后直接进入"托运受理"流程，或在托运列表中选中该托运单，单击流程图上的【托运受理】按钮进入。

（7）托运受理信息完善。

（8）托运受理完成后，单击【保存】按钮，系统自动进入"过磅验货"流程。

（9）在"托运受理"保存后直接进入"过磅验货"，或在托运列表中选中该托运单，单击流程图上的【过磅验货】按钮进入过磅验货作业。

（10）完善过磅验货情况。

（11）在"过磅验货"保存后直接进入"托运确认"流程，或在托运列表中选中该托运单，单击流程图上的【托运确认】按钮进入。

（12）单击【保存】按钮进行确认操作，系统自动进入"调度"流程。

（13）在"托运确认"保存后直接进入"调度"流程，或在托运列表中选中该托运单，单击流程图上的【调度】按钮进入。

（14）调度决策，保存即可。

5．实训结果

选择	运单编号	托运人	约定起运日期	约定到货日期	收货人	经办人	货票编号	开票日期	开票人	状态
○	系统生成	天仕力公司	2013-10-18	2013-10-21	周长山	黄兴	系统生成	2013-10-18	黄兴	调度已完成

6. 实训报告

完成本次实训任务后，打开平台上的实训报告，开始填写实训报告。

6.2.4 整车托运单元实训

1. 实训界面

学生进入登录界面后输入用户名和密码，即可进入到实训平台，教师已经为每个学生实例化了至少一个整车托运单元实训，选择单元实训类型为整车托运的实训，进入整车托运实训系统，如图 6.11 所示。

图 6.11 整车托运单元实训系统

2. 实训任务及要求

任务编号	EAID201112120002
任务名称	整车托运实训
实训类型	整车托运单元实训
实训日期	2013-4-18
实训时长	2 课时
实训情景	托运人：尊品茶品 承运人：南方货运公司 货物名称：玻璃杯 发货地址：成都青阳区 收货地址：深圳罗湖
实训任务目标	掌握整车托运业务流程操作
实训任务要求	正确填写实训单据，要求数据准确
实训任务内容	南方货运公司承运玻璃杯从成都青阳区到深圳罗户，开具整车托运单据，货物调度，要求完成货物整车托运的流程：办理托运→托运受理→验货过磅→托运确认→托运调度

3．实训数据

1）托运信息

托运人	尊品茶品	托运人电话	028-59719393	托运人地址	成都青羊区
发货人	秦国良	发货人电话	028-59719393	发货人地址	成都青羊区
收货人	冯燕硕	收货人电话	0755-89565623	收货人地址	深圳罗湖
付款人	冯燕硕	付款人电话	0755-89565623	付款人地址	深圳罗湖
计费里程	承运人填写	经办人	承运人填写	目的地址	深圳
约定起运日期	2013-10-20	约定到货日期	2013-10-23		
承运人银行账号	承运人填写	付款人银行账号		起运地址	成都
托运人（签章）	秦国良	托运人签章日期	2013-10-20	托运人备注	小心轻放
承运人（签章）	承运人填写	承运人签章日期	承运人填写	承运人备注	承运人填写

2）物货信息

货物名称	货物规格	包装形式	托运件数	单位质量	总质量	单件体积	总体积	单位价值	保险与保价
玻璃杯	厚度1cm	泡沫箱	100	0.20kg	20kg	0.10 m³	10m³	8元	1000元
合　计					20kg		10m³		

3）托运受理

计费里程	2300km	经办人	周施	目的地址	深圳
承运人银行账号		付款人银行账号		起运地址	成都
承运人（签章）	周施	承运人签章日期	2013-10-18	承运人备注	货到付款

4）过磅验货

验货日期	2013-10-20	开票人	刘瑶
开票单位	南方货运公司	开票日期	2013-10-23
货物等级	三级	运　费	450元
装卸费	30元	计费质量	20kg

5）托运调度

（1）自主运输，不进行暂存入库。

（2）自主运输，进行暂存入库。

（3）委托运三方承运，物流公司为北方货运，委托费用为380元。

4．实训操作

（1）执行"托运接单"→"整车托运"命令进入到货物托运单列表。

（2）新增托运单：单击【新增托运单】按钮进入到托运单填写页面。

（3）托运确认表头信息完善。

（4）托运确认货物明细：单击【添加物料】按钮，进入物料选择页面选择物料（可单选也可多选），然后单击【确定】按钮即可。

（5）完善物料信息，然后单击【保存】进入"托运受理"流程。

（6）在"货物托运"保存后直接进入"托运受理"流程，或在托运列表中选中该托运单，单击流程图上的【托运受理】按钮进入。

（7）托运受理信息完善。

（8）托运受理完成后，单击【保存】按钮，系统自动进入"过磅验货"流程。

（9）在"托运受理"保存后直接进入"过磅验货"流程，或在托运列表中选中该托运单，单击流程图上的【过磅验货】按钮进入过磅验货。

（10）完善过磅验货情况。

（11）在"过磅验货"保存后直接进入"托运确认"流程，或在托运列表中选中该托运单，单击流程图上的【托运确认】按钮进入。

（12）单击【保存】按钮进行确认操作，系统自动进入"调度"流程。

（13）在"托运确认"保存后直接进入"调度"流程，或在托运列表中选中该托运单，单击流程图上的【调度】按钮进入。

（14）调度决策，保存即可。

5．实训结果

选择	运单编号	托运人	约定起运日期	约定到货日期	收货人	经办人	货票编号	开票日期	开票人	状态
○	系统生成	尊品茶业	2013-10-20	2013-10-23	冯燕硕	周施	系统生成	2013-10-20	刘瑫	调度已完成

6．实训报告

完成本次实训任务后，打开平台上的实训报告，开始填写实训报告。

6.2.5　散货配送单元实训

1．实训界面

学生进入登录界面后输入用户名和密码，即可进入到实训平台，教师已经为每个学生实例化了至少一个散货配送单元实训，选择单元实训类型为散货配送的实训，进入散货配送实训系统，如图6.12所示。

图6.12　散货配送单元实训系统

2．实训任务及要求

任务编号	EAID201112120003
任务名称	散货配送实训
实训类型	散货配送单元实训
实训日期	2013-4-18
实训时长	2课时
实训情景	货运公司现有矿泉水，文具盒等货物，车辆为豫B56552，配送线路是"深圳—南昌—上海"，要求完成该批次货物配送处理
实训任务目标	了解并掌握散货配送业务的操作
实训任务要求	完成货物配送单据的填写，完成货物配装以及线路的安排
实训任务内容	货物：文具盒/矿泉水 启运地：深圳 目的地：上海 车辆：豫B56552 托运人：黄豪举 作业操作：配送作业，配车路线，车辆配载

3．实训数据

模拟起运站点：深圳。

配送作业单见下表。

起运站点联系人	刘章辉	起运站点联系人电话	0755-2568548	起运站点	深圳
目的站点联系人	张小呈	目的站点联系人电话	021-82415645	目的站点	上海
起运日期	2013-10-8	到达日期	2013-10-10	耗时	40h
制单人	程涴	总里程	2135km	备注	

配送货物明细如下（系统自带初始数据）。

1）配送作业托运列表信息

托运单编号	货票编号	托运人	收货人	装货地点	卸货地点	约定起运时间	约定到货时间	总质量	总体积
ATID201309220512		黄豪举	黄豪举	深圳	上海	2013-09-22	2013-10-10	80.0kg	50.0m³

2）货物明细查看

货物名称	货物规格	包装形式	托运件数	单位质量	总质量	单件体积	总体积	保险与保价	单位价值	运费	装卸费	计费质量
矿泉水	桶装	纸箱	200	0.10kg	20kg	0.10m³	20.0m³	200元	1元	120元	56元	20kg
文具盒	10×20×3	木箱	300	0.20kg	60kg	0.10m³	30.0m³	600元	8元	160元	23元	60kg

3）配送车辆

选择	车牌	已载重	剩余载重	已装体积	剩余体积	状态
●	豫 B56552	0.00kg	9000.00kg	0.00m³	9.00m³	待命

4）线路选择

选择	线　路
●	深圳—南昌—上海

5）装车信息

（1）装车人员信息。

装车人	张山	司机	张山水	押车人	张武警	特殊说明	无

（2）装车货物信息（系统自带初始数据）。

选择	货物编号	货物名称_规格型号	托运单	装车数量
○	BN00002	文具盒_10X20X3	ATID201309220512	300
○	BN00003	矿泉水_桶装	ATID201309220512	200

4．实训操作

（1）执行"运输作业"→"散货配送"命令进入到配送作业列表页面。

（2）新增配送作业单：单击【新增作业单】按钮进入到新增页面。

（3）完善配送作业单表头信息。

（4）拟制配送清单：单击【添加托运单】按钮，进入托运单选择列表。

（5）选择托运单，然后单击【确定】按钮即可，系统自动将托运单发送至配送清单。

（6）单击【保存】按钮自动进入到配车配线流程。

（7）选择状态为未配载的配送作业单点，单击"运输作业"→"散货配送"流程图上的【配车配线】按钮进入或在"配送作业"保存后直接进入。

（8）选择车辆后，再单击【配线】按钮，进入车辆运行线路选择。

（9）选择线路，然后单击【确定】按钮，配车配线即完成，系统自动返回到配载页面，进行"配载"操作。

（10）选择状态为配车配线的配送作业单点，单击"运输作业"→"散货配送"流程图上的【配载】按钮进入或在第（9）步确定后直接进入。

（11）选择线路，单击【配载】按钮，进入装车操作页面。

（12）完善装车人等信息，选中货物，单击向右移按钮进行装车操作，完毕后单击【保存】按钮即可。

5．实训结果

选择	作业单编号	起地点	止地点	起日期	止日期	制单人	状态
○	系统生成	深圳	上海	2013-10-8	2013-10-10	程浼	已配载

6. 实训报告

完成本次实训任务后,打开平台上的实训报告,开始填写实训报告。

6.2.6 整车配送单元实训

1. 实训界面

学生进入登录界面后输入用户名和密码,即可进入到实训平台,教师已经为相应的每个学生实例化好了至少一个整车配送单元实训,选择单元实训类型为整车配送的实训,进入整车配送实训系统,如图6.13所示。

图6.13 整车配送单元实训系统

2. 实训任务及要求

任务编号	EAID201112120004
任务名称	整车配送实训
实训类型	整车配送单元实训
实训日期	2013-4-18
实训时长	2课时
实训情景	货运公司现有玻璃杯,休闲包等货物,车辆有粤B5665,配送线路是"广州—长沙—武汉—郑州—北京",要求完成该批次货物配送处理
实训任务目标	了解并掌握整车配送业务的操作
实训任务要求	完成整车货物配送单据的填写,完成货物配装以及线路的安排
实训任务内容	货物:文具盒/矿泉水 启运地:广州 目的地:北京 车辆:豫B5665 托运人:黄豪举 作业操作:配送作业,配车路线,车辆配载

3．实训数据

模拟起运站点：广州

配送作业单见下表。

起运站点联系人	刘品极	起运站点联系人电话	020-86589865	起运站点	广州
目的站点联系人	赵小惠	目的站点联系人电话	010-25684987	目的站点	北京
起运日期	2013-10-8	到达日期	2013-10-10	耗　时	43h
制单人	程随	总里程	2586km	备　注	

配送货物明细如下（系统自带初始数据）。

1）配送作业托运列表信息

托运单编号	货票编号	托运人	收货人	装货地点	卸货地点	约定起运时间	约定到货时间	总质量	总体积
ATID201309220036		黄豪举	黄豪举	广州	北京	2013-09-22	2013-10-10	200.0kg	200.0m³

2）货物明细查看

货物名称	货物规格	包装形式	托运件数	单位质量	总质量	单件体积	总体积	保险与保价	单位价值	运费	装卸费	计费质量
玻璃杯	厚度1cm	木箱	500	0.20kg	100kg	0.10m³	50.0m³	600元	8元	530元	25元	100kg
休闲包	185×400	纸箱	500	0.20kg	100kg	0.30m³	150m³	500元	50元	200元	26元	100kg

3）配送车辆

选择	车牌	已载重	剩余载重	已装体积	剩余体积	状态
◉	粤B5665	0.00kg	10 000.00kg	0.00m³	12.00m³	待命

4）线路选择

选择	线　路
◉	广州—长沙—武汉—郑州—北京

5）装车信息

（1）装车人员信息。

装车人	刘青山	司机	贾谊	押车人	刘诺	特殊说明	无

（2）装车货物信息（系统自带初始数据）。

选择	货物编号	货物名称_规格型号	托运单	装车数量
○	BN00005	玻璃杯_厚度1cm	ATID201309220036	500
◉	BN00006	休闲包_185×400	ATID201309220036	500

4. 实训操作

（1）执行"运输作业"→"整车配送"命令进入到配送作业列表页面。
（2）新增配送作业单：单击【新增作业单】按钮进入到新增页面。
（3）完善配送作业单表头信息。
（4）拟制配送清单：单击【添加托运单】按钮，进入托运单选择列表。
（5）选择托运单，然后单击【确定】按钮即可，系统自动将托运单发送至配送清单。
（6）单击【保存】按钮自动进入到配车配线流程。
（7）选择状态为未配载的配送作业单点，并单击"运输作业"→"整车配送"流程图上的【配车配线】按钮进入或在"配送作业"保存后直接进入。
（8）选择车辆后，再单击【配线】按钮，进入车辆运行线路选择。
（9）选择线路，然后单击【确定】按钮，配车配线即完成，系统自动返回到配载页面，进行"配载"操作。
（10）选择状态为配车配线的配送作业单点，并单击"运输作业"→"整车配送"流程图上的【配载】按钮进入或在第（9）步单击【确定】按钮后直接进入。
（11）选择线路，单击【配载】按钮，进入装车操作页面。
（12）完善装车人等信息，选中货物，单击向右移按钮进行装车操作，完毕后单击【保存】按钮即可。

5. 实训结果

选择	作业单编号	起地点	止地点	起日期	止日期	制单人	状态
○	系统生成	广州	北京	2013-10-8	2013-10-10	程随	已配载

6. 实训报告

完成本次实训任务后，打开平台上的实训报告，开始填写实训报告。

6.2.7 中转调度单元实训

1. 实训界面

学生进入登录界面后输入用户名和密码，即可进入到实训平台，教师已经为每个学生实例化好了至少一个中转调度实训单元实训，选择单元实训类型为中转调度的实训，进入中转调度实训系统，如图6.14所示。

图6.14 中转调度单元实训系统

2. 实训任务及要求

任务编号	EAID201112120005
任务名称	中转调度实训
实训类型	整车配送单元实训
实训日期	2013-4-18
实训时长	1课时
实训情景	货运公司运输的货物需要中途到达指定货运站进行货物周转，在中转站可以决定货物是否需要卸货或者是中转，请给出决策方案，不周转可以直达终点，中转则需要进行车辆的调配
实训任务目标	了解并掌握货物中转调度业务操作
实训任务要求	了解货物的性质以及到达的目的地，作出相应调度决策，进行货物的周转，正确填写相应的配车中转单据
实训任务内容	当前中转站：长春 车辆：沪A99922 根据货物及目的地决定是否需要进行货物周转 如果中途站点比较多可以反复操作 在途中转→配车→导货

3. 实训数据

调度车辆信息如下（数据系统已存在）。

选择	车牌	装车清单	已载重	已装体积	当前站
●	沪A99922	LDID201309270001	0.00kg	0.00m³	长春

4. 实训操作

（1）执行"运输作业"→"中转调度"命令进入到车辆运行列表页面，用户可查看车辆运行到到哪个站点。

（2）选择车辆，单击【在途中转】按钮进入中转页面，决策是否需要卸货或中转。

（3）单击【配车】按钮，进入到中转决策页面。

（4）选择"不中转"，输入到货日期，单击【到达】按钮，车辆向下一站点出发，若中途站点较多，可反复操作此步，直至到达终点站。

5. 实训结果

选择	车牌	装车清单	已载重	已装体积	当前站
○	沪A99922	LDID201309270001	0.00kg	0.00m³	长春

6. 实训报告

完成本次实训任务后，打开平台上的实训报告，开始填写实训报告。

6.3 运输调度综合实训

综合实训是根据整个物流运输的流程进行完整的运输操作，包括从托运受理、配送作业、车辆调度、车辆监控、到达结账、经营管理等一系列综合运输演练的过程，是相对前面单元实验进一步提高的综合实训过程，可以进行整车运输和散货运输的物流运输实训，实训的过程可以包括传统菜单模式的操作和情景模拟模式的操作。

6.3.1 整车运输调度实训操作

1. 实训界面

学生进入登录界面后输入用户名和密码，即可进入到实训平台，选择任务名称为"综合实训"（这个综合实训必须是管理学生所在班级的教师在后台已经实例化好的实训，并且教师已经为每个学生实例化好了至少一个综合实训），进入综合实训系统，如图6.15所示。

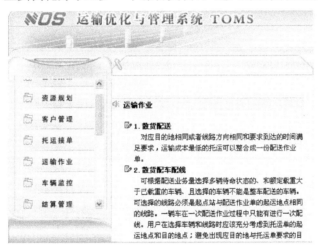

图 6.15 综合实训系统

2. 实训任务及要求

任务编号	EAID201112120006
任务名称	运输优化综合实训
实训类型	综合实训
实训日期	2013-4-18
实训时长	4课时
实训情景	武义浩尔日用礼品厂需包车从深圳发一批货物到北京，物货名称为：翰皇精品办公杯；货号：HH-1052；30个/箱，共计500箱，纸箱包装；总质量：1500kg；总体积：100m^3；联系人：张浩武；联系地址：深圳福田区上沙金地工业园区5栋1208号；联系电话：0755-26895890（公），13689565830；送货地址：北京丰台区丰管路东星新大厦3006B室；收货人：张朝军；电话：13458696825；货到付款

续表

实训任务目标	了解并掌握整个公路运输业务操作,并给出运输优化决策
实训任务要求	按时完成实训任务 正确填写实训数据 掌握公路运输货物运输与调度的方法
实训任务内容	本实训需要进行如下操作: (1)填写货物信息。 (2)车辆信息。 (3)收发货人信息。 (4)线路信息。 (5)货物托运单据。 (6)装车作业单据。 (7)配送作业单据。 (8)车辆安排与调度

3. 实训数据

1)货物信息

货物名称	翰皇精品办公杯	规格型号	HH-1052
质　量	3	质量单位	kg
面　积	0.2	面积单位	m^2
体　积	0.2	体积单位	m^3
单　价	600 元	数量单位	箱

2)车辆信息

选择	车牌号	车　型	所属公司	所属站点	购车费用	GPS 号码	状　态
◉	粤 B6895	2t	中国南方货运有限公司	深圳	60 000.00 元	13625258383	待命

3)车辆状态

选择	车　牌	当前站点	所属站点	状　态
○	粤 B6895	深圳	深圳	待命

4)收发货人信息

托运人	武义浩尔日用礼品厂	托运人电话	0755-26895890	托运人地址	深圳福田区上沙金地工业园区 5 栋 1208 号
发货人	张浩武	发货人电话	13689565830	发货人地址	深圳福田区上沙金地工业园区 5 栋 1208 号
收货人	张朝军	收货人电话	13458696825	收货人地址	北京丰台区丰管路东星新大厦 3006B 室
付款人	张朝军	付款人电话	13458696825	付款人地址	北京丰台区丰管路东星新大厦 3006B 室

第6章 公路运输优化与管理实训

5）线路管理

选择	线路编号	配线人	线　路
○	系统生成	周长山	深圳—北京

其他准备：其他所需资料使用系统现存数据，无须用户设置。

4．实训操作

1）设置货物信息

（1）单击【基础数据】→【货物信息】按钮进入到货物集合列表页面。

（2）新增货物：单击【新增】按钮，进入到新增页面。

（3）完善货物明细然后单击【保存】按钮即可，保存后数据资料如下。

选择	货物编码	货物名称	规格型号	体　积	单位质量	单　价
○	系统生成	翰皇精品办公杯	HH-1052	$0.30m^3$	3.00kg	600.00元

2）车辆管理

（1）单击【资源规划】→【车辆管理】按钮进入到车辆管理列表。

（2）新增站点车辆信息：单击【新增】按钮，进入到新增页面。

（3）完善站点，单击【保存】按钮即可。保存后数据资料如下。

选择	车牌号	车　型	所属公司	所属站点	购车费用	GPS 号码	状　态
○	粤 B6895	2t	中国南方货运有限公司	深圳	60 000.00元	13625258383	待命

3）车辆调度，如果车辆当前站点不在深圳，选择指定的车辆将其调度至深圳

（1）单击【车辆监控】→【车辆调度】进入车辆调度列表页面。

（2）若要将某辆车调往某个地方，用户需选择该车辆，然后单击【调度】按钮进入车辆调度页面。

（3）在调度站点中选择需要调往的地方，然后单击【保存】按钮即可。保存后数据资料如下。

选择	车牌号	车　型	所属公司	所属站点	购车费用	GPS 号码	状　态
○	粤 B6895	2t	中国南方货运有限公司	深圳	60 000.00元	13625258383	待命

4）线路管理

（1）单击【资料规划】→【线路管理】按钮进入到线路列表页面。

（2）新增线路：单击【新增】按钮，进入到新增页面。

（3）配线操作，完成后单击【保存】按钮即可。保存后数据资料如下。

选择	线路编号	配线人	线 路
◯	系统生成	周长山	深圳—北京

5）整车托运

（1）单击【托运接单】→【整车托运】按钮进入到货物托运单列表。

（2）新增托运单，单击【新增托运单】按钮进入到托运单填写页面。

（3）托运方确认表头信息完善。

托运人	武义浩尔日用礼品厂	托运人电话	0755-26895890	托运人地址	深圳福田区上沙金地工业园区5栋1208号
发货人	张浩武	发货人电话	13689565830	发货人地址	深圳福田区上沙金地工业园区5栋1208号
收货人	张朝军	收货人电话	13458696825	收货人地址	北京丰台区丰管路东星新大厦3006B室
付款人	张朝军	付款人电话	13458696825	付款人地址	北京丰台区丰管路东星新大厦3006B室
计费里程	承运人填写	经办人	承运人填写	目的地址	北京
约定起运日期	2013-10-20	约定到货日期	2013-10-23		
承运人银行账号	承运人填写	付款人银行账号		起运地址	深圳
托运人（签章）	张浩武	托运人签章日期	2013-10-28	托运人备注	小心轻放
承运人（签章）	承运人填写	承运人签章日期	承运人填写	承运人备注	承运人填写

（4）托运确认货物明细：单击【添加物料】按钮，进入物料选择页面选择物料然后单击【确定】按钮即可。

货物名称	货物规格	包装形式	托运件数	单位质量	总质量	单件体积	总体积	单位价值	保险与保价
翰皇精品办公杯	HH-1052	纸箱	500	3kg	1500kg	0.2m³	100m³	600元	100 000元
合 计					1500kg		100m³		

（5）完善物料信息，然后单击【保存】按钮进入"托运受理"流程。

（6）在"货物托运"保存后直接进入"托运受理"，或在托运列表中选中该托运单，单击流程图上的【托运受理】按钮进入。

（7）托运受理信息完善。

计费里程	2150	经办人	王海	目的地址	北京
承运人银行账号		付款人银行账号		起运地址	深圳
承运人（签章）	王海	承运人签章日期	2013-10-28	承运人备注	货到付款

（8）托运受理完成后，单击【保存】按钮，系统自动进入"过磅验货"流程。

（9）在"托运受理"保存后直接进入"过磅验货"，或在托运列表中选中该托运单，单击流程图上的【过磅验货】按钮进入过磅验货。

（10）完善过磅验货情况。

验货日期	2013-10-28	开票人	刘辰君
开票单位	南方货运公司	开票日期	2013-10-28
货物等级	二级	运费	3500元
装卸费	500元	计费质量	1500kg

（11）在"过磅验货"保存后直接进入"托运确认"，或在托运列表中选中该托运单，单击流程图上的【托运确认】按钮进入。

（12）单击【保存】按钮进行确认操作，系统自动进入"调度"流程。

（13）在"托运确认"保存后直接进入"调度"流程，或在托运列表中选中该托运单，单击流程图上的【调度】按钮进入。

（14）调度决策，保存即可。这里可进行3种处理。

策略一：自主运输，不进行暂存入库。

策略二：自主运输，进行暂存入库。

策略三：委托运三方承运，物流公司为北方货运，委托费用3500元。

说明：选择策略一，可直接进行整车配送。

选择策略二，需先进行出库操作，再进行整车配送。

选择策略三，则无须进行配送操作，配送操作由第三方承担，选择该策略后下一流程是"运输作业"→"货物交付"。

6）整车配送

（1）单击【运输作业】→【整车配送】按钮进入到配送作业列表页面。

（2）新增配送作业单：单击【新增作业单】按钮进入到新增页面。

（3）完善配送作业单表头信息。

起运站点联系人	刘建青	起运站点联系人电话	0755-86589685	起运站点	深圳
目的站点联系人	周湖	目的站点联系人电话	010-85984987	目的站点	北京
起运日期	2013-10-28	到达日期	2013-10-31	耗时	40h
制单人	隋便	总里程	2489km	备注	

（4）拟制配送清单：单击【添加托运单】按钮，进入托运单选择列表。

（5）选择托运单，然后单击【确定】按钮即可，系统自动将托运单发送至配送清单。

① 配送作业托运列表信息。

托运单编号	货票编号	托运人	收货人	装货地点	卸货地点	约定起运时间	约定到货时间	总质量	总体积
系统生成	系统生成	张浩武	张朝军	深圳	北京	2013-10-28	2013-10-31	1500kg	100m³

② 货物明细查看。

货物名称	货物规格	包装形式	托运件数	单位质量	总质量	单件体积	总体积	保险与保价	单位价值	运费	装卸费	计费质量
翰皇精品办公杯	HH-1052	纸箱	500	3kg	1500kg	0.2m³	100m³	100 000 元	600 元	3500 元	500 元	1500kg

（6）单击【保存】按钮自动进入到配车配线流程。

（7）选择状态为未配载的配送作业单点，单击"运输作业"→"整车配送"流程图上的【配车配线】按钮进入或在"配送作业"保存后直接进入。

（8）选择车辆。

选择	车牌	已载重	剩余载重	已装体积	剩余体积	状态
●	粤 B6895	0.00	2000kg	0.00	120m³	待命

配线：单击"配线"按钮，进入车辆运行线路选择。

选择	线路编号	配线人	线 路
○	系统生成	周长山	深圳—北京

（9）选择线路，然后单击【确定】按钮，配车配线即完成，系统自动返回到配载页面，进行"配载"操作。

（10）选择状态为配车配线的配送作业单点，单击"运输作业"→"整车配送"流程图上的【配载】按钮进入或在第（10）步确定后直接进入。

（11）选择线路，单击【配载】按钮，进入装车操作页面。

（12）完善装车人等信息，选中货物，单击【向右移】按钮进行装车操作，完毕后单击【保存】按钮即可。

① 装车人员信息。

装车人	刘青山	司机	甄诚	押车人	王亚南	特殊说明	无

② 装车货物信息（系统自带初始数据）。

选择	货物编号	货物名称_规格型号	托运单	装车数量
○	系统生成	翰皇精品办公杯 HH-1052	系统生成	500

7）出车操作

（1）单击【运输作业】→【出车作业】按钮进入出车操作页面。

（2）选择要出车的车辆，然后单击【出车】按钮，输入出车日期，保存即可，需要注意的是出车后车辆不可进行取消操作。

8）中转调度

（1）单击【运输作业】→【中转调度】按钮进入到车辆运行列表页面，用户可查看车辆运行到到哪个站点。

第 6 章　公路运输优化与管理实训

（2）选择车辆，单击【在途中转】按钮进入中转页面，决策是否需要卸货或中转。

（3）单击【配车】按钮，进入到中转决策页面。

（4）选择"不中转"，输入到货日期，单击【到达】按钮。

9）到达卸货

（1）单击【运输作业】→【到达卸货】按钮进入车辆到达列表。

（2）选择到达车辆，单击【卸货签收】按钮，进入卸货签收页面。

选择	车牌	装车清单	已载重	已装体积	状　态
	粤 B6895	系统生成	1500kg	100m³	已到目的地

（3）输入签收人信息，单击【保存】按钮确认卸货签收完毕。

10）结算管理

（1）单击【结算管理】→【应收账单】按钮进入应收列表。

（2）选择需收款单据，单击【收款】按钮进入应收费用单，查看托运明细。

（3）收款。

（4）收款完毕，单击【保存】按钮确认。

（5）单击【结算管理】→【应收开票】按钮进入应收开票列表。

（6）选择要开具发票的托运单，然后单击【开发票】按钮进入。

（7）填制发票，打印发票。

11）货物交付

（1）单击【运输作业】→【货物交付】按钮进入到货列表。

（2）选择客户提取货物的托运单，单击【货物交付】按钮进入交付信息记录页面。

选择	货票编号	托运单编号	起地点	止地点	起时间	止时间	开票人	状　态
	系统生成	系统生成	深圳	北京	2013-10-13	2013-10-13	65436	已结算

（3）完善货物交付信息，登录收货人签收情况，单击【货物交付】按钮即可。

5．实训结果

（1）进入"单证查询"→"运输货票"查看收货人是否签收。

公路运输货票							
自编号	FV5432					甲联No.	
托运人	武汉浩尔日用礼品厂					牌照号	
装货地点	深圳	发货人	张浩武	地址	深圳福田区上沙金地工业园区 5 栋 1208 号	电话	13689565830
卸货地点	北京	收货人	张朝军	地址	北京丰台区丰管路东星新大厦 3006B 室	电话	13458696825

· 209 ·

续表

运单或货签号码	系统读取	计费里程	2489		付款人		张朝军	地址	北京丰台区丰管路东星新大厦3006B室		电话	13458696825
货物名称	包装形式	件数	实际质量/t	运费运量		吨公里运价			其他收费			
				t	km·t	货物等级	道路等级	运价率	运费金额/元	计费项目	金额/元	运费小计
翰皇精品办公杯	纸箱	500	0.30m²	3.00kg	1500.00	二等			3500.00	装卸费	500.00	
运杂费合计金额（小写）			4000									
备注							收货人签收盖章	张朝军				
开票单位：南方货运		开票人：刘辰君			承运驾驶员：			日 期：2013-10-28				

6. 实训报告

完成本次实训任务后，打开平台上的实训报告，开始填写实训报告。

6.3.2 散货运输调度实训操作

1. 实训任务

任务编号	EAID201112120007
任务名称	散货托运配送
实训类型	综合实训
实训日期	2013-12-16
实训时长	4课时
实训情景	长春骏达物流有限公司受长春富奥零部件公司委托接到运输订单，需要发送一批汽车零部件到北汽福田汽车公司以及成都一汽大众有限公司，行走路线为"长春—沈阳—北京—西安—成都"，车辆调度为长春站点
实训任务目标	根据给定的任务，完成货物托运、配送、调度等过程，了解并掌握整个公路散货运输业务操作，掌握突发情况的运输处理方式
实训任务要求	按时完成实训任务，正确填写实训数据，实训中缺少的运输线路、车辆以及货物等需要自己创建。在运输过程中，按照调度的指挥完成公路散货运输与调度的任务

第6章 公路运输优化与管理实训

续表

实训任务内容	本实训需要进行如下操作： （1）填写货物信息。 （2）车辆信息。 （3）收发货人信息。 （4）线路信息。 （5）散货货物托运单据。 （6）散货装车作业单据。 （7）散货配送作业单据。 （8）车辆安排与调度

2. 实训数据

1）托运人信息

托运公司名称	长春富奥零部件公司	联系人	张红亮
公司地址	长春市东风南街777号	联系电话	0431-84659800
开户行	中国工商银行长春市是分行	银行账号	622120431568999

2）承运人信息

承运公司名称	长春骏达物流公司	联系人	王超
公司地址	经开区仙台大街18号	联系电话	0431-84641986
开户行	中国建设长春市是分行	银行账号	62235687777777

3）运输车辆信息

车辆型号	解放CA4250P66K24T1A1EX	司　机	李月、张铎
车牌号	吉A675544	联系电话	1384616539 1865640433
车辆吨位	20t	银行账号	62235687777777
额定容积	86m³		

4）货物信息

名　称	编　号	数量/箱	价格/元	质量/kg	体积/m³	起运地	到达地	联系人	地　址
冷凝器	1K0 820 411 P	200	2130	30	0.2	长春	北京	张志超 010-56882456	北京市海淀区青沙路39号
前风挡玻璃总成	L1J0 845 011 AE	100	727	90	0.42	长春	成都	王志文 024-36956354	成都龙泉驿区39号
转向横拉杆	1K0 501 529 F	100	439	20	0.2				

3. 实训思考

当车辆行驶到沈阳的时候，运输车辆出现故障不能继续行驶时，作为调度你应该如何完成以上运输任务？对于突发事故应该如何处理？请在实训过程中完成车辆调度。

6.3.3 3D 环境下货物运输调度实训操作

本实训可以在 3D 环境下，模拟日常办公的条件下进行操作，这样可以进一步增加学生的实训兴趣。

1. 实训任务

任务编号	EAID201112120008
任务名称	散货托运配送
实训类型	综合实训
实训日期	2013-12-18
实训时长	4 课时
实训情景	长春一汽国际物流有限公司受长春一汽大众委托需要发送一批汽车零部件到济南鑫泰汽车配件销售有限公司，行走路线为"长春—沈阳—北京—济南"，车辆调度为长春站点；另外，长春一汽国际物流受呼和浩特众城汽车配件公司委托需要从呼和浩特到济南一批汽车零部件需要送到济南，行走路线为"呼和浩特—北京—上海"，两车可在北京中转站点同时到达，此时需要将呼和浩特出发的货物过车到长春出发的车辆上，可以使长春出发的车辆同时将货物送到济南。请根据下面的数据完成此次运输调度操作
实训任务目标	根据给定的任务，通过货物托运、配送、调度、成本分析等过程，了解并掌握整个公路散货运输业务操作，并给出运输优化调度决策
实训任务要求	按时完成实训任务，正确填写实训数据，实训中缺少的运输线路、车辆以及货物等需要自己创建。在运输过程中，按照调度的指挥完成公路散货运输与调度的任务，熟悉调度的方法
实训任务内容	本实训需要进行如下操作： （1）建立并填写货物信息。 （2）完善车辆信息。 （3）完善收发货人信息。 （4）完善线路信息。 （5）填写散货货物托运单据。 （6）散货配送作业单据。 （7）散货装车作业单据。 （8）完成车辆调度。 （9）输入并查看此次运输成本

2. 实训数据

（1）长春一汽国际物流有限公司受一汽大众有限公司委托需要发送一批汽车零部件到济南鑫泰汽车配件销售有限公司。行走路线为"长春—沈阳—北京—济南"，货物名称分别

第6章 公路运输优化与管理实训

为：迈腾前保险杠面罩总成和迈腾外后组合灯；运送车辆为吉 A88668；司机：梁晓辉；额定载质量为 15t；货到付款；发货日期：2013.12.20；到货日期：2013.12.23。

（2）当吉 A88668 车 22 日运行到北京中转站的时候，恰逢从"天津—北京—呼和浩特"过来的本公司运输车吉 A33344 受呼和浩特众城汽车配件公司的委托将货物车门外板运输到济南，此时调度决定将吉 A88668 的车门外板过车到吉 A88668 上，让吉 A88668 将济南货物一起送到。发货日期：2013.12.22；到货日期：2013.12.24；到达北京中转的时间是 2013.12.22。

（3）实训中涉及的运输费用、货物等级等其他数据，可以参考附录中《汽车运价规则》，请学生自行拟定。

货物名称	迈腾前保险杠面罩总成	规格型号	L3CD 807 217 B GRU
质 量	30	质量单位	kg
包装规格	2×0.4×0.4	单 位	m
单 价	4180 元	数量单位	元
运输数量	300	单 位	箱

货物名称	迈腾外后组合灯	规格型号	L3CD 945 095
质 量	10	质量单位	kg
包装规格	0.5×0.5×0.3	单 位	m
单 价	1115 元	数量单位	元
运输数量	200	单 位	箱

货物名称	佳美车门外板	规格型号	L1K5 831 105 D
质 量	40	质量单位	kg
包装规格	0.6×0.4×0.8	单 位	m
单 价	919 元	数量单位	元
运输数量	50	单 位	箱

① 车辆信息。

选择	车牌号	车型	所属公司	所属站点	购车费用/元	GPS 号码	状态
●	吉 A8866	15t	长春一汽国际物流	长春	90 000.00	13625258383	待命
	吉 A33344	8t	长春一汽国际物流	天津	60 000.00	13843844545	待命

② 收发货人信息。

托运人	长春一汽大众有限公司	托运人电话	0431-85990888	托运人地址	长春市汽车产业开发区安庆路 5 号
发货人	张宝民	发货人电话	13689565830	发货人地址	深圳福田区上沙金地工业园区 5 栋 1208 号

· 213 ·

续表

收货人	张爱军	收货人电话	(0531)64393363	收货人地址	济南市四元桥汽配城东区11号
承运人	长春一汽国际物流	承运人电话	(0431)85797234	承运人地址	长春市东风大街7088号
托运人	呼和浩特众城汽车配件公司	托运人电话	(0471)27944050	托运人地址	海拉尔西街219号
发货人	王义夫	收货人电话	(0471)64393363	收货人地址	海拉尔西街219号南二环与西二环交汇处往东500
承运人	长春一汽国际物流	承运人电话	(0431)85797234	承运人地址	长春市东风大街7088号
收货人	王益民	付款人电话	(0531)64393363	付款人地址	济南市天桥区汽车配件商店济洛路48号

③ 线路管理。

选择	线路编号	配线人	线　　路
○	系统生成	自己名字	长春—沈阳—北京—济南
	系统生成	自己名字	天津—北京—呼和浩特

3．3D实训操作界面

1）物流中心俯视图

这里包括①客服中心、②仓储中心、③配送中心、④调度中心、⑤GPS监控中心、⑥结算中心和⑦经营中心，共计包含17项操作。

2）情景一：客服中心办理货物托运及货物交付

这里可以办理货物托运受理和货物交付，货物交付的同时进行货物检验。

3）情景二：仓储中心托运出库与到达卸货

这里按照填写的托运单进行货物出库，货物到达卸货入库签收。

4）情景三：配送中心办理配送、出车、中转调度等作业

这里填写散货配送单，进行装车。如果没有车辆可以联系调度中心调派车辆进行装车，装车后下达发车的命令，根据车辆运行状态进行及时调度。

5）情景四：调度中心进行车辆调度

这里这里可以视运输要求及时调派车辆到指定的站点，及时完成运输任务。

6）情景五：监控中心对在途车辆进行 GPS 跟踪

这里可以查看当前车辆的状态，是在途运行，是已经到达，还是在中转站点停留。

7）情景六：结算中心进行应收/应付账款的结算以及发票的开具

当运输任务完成后，及时到结算中心进行运输费用的结算，开具发票。

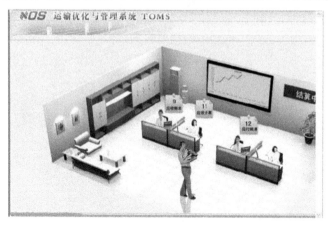

8)情景七:经营中心对企业用工成本进行分析以及车辆的维护

在经营中心里可以查看此次运输的油耗成本、车辆成本、人工成本等相应的信息,另外,完成运输后调度及时进行车辆进行保养调度,保证车辆性能完好。

3. 实训思考

在汽运以及车辆中转过程中,根据货物品种特性,在货物装车的时候应该注意哪些问题?

附录一 汽车货物运输规则

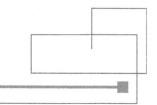

说明：中华人民共和国交通部 1999 年第 5 号令发布。

第一章 总则

第一条 为保护汽车货物运输当事人的合法权益，明确承运人、托运人、收货人以及其他有关方的权利、义务和责任，维护正常的道路货物运输秩序，依据国家有关法律、法规，制定本规则。

第二条 在中华人民共和国境内从事营业性汽车货物运输及相关的货物搬运装卸、汽车货物运输服务等活动，应遵守本规则。除法律、法规另有规定外，汽车运输与其他运输方式实行货物联运的适用本规则。拖拉机及其他机动车、非机动车辆从事货物运输的，可参照本规则执行。

第三条 本规则下列用语的含义：

（一）承运人，是指使用汽车从事货物运输并与托运人订立货物运输合同的经营者。

（二）托运人，是指与承运人订立货物运输合同的单位和个人。

（三）收货人，是指货物运输合同中托运人指定提取货物的单位和个人。

（四）货物运输代办人（以下简称货运代办人），是指以自己的名义承揽货物并分别与托运人、承运人订立货物运输合同的经营者。

（五）站场经营人，是指在站、场范围内从事货物仓储、堆存、包装、搬运装卸等业务的经营者。

（六）运输期限，是由承托双方共同约定的货物起运、到达目的地的具体时间。未约定运输期限的，从起运日起，按 200 千米为 1 日运距，用运输里程除每日运距，计算运输期限。

（七）承运责任期间，是指承运人自接受货物起至将货物交付收货人（包括按照国家有关规定移交给有关部门）止，货物处于承运人掌管之下的全部时间。本条规定不影响承运人与托运人就货物在装车前和卸车后对承担的责任达成的协议。

（八）搬运装卸，是指货物运输起讫两端利用人力或机械将货物装上、卸下车辆，并搬运到一定位置的作业。人力搬运距离不超过 200 米，机械搬运不超过 400 米（站、场作业区内货物搬运除外）。

第二章 运输基本条件

第一节 承运人、托运人与运输车辆

第四条 承运人、托运人、货运代办人在签订和履行汽车货物运输合同时，应遵守国家法律和有关的运输法规、行政规章。

第五条 承运人应根据承运货物的需要，按货物的不同特性，提供技术状况良好、经济适用的车辆，并能满足所运货物重量的要求。使用的车辆、容器应做到外观整洁，车体、容器内干净无污染物、残留物。

第六条 承运特种货物的车辆和集装箱运输车辆，需配备符合运输要求的特殊装置或专用设备。

第二节 运输类别

第七条 托运人一次托运货物计费重量3吨级及以下的，为零担货物运输。

第八条 托运人一次托运货物计费重量3吨以上，或不足3吨但其性质、体积、形状需要一辆汽车运输的，为整批货物运输。

第九条 因货物的体积、重量的要求，需要大型或专用汽车运输的，为大型特型笨重物件运输。

第十条 采用集装箱为容器，使用汽车运输的，为集装箱汽车运输。

第十一条 在规定的距离和时间内将货物运达目的地的，为快件货物运输；应托运人要求，采取即托即运的，为特快件货物运输。

第十二条 承运《危险货物品名表》列名的易燃、易爆、有毒、有腐蚀性、有放射性等危险货物和虽未列入《危险货物品名表》但具有危险货物性质的新产品，为危险货物汽车运输。

第十三条 采用装有出租营业标志的小型货运汽车，供货主临时雇用，并按时间、里程和规定费率收取运输费用的，为出租汽车货运。

第十四条 为个人或单位搬迁提供运输和搬运装卸服务，并按规定收取费用的，为搬家货物运输。

第三节 货物种类

第十五条 货物在运输、装卸、保管中无特殊要求的，为普通货物。普通货物分为三等（见"附表1 普通货物分等表"）。

第十六条 货物在运输、装卸、保管中需采取特殊措施的，为特种货物。特种货物分为四类（见"附表2 特种货物分类表"）。

第十七条 货物每立方米体积重量不足333千克的，为轻泡货物。其体积按货物（有包装的按货物包装）外廓最高、最长、最宽部位尺寸计算。

第四节 货物保险与货物保价运输

第十八条 货物运输有货物保险和货物保价运输两种投保方式，采取自愿投保的原则，由托运人自行确定。

第十九条 货物保险由托运人向保险公司投保，也可以委托承运人代办。

第二十条 货物保价运输是按保价货物办理承托运手续，在发生货物赔偿时，按托运人声明价格及货物损坏程度予以赔偿的货物运输。托运人一张运单托运的货物只能选择保价或不保价。

第二十一条 托运人选择货物保价运输时，申报的货物价值不得超过货物本身的实际价值；保价运输为全程保价。

第二十二条 分程运输或多个承运人承担运输，保价费由第一程承运人（货运代办人）与后程承运人协商，并在运输合同中注明。承运人之间没有协议的按无保价运输办理，各自承担责任。

第二十三条 办理保价运输的货物，应在运输合同上加盖"保价运输"戳记。保价费按不超过货物保价金额的 7‰收取。

第三章 运输合同的订立、履行、变更和解除

第一节 合同的订立

第二十四条 汽车货物运输合同采用书面形式、口头形式和其他形式。书面形式合同种类分为定期运输合同、一次性运输合同、道路货物运单（以下简称运单）。汽车货物运输合同由承运人和托运人本着平等、自愿、公平、诚实、信用的原则签订。

第二十五条 定期汽车货物运输合同应包含下列基本内容：

（一）托运人、收货人和承运人的名称（姓名）、地址（住所）、电话、邮政编码；

（二）货物的种类、名称、性质；

（三）货物重量、数量或月、季、年度货物批量；

（四）起运地、到达地；

（五）运输质量；

（六）合同期限；

（七）装卸责任；

（八）货物价值，是否保价、保险；

（九）运输费用的结算方式；

（十）违约责任；

（十一）解决争议的方法。

第二十六条 一次性运输合同、运单应包含以下基本内容：

（一）托运人、收货人和承运人的名称（姓名）、地址（住所）、电话、邮政编码；

（二）货物名称、性质、重量、数量、体积；

（三）装货地点、卸货地点、运距；

（四）货物的包装方式；

（五）承运日期和运到期限；

（六）运输质量；

（七）装卸责任；

（八）货物价值，是否保价、保险；

（九）运输费用的结算方式；

（十）违约责任；

（十一）解决争议的方法。

第二十七条 定期运输合同适用于承运人、托运人、货运代办人之间商定的时期内和批量货物运输。一次性运输合同适用于每次货物运输。承运人、托运人和货运代办人签订定期运输合同、一次性运输合同时，运单视为货物运输合同成立的凭证。在每车次或短途每日多次货物运输中，运单视为合同。

第二十八条 汽车货物运输合同自双方当事人签字或盖章时成立。当事人采用信件、数据电文等形式订立合同的，可以要求签订确认书，签订确认书时合同成立。

第二节 货物托运

第二十九条 未签订定期运输合同或一次性运输合同的，托运人应按以下要求填写运单：

（一）准确表明托运人和收货人的名称（姓名）和地址（住所）、电话、邮政编码；

（二）准确表明货物的名称、性质、件数、重量、体积以及包装方式；

（三）准确表明运单中的其他有关事项；

（四）一张运单托运的货物，必须是同一托运人、收货人；

（五）危险货物与普通货物以及性质相互抵触的货物不能用一张运单；

（六）托运人要求自行装卸的货物，经承运人确认后，在运单内注明；

（七）应使用钢笔或圆珠笔填写，字迹清楚，内容准确，需要更改时，必须在更改处签字盖章。

第三十条 已签订定期运输合同或一次性运输合同的，运单由承运人按第二十九条的规定填写，但运单托运人签字盖章处填写合同序号。

第三十一条 托运的货物品种不能在一张运单内逐一填写的，应填写"货物清单"。

第三十二条 托运货物的名称、性质、件数、重量、体积、包装方式等，应与运单记载的内容相符。

第三十三条 按照国家有关部门规定需办理准运或审批、检验等手续的货物，托运人托运时应将准运证或审批文件提交承运人，并随货同行。托运人委托承运人向收货人代递有关文件时，应在运单中注明文件名称和份数。

第三十四条 托运的货物中，不得夹带危险货物、贵重货物、鲜活货物和其他易腐货物、易污染货物、货币、有价证券以及政府禁止或限制运输的货物等。

第三十五条 托运货物的包装，应当按照承托双方约定的方式包装。对包装方式没有约定或者约定不明确的，可以协议补充；不能达成补充协议的，按照通用的方式包装，没有通用方式的，应在足以保证运输、搬运装卸作业安全和货物完好的原则下进行包装。依法应当执行特殊包装标准的，按照规定执行。

第三十六条 托运人应根据货物性质和运输要求，按照国家规定，正确使用运输标志和包装储运图示标志。使用旧包装运输货物，托运人应将包装上与本批货物无关的运输标志、包装储运图示标准清除干净，并重新标明制作标志。

第三十七条 托运特种货物，托运人应按以下要求，在运单中注明运输条件和特约事项：

（一）托运需冷藏保温的货物，托运人应提出货物的冷藏温度和在一定时间内的保持温度要求；

（二）托运鲜活货物，应提供最长运输期限及途中管理、照料事宜的说明书，货物允许的最长运输期限应大于汽车运输能够达到的期限；

（三）托运危险货物，按交通部《汽车危险货物运输规则》办理；

（四）托运采用集装箱运输的货物，按交通部《集装箱汽车运输规则》办理；

（五）托运大型特型笨重物件，应提供货物性质、重量、外廓尺寸及对运输要求的说明书；承运前承托双方应先查看货物和运输现场条件，需排障时由托运人负责或委承运人办理；运输方案商定后办理运输手续。

第三十八条 整批货物运输时，散装、无包装和不成件的货物按重量托运；有包装、成件的货物，托运人能按件点交的，可按件托运，不计件内细数。

第三十九条 运输途中需要饲养、照料的有生动物、植物、尖端精密产品、稀有珍贵物品、文物、军械弹药、有价证券、重要票证和货币等，托运人必须派人押运。大型特型笨重物件、危险货物、贵重和个人搬家物品，是否派人押运，由承托双方根据实际情况约定。除上述规定的货物外，托运人要求押运时，需经承运人同意。

第四十条 需派人押运的货物，托运人在办理货物托运手续时，应在运单上注明押运人员姓名及必要的情况。

第四十一条 押运人员每车一人，托运人需增派押运人员，在符合安全规定的前提下，征得承运人的同意，可适当增加。押运人员须遵守运输和安全规定。押运人员在运输过程中负责货物的照料、保管和交接；如发现货物出现异常情况，应及时作出处理并告知车辆驾驶人员。

第三节 货物受理

第四十二条 承运人受理凭证运输或需有关审批、检验证明文件的货物后，应当在有关文件上注明已托运货物的数量、运输日期，加盖承运章，并随货同行，以备查验。

第四十三条 承运人受理整批或零担货物时，应根据运单记载货物名称、数量、包装方式等，核对无误，方可办理交接手续。发现与运单填写不符或可能危及运输安全的，不得办理交接手续。

第四十四条 承运人应当根据受理货物的情况，合理安排运输车辆，货物装载重量以车辆额定吨位为限，轻泡货物以折算重量装载，不得超过车辆额定吨位和有关长、宽、高的装载规定。

第四十五条 承运人应与托运人约定运输路线。起运前运输路线发生变化必须通知托运人，并按最后确定的路线运输。承运人未按约定的路线运输增加的运输费用，托运人或收货人可以拒绝支付增加部分的运输费用。

第四十六条 货物运输中，在与承运人非隶属关系的货运站场进行货物仓储、装卸作业，承运人应与站场经营人签订作业合同。

第四十七条 运输期限由承托双方共同约定后应在运单上注明。承运人应在约定的时间内将货物运达。零担货物按批准的班期时限运达，快件货物按规定的期限运达。

第四十八条 整批货物运抵前，承运人应当及时通知收货人做好接货准备；零担货物运达目的地后，应在24小时内向收货人发出到货通知或按托运人的指示及时将货物交给收货人。

四十九条 车辆装载有毒、易污染的货物卸载后，承运人应对车辆进行清洗和消毒。因货物自身的性质，应托运人要求，需对车辆进行特殊清洗和消毒的，由托运人负责。

第四节 合同的变更和解除

第五十条 在承运人未将货物交付收货人之前，托运人可以要求承运人中止运输、返还货物、变更到达地或者将货物交付给其他收货人，但应当赔偿承运人因此受到的损失。

第五十一条 凡发生下列情况之一者，允许变更和解除：

（一）由于不可抗力使运输合同无法履行；

（二）由于合同当事人一方的原因，在合同约定的期限内确实无法履行运输合同；

（三）合同当事人违约，使合同的履行成为不可能或不必要；

（四）经合同当事人双方协商同意解除或变更，但承运人提出解除运输合同的，应退还已收的运费。

第五十二条 货物运输过程中，因不可抗力造成道路阻塞导致运输阻滞，承运人应及时与托运人联系。协商处理，发生货物装卸、接运和保管费用按以下规定处理：

（一）接运时，货物装卸、接运费用由托运人负担，承运人收取已完成运输里程的运费，退回未完成运输里程的运费。

（二）回运时，收取已完成运输里程的运费，回程运费免收。

（三）托运人要求绕道行驶或改变到达地点时，收取实际运输里程的运费。

（四）货物在受阻处存放，保管费用由托运人负担。

第四章 搬运装卸与交接

第五十三条 货物搬运装卸由承运人或托运人承担，可在货物运输合同中约定。

承运人或托运人和承担货物搬运装卸后，委托站场经营人、搬运装卸经营者进行货物搬运装卸作业的，应签订货物搬运装卸合同。

第五十四条 搬运装卸人员应对车厢进行清扫，发现车辆、容器、设备不适合装货要求，应立即通知承运人或托运人。

第五十五条 搬运装卸作业应当轻装轻卸，堆码整齐；清点数量；防止混杂、洒漏、破损；严禁有毒、易污染物品与食品混装，危险货物与普通货物混装。

第五十六条 对性质不相抵触的货物，可以拼装、分卸。

第五十七条 搬运装卸过程中，发现货物包装破损，搬运装卸人员应及时通知托运人或承运人，并做好记录。

第五十八条 搬运装卸危险货物，按交通部《汽车危险货物运输、装卸作业规程》进行作业。

第五十九条 搬运装卸作业完成后，货物需绑扎苫盖篷布的，搬运装卸人员必须将篷布苫盖严密并绑扎牢固；由承、托运人或委托站场经营人、搬运装卸人员编制有关清单，做好交接记录；并按有关规定施加封志和外贴有关标志。

第六十条 承、托双方应履行交接手续，包装货物采取件交件收；集装箱重箱及其他施封的货物凭封志交接；散装货物原则上要磅交磅收或采用承托双方协商的交接方式交接。交接后双方应在有关单证上签字。

第六十一条 货物在搬运装卸中，承运人应当认真核对装车的货物名称、重量、件数是否与运单上记载相符，包装是否完好，包装轻度破损，托运人坚持要装车起运的，应征得承运人的同意，承托双方需做好记录并签章后，方可运输，由此而产生的损失由托运人负责。

第六十二条 货物运达承、托双方约定的地点后，收货人应凭有效单证提（收）货物，无故拒提（收）货物，应赔偿承运人因此造成的损失。

第六十三条 货物交付时，承运人与收货人应当做好交接工作，发现货损货差，由承运人与收货人共同编制货运事故记录（表略），交接双方在货运事故记录上，签字确认。

第六十四条 货物交接时，承托双方对货物的重量和内容有质疑，均可提出查验与复磅，查验和复磅的费用由责任方负担。

第六十五条 货物运达目的地后，承运人知道收货人的，应及时通知收货人，收货人应当及时提（收）货物，收货人逾期提（收）货物的，应当向承运人支付保管费等费用。收货人不明或者收货人无正当理由拒绝受领货物的，依照《中华人民共和国合同法》第一百零一条的规定，承运人可以提存货物。

第五章 运输责任的划分

第六十六条 承运人未按约定的期限将货物运达，应负违约责任；因承运人责任将货物错送或错交，应将货物无偿运到指定的地点，交给指定的收货人。

第六十七条 承运人未遵守承托双方商定的运输条件或特约事项，由此造成托运人的损失，应负赔偿责任。

第六十八条 货物在承运责任期间和站、场存放期间内，发生毁损或灭失，承运人、站场经营人应负赔偿责任。但有下列情况之一者，承运人、站场经营人举证后可不负赔偿责任：

（一）不可抗力；
（二）货物本身的自然性质变化或者合理损耗；
（三）包装内在缺陷，造成货物受损；
（四）包装体外表面完好而内装货物毁损或灭失；
（五）托运人违反国家有关法令，致使货物被有关部门查扣、弃置或作其他处理；
（六）押运人责任造成的货物毁损或灭失；
（七）托运人或收货人过错造成的货物毁损或灭失。

第六十九条 托运人未按合同规定的时间和要求，备好货物和提供装卸条件，以及货物运达后无人收货或拒绝收货，而造成承运人车辆放空、延滞及其他损失，托运人应负赔偿责任。

第七十条 因托运人下列过错，造成承运人、站场经营人、搬运装卸经营人的车辆、机具、设备等损坏、污染或人身伤亡以及因此而引起的第三方的损失，由托运人负责赔偿：

（一）在托运的货物中有故意夹带危险货物和其他易腐蚀、易污染货物以及禁、限运货物等行为；
（二）错报、匿报货物的重量、规格、性质；
（三）货物包装不符合标准，包装、容器不良，而从外部无法发现；
（四）错用包装、储运图示标志。

第七十一条 托运人不如实填写运单，错填、误填货物名称或装卸地点，造成承运人错送、装货落空以及由此引起的其他损失，托运人应负赔偿责任。

第七十二条 货运代办人以承运人身份签署运单时，应承担承运人责任，以托运人身份托运货物时，应承担托运人的责任。

第七十三条 搬运装卸作业中，因搬运装卸人员过错造成货物毁损或灭失，站场经营人或搬运装卸经营者应负赔偿责任。

第六章 运输费用

第七十四条 汽车货物运输价格按不同运输条件分别计价，其计算按《汽车运价规则》办理。

第七十五条 汽车货物运输计费重量单位，整批货物运输以吨为单位，尾数不足100千克时,四舍五入;零担货物运输以千克为单位,起码计费重量为1千克,尾数不足1千克时,四舍五入;轻泡货物每立方米折算重量333千克。按重量托运的货物一律按实际重量(含货物包装、衬垫及运输需要的附属物品)计算,以过磅为准。由托运人自理装车的,应装足车辆额定吨位,未装足的,按车辆额定吨位收费。统一规格的成包成件的货物,以一标准件重量计算全部货物重量。散装货物无过磅条件的,按体积和各省、自治区、直辖市统一规定重量折算标准计算。接运其他运输方式的货物,无过磅条件的,按前程运输方式运单上记载的重量计算。拼装分卸的货物按最重装载量计算。

第七十六条 汽车货物运输计费里程按下列规定确定:

(一)货物运输计费里程以千米为单位,尾数不足1千米的,进为1千米。

(二)计费里程以省、自治区、直辖市交通行政主管部门核定的营运里程为准,未经核定的里程,由承托双方商定。

(三)同一运输区间有两条(含两条)以上营运路线可供行驶时,应按最短的路线计算计费里程或按承托双方商定的路线计算计费里程。拼装分卸从第一装货地点起至最后一个卸货地点止的载重里程计算计费里程。

第七十七条 汽车货物运输的其他费用,按以下规定确定:

(一)调车费,应托运人要求,车辆调出所在地而产生的车辆往返空驶,计收调车费。

(二)延滞费,车辆按约定时间到达约定的装货或卸货地点,因托运人或收货人责任造成车辆和装卸延滞,计收延滞费。

(三)装货落空损失费,因托运人要求,车辆行至约定地点而装货落空造成的车辆往返空驶,计收装货落空损失费。

(四)排障费,运输大型特型笨重物件时,需对运输路线的桥涵、道路及其他设施进行必要的加固或改造所发生的费用,由托运人负担。

(五)车辆处置费,因托运人的特殊要求,对车辆改装、拆卸、还原、清洗时,计收车辆处置费。

(六)在运输过程中国家有关检疫部门对车辆的检验费以及因检验造成的车辆停运损失,由托运人负担。

(七)装卸费,货物装卸费用由托运人负担。

(八)通行费,货物运输需支付的过渡、过路、过桥、过隧道等通行费由托运人负担,承运人代收代付。

(九)保管费,货物运达后,明确由收货人自取的,从承运人向收货人发出提货通知书的次日(以邮戳或电话记录为准)起计,第四日开始核收货物保管费;应托运人的要求或托运人的责任造成的,需要保管的货物,计收货物保管费。货物保管费由托运人负担。

第七十八条 汽车货物运输的运杂费按下列规定结算:

(一)货物运杂费在货物托运、起运时一次结清,也可按合同采用预付费用的方式,随运随结或运后结清。托运人或者收货人不支付运费、保管费以及其他运输费用的,承运人对相应的运输货物享有留置权,但当事人另有约定的除外。

（二）运费尾数以元为单位，不足一元时四舍五入。

第七十九条 货物在运输过程中因不可抗力灭失，未收取运费的，承运人不得要求托运人支付运费；已收取运费的，托运人可以要求返还。

第八十条 出入境货物运输、国际联运汽车货物运输的运价，按有关规定办理。

第七章 货运事故和违约处理

第八十一条 货运事故是指货物货运过程中发生货物毁损或灭失。货运事故和违约行为发生后，承托双方及有关方应编制货运事故记录。货物运输途中，发生交通肇事造成货物损坏或灭失，承运人应先行向托运人赔偿，再由其向肇事的责任方追偿。

第八十二条 货运事故处理过程中，收货人不得扣留车辆，承运人不得扣留货物。由于扣留车、货而造成的损失，由扣留方负责赔偿。

第八十三条 货运事故赔偿数额按以下规定办理：

（一）货运事故赔偿分限额赔偿和实际损失赔偿两种。法律、行政法规对赔偿责任限额有规定的，依照其规定；尚未规定赔偿责任限额的，按货物的实际损失赔偿。

（二）在保价运输中，货物全部灭失，按货物保价声明价格赔偿；货物部分毁损或灭失，按实际损失赔偿；货物实际损失高于声明价格的，按声明价格赔偿；货物能修复的，按修理费加维修取送费赔偿。保险运输按投保与保险公司商定的协议办理。

（三）未办理保价或保险运输的，且在货物运输合同中未约定赔偿责任的，按本条第一项的规定赔偿。

（四）货物损失赔偿费包括货物价格、运费和其他杂费。货物价格中未包括运杂费、包装费以及已付的税费时，应按承运货物的全部或短少部分的比例加算各项费用。

（五）货物毁损或灭失的赔偿额，当事人有约定的，按照其约定，没有约定或约定不明确的，可以补充协议，不能达成补充协议的，按照交付或应当交付时货物到达地的市场价格计算。

（六）由于承运人责任造成货物灭失或损失，以实物赔偿的，运费和杂费照收；按价赔偿的，退还已收的运费和杂费；被损货物尚能使用的，运费照收。

（七）丢失货物赔偿后，又被查回，应送还原主，收回赔偿金或实物；原主不愿接受失物或无法找到原主的，由承运人自行处理。

（八）承托双方对货物逾期到达、车辆延滞、装货落空都负有责任时，按各自责任所造成的损失相互赔偿。

第八十四条 货运事故发生后，承运人应及时通知收货人或托运人。收货人、托运人知道发生货运事故后，应在约定的时间内，与承运人签注货运事故记录。收货人、托运人在约定的时间内不与承运人签注货运事故记录的，或者无法找到收货人、托运人的，承运人可邀请两名以上无利害关系的人签注货运事故记录。

货物赔偿时效从收货人、托运人得知货运事故信息或签注货运事故记录的次日起计算。在约定运达时间的30日后未收到货物，视为灭失，自31日起计算货物赔偿时效。

未按约定的或规定的运输期限内运达交付的货物，为迟延交付。

第八十五条 当事人要求另一方当事人赔偿时，须提出赔偿要求书（表略），并附运单、货运事故记录和货物价格证明等文件。要求退还运费的，还应附运杂费收据。另一方当事人应在收到赔偿要求书的次日起，60日内作出答复。

第八十六条 承运人或托运人发生违约行为,应向对方支付违约金。违约金的数额由承托双方约定。

第八十七条 对承运人非故意行为造成货物迟延交付的赔偿金额,不得超过所迟延交付的货物全程运费数额。

第八十八条 货物赔偿费一律以人民币支付。

第八十九条 由托运人直接委托站场经营人装卸货物造成货损坏的,由站场经营人负责赔偿;由承运人委托站场经营人组织装卸的,承运人应先向托运人赔偿,再向站场经营人追偿。

第九十条 承运人、托运人、收货人及有关方在履行运输合同或处理货运事故时,发生纠纷、争议,应及时协商解决或向县级以上人民政府交通主管部门申请调解;当事人不愿和解、调解或者和解、调解不成的,可依仲裁协议向仲裁机构申请仲裁;当事人没有订立仲裁协议或仲裁协议无效的,可以向人民法院起诉。

第八章 附则

第九十一条 按法律、法规和规章的规定,对利用汽车货物运输合同危害国家利益、社会公共利益的,由县级以上人民政府交通主管部门及其所属的道路运政管理机构负责监督处理。

第九十二条 本规则由交通部负责解释。

第九十三条 本规则自2000年1月1日起施行。1988年1月26日交通部发布的《汽车货物运输规则》同时废止。

附表

附表1 普通货物分等表

等级	序号	货 类	货物名称
一等货物	1	砂	砂子
	2	石	片石、渣石、寸石、石硝、粒石、卵石等
	3	非金属矿石	各种非金属矿石
	4	土	各种土、垃圾
	5	渣	炉渣、炉灰、水渣、各种灰烬、碎砖瓦等
二等货物	1	粮食及加工品	各种粮食(稻、麦、各种杂粮、薯类)及其加工品
	2	棉花、麻	皮棉、籽棉、絮棉、旧棉、棉胎、木棉、各种麻类
	3	油料作物	花生、芝麻、油菜子、蓖麻子及其他油料作物
	4	烟叶	烤烟、土烟等
	5	植物的种籽、草、藤、树条	树、草、菜、花的种籽、干花、牧草、谷草、稻草、芦苇、树条、树根、木柴、藤等
	6	肥料、农药	化肥、粪肥、土杂肥、农药(具有危险货物性质的除外)等
	7	糖	各种食用糖(包括怡糖、糖稀)

续表

等级	序号	货 类	货物名称
二等货物	8	酱菜、调料	腌菜、酱菜、酱油、醋、酱、花椒、茴香、生姜、芥末、腐乳、味精及其他调味品
	9	土产杂品	土产品、各种杂品
	10	皮毛、塑料	生皮张、生熟毛皮、鬃毛绒及其加工品、塑料及其制品
	11	日用百货、一般纺织制品	各种日用小百货、一般纺织品、针织品
	12	药材	普通中药材
	13	纸、纸浆	普通纸及纸制品、各种纸浆
	14	文化体育用品	文具、教学用具、体育用品
	15	印刷品	报刊、图书及其他印刷品
	16	木材	圆木、方木、板料、成材、杂木棍等
	17	橡胶、可塑材料及其制品	生橡胶、人造橡胶、再生胶及其制品电木制品、其他可塑原料及其制品
	18	水泥及其制品	袋装水泥、水泥制品、预制水泥构件等
	19	钢铁、有色金属及其制品	钢材（管、丝、线、绳、板、皮条）生铁、毛坯、铸铁件、有色金属材料、大、小五金制品配件、小型农机具等
	20	矿物性建筑材料	普通砖、瓦、缸砖、水泥瓦、乱石、块石、级配石、条石、水磨石、白云石、蜡石、莹石及一般石制品、滑石粉、石灰膏、电石灰、矾石灰、石膏、石棉、白垩粉、陶土管、石灰石、生石灰
	21	金属矿石	各种金属矿石
	22	煤	原煤、块煤、可燃性片岩等
	23	焦碳	焦碳、焦碳末、石油焦、沥青、焦木炭等
	24	原煤加工品	煤球、煤砖、蜂窝煤等
	25	盐	原盐及加工精盐
	26	泥、灰	泥土、淤泥、煤泥、青灰、粉煤灰等
	27	废品及散碎品	废钢铁、废纸、破碎布、碎玻璃、废靴鞋、废纸袋等
	28	空包装容器	篓、坛罐、桶、瓶、箱、筐、袋、包、箱皮、盒等
	29	其他	未列入表的其他货物
三等货物	1	蜂	蜜蜂、蜡虫
	2	蚕、茧	蚕、蚕子、蚕蛹、蚕茧
	3	观赏用花、木	观赏用普通常青树木、花草、树苗
	4	蔬菜、瓜果	鲜蔬菜、鲜菌类、鲜水果、甘蔗、瓜类
	5	植物油	各种食用、工业、医药用植物油
	6	蛋、乳	蛋、乳及其制品
	7	肉脂及制品	鲜、腌、酱肉类，油脂及制品

续表

等级	序号	货类	货物名称
三等货物	8	水产品	干鲜鱼、虾、蟹、贝、海带
	9	干菜干果	干菜、干果、子仁及各种果脯
	10	橡胶制品	轮胎、橡胶管、橡胶布类及其制品
	11	颜料、染料	颜料、染料及助剂与其制品
	12	食用香精、树胶、木蜡	食用香精、糖精、樟脑油、芳香油、木榴油、木蜡、橡蜡（橡油皮油）、树胶等
	13	化妆品	护肤、美容、卫生、头发用品等各种化妆品
	14	木材加工品	毛板、企口板、胶合板、创花板、装饰板、纤维板、木构件等
	15	家具	竹、藤、钢、木家具
	16	交电器材	普通医疗器械、无线电广播设备、电线电缆、电灯用品、蓄电池（未装酸液）、各种电子元件、电子或电动玩具
	17	毛、丝、棉、麻、呢绒、化纤、皮革制品	毛、线、棉、麻、呢绒、化纤、皮革制品、鞋帽、服装
	18	烟、酒、饮料、茶	各种卷烟、各类瓶罐装的酒、汽水、果汁、食品、罐头、炼乳、植物油精（薄荷油按叶油）、茶叶及其制品
	19	糖果、糕点	糖果、果酱（桶装）、水果粉、蜜饯、面包、饼干、糕点
	20	淀粉	各种淀粉及其制品
	21	冰及冰制品	天然冰、机制冰、冰淇淋、冰棍
	22	中西药品、医疗器具	西药、中药（丸、散、膏、丹成药）及医疗器具
	23	贵重纸张	卷烟纸、玻璃纸、过滤纸、晒图纸、描图纸、绘图纸、蜡纸、复写纸、复印纸
	24	文娱用品	乐器、唱片、幻灯片、录音带、录像带、光盘（碟片）及其他演出用具及道具
	25	美术工艺品	刺绣、蜡或塑料制品、美术制品、骨角制品、漆器、草编、竹编、藤编等各种美术工艺品
	26	陶瓷、玻璃及其制品	瓷器、陶器、玻璃及其制品
	27	机器及设备	各种机器及设备
	28	车辆	组成的自行车、摩托车、轻骑、小型拖拉机
	29	污染品	炭黑、铅粉、锰粉、乌烟（墨黑、松烟）涂料及其他污染人体的货物、角、蹄甲、牲骨、死禽兽
	30	粉尘品	散装水泥、石粉、耐火粉
	31	装饰石料	大理石、花岗岩、汉白玉
	32	带釉建设用品	玻璃瓦、琉璃瓦、其他带釉建设用品、耐火砖、耐酸砖、瓷砖瓦

注：未列入表中的其他货物，除参照同类货物分等外，均列入二等货物。

附表2　特种货物分类表

类　　别	分类概念	种类档次或序号	种类货物范围或名称
大型特型笨重物件	货物长度6米及6米以上；货物高度2.7米及以上；单件货物重量4吨以上	一级	1. 长度大于或等于6米小于10米 2. 宽度大于或等于2.5米小于3.0米 3. 重量大于或等于4吨小于8吨
		二级	1. 长度大于或等于10米小于14米 2. 宽度大于或等于3.0米小于3.5米 3. 高度大于或等于2.7米小于3米 4. 重量大于或等于8吨小于20吨
		三级	1. 长度大于14米（含14米）小于20米 2. 宽度大于3.5米（含3.5米）小于4.5米 3. 高度大于3米（含3米）小于3.8米 4. 重量大于20吨（含20吨）小于100吨
		四级	1. 长度大于20米（含20米）小于30米 2. 宽度大于4.5米（含4.5米）小于5.5米 3. 高度大于3.8米（含3.8米）小于4.4米 4. 重量大于100吨（含100吨）小于200吨
		五级	1. 长度大于30米（含30米）小于40米 2. 宽度大于5.5米（含5.5米）小于6米 3. 高度大于4.4米（含4.4米）小于5米 4. 重量大于200吨（含200吨）小于300吨
		六级	1. 长度在40米以上者 2. 宽度在6米以上者 3. 高度在5米以上者 4. 重量在300吨以上者
危险货物类	交通部《汽车危险货物运输规则》中列名的所有危险货物	一级	《汽车危险货物运输规则》中规定的爆炸物品、一级氧化剂、压缩气体和液化气体、一级自燃物品、一级遇水易燃物品、一级易燃固体、一级易燃液体、剧毒物品、一级酸性腐蚀物品、放射性物品
		二级	《汽车危险货物运输规则》中规定的二级易燃液体、有毒物品、碱性腐蚀物品、二级酸性腐蚀物品
贵生货物类	价格昂贵，运输责任重大的货物	1	货币及有价证券：货币、国库券、邮票等
		2	贵重金属及稀有金属：贵重金属为金、银、钡、白金等及其制品；稀有金属钴、钛等及其制品

续表

类　别	分类概念	种类档次或序号	种类货物范围或名称
贵生货物类	价格昂贵，运输责任重大的货物	3	珍贵艺术品：古玩字画、象牙、珊瑚、珍珠、玛瑙、水晶宝石、钻石、翡翠、琥珀、猫眼、玉及其制品、景泰蓝制品、各种雕刻工艺品、仿古艺术制品和壁毯刺绣艺术品等
		4	贵重药材和药品：鹿茸、麝香、犀角、高丽参、西洋参、冬虫草、羚羊角、田三七、银耳、天麻、蛤蟆油、牛黄、熊胎、鹿胎、豹胎、海马海龙、藏红花、猴枣、马宝及以其为主要原料的制品和贵重西药
		5	贵重毛皮：水獭皮、海龙皮、貂皮、灰鼠皮、猞猁皮等及其制品
		6	高档服装：用高级面料、制作精细、价格较高的服装
		7	珍贵食品：海参、干贝、鱼肚、鱼翅、燕窝、鱼唇、鱼皮、鲍鱼、猴头、发菜等
		8	高级精密机械及仪表：显微镜、电子计算机、高级摄影机、摄像机、显像管、复印机及其精密仪器仪表
		9	高级光学玻璃及其制品：照相机、放大机、显微镜等镜头片、各种科学试验用的光学玻璃仪器和镜片
		10	高档电器：电视机、电冰箱、录放音机、音响组合机、录像机、空调机、照相机、手表等
鲜活货物类	货物价值高运输时间性强责任大的鲜活货物	1	各种活牲畜、活禽、活鱼、鱼苗
		2	供观赏的野生动物：虎、豹、狮、熊、熊猫、狼、象、蛇、蟒、孔雀、天鹅等
		3	供观赏的水生动物：海马、海豹、金鱼、鳄鱼、热带鱼等
		4	名贵花木：盆景及各种名贵花木

附录二　汽车运价规则

说明：摘自"交运发[2009]275号"文件。

第一章　总则

第一条　为规范全国道路运输价格计算办法，维护旅客、货主和道路运输经营者的合法权益，促进道路运输健康发展，依据《中华人民共和国价格法》和《中华人民共和国道路运输条例》的规定，制定本规则。

第二条　本规则是计算汽车运费的依据。凡在中华人民共和国境内参与道路运输经营活动的道路运输经营者和旅客、货主，应当遵守本规则。

第三条　本规则规定的汽车运价包括汽车旅客运价和汽车货物运价。

第四条　制定汽车运价应当反映运输经营成本和市场供求关系，根据不同运输条件实行差别运价，合理确定汽车运输的比价关系。

第二章　旅客运价

第一节　计价标准

第五条　运价单位：

（一）计程运价：元/人千米。

（二）计时运价：元/座位小时。

（三）行包运价：元/千克千米。

（四）国际道路旅客运输涉及其他货币时，在无法折算为人民币的情况下，可使用其他自由兑换货币为运价单位。

第六条　计费里程

（一）里程单位：旅客运输计费里程以千米为单位，尾数不足1千米的，四舍五入。

（二）里程确定。

1. 营运线路公路里程按交通运输部核定颁发的《中国公路营运里程图集》确定。《中国公路营运里程图集》应当每三至五年修订一次。《中国公路营运里程图集》中未标明的，由当地人民政府交通运输主管部门按照实际里程确定。

2. 城市市区里程按照实际里程计算，或者按照当地人民政府交通运输主管部门确定的市区平均营运里程计算，具体由各省、自治区、直辖市人民政府交通运输主管部门确定。

3. 国际道路旅客运输属于境内的计费里程以交通运输主管部门核定的里程为准，境外的里程按有关国家（地区）交通运输主管部门或者有权认定部门核定的里程确定。

（三）里程计算。

1. 班车客运的计费里程按旅乘车出发地至到达地的区间里程计算。

2. 计程包车客运的计费里程,包括运输里程和调车里程。运输里程按客车驶抵载客地点起至下客地点止的实际载客里程计算;调车里程按客车由站(库)至载客点加下客点返回至站(库)的空驶里程的 50%计算。

第七条 计时包车客运计费时间以小时为单位,起码计费时间为 2 小时;使用时间超过 2 小时的,按实际包用时间计算。整日包车,每日按 8 小时计算;使用时间超过 8 小时的,按实际使用时间计算。时间尾数不足半小时的舍去,达到半小时的进整为 1 小时。

第八条 行包计费重量以千克为单位,起码计费重量为 10 千克;计费重量超过 10 千克的按照实际重计费,尾数不足 1 千克的,四舍五入。轻泡行包按 3 立方分米折合 1 千克计重。

行包计费具体标准由省级人民政府价格、交通运输主管部门确定。

第二节 计价规定

第九条 旅客运价依据车辆类别、等级、车型等计算。

车辆类别的划分:

(一)坐席客车按舒适程度和等级划分为:普通、中级、高一级、高二级、高三级五档。

(二)卧铺客车按舒适程度和等级划分为:普通、中级、高级三档。

如需按客车大小分类及其他计价类别进行定价的,可参照《营运客车类型划分及等级评定》(JT/T 325),由省级人民政府价格、交通运输主管部门确定。

第十条 国际道路旅客运价按照双边或者多边汽车运输协定,根据对等原则,由经授权的交通运输主管部门协商确定。

第十一条 客运车辆通过收费公路、渡口、桥梁、隧道所发生的通行费用,按营运车辆平均实载率测算计入票价。

第十二条 成人及身高超过 1.5 米的儿童乘车购买全票。身高 1.2 米以下、不单独占用座位的儿童乘车免票,身高 1.2~1.5 米的儿童乘车购买儿童票,革命伤残军人、因公致残的人民警察乘车分别凭《中华人民共和国残疾军人证》、《中华人民共和国伤残人民警察证》购买优待票。儿童票和优待票按照具体执行票价的 50%计算。

第三节 旅客运费(票价)计算

第十三条 客运票价构成

客运票价=客运车型运价(含 2%的旅客身体伤害赔偿责任保障金)×旅客计费里程(营运线路公路里程+城市市区里程)+旅客站务费+车辆通行费+燃油附加费+其他法定收费

客运车型运价是指对不同类型、等级的客运车辆所制定的每位旅客每千米的运输价格,由运输成本、合理利润、税金等构成。

实行政府定价或者政府指导价格的客运车型运价,由县级以上地方人民政府及其价格、交通运输主管部门按照《道路运输价格管理规定》的规定合理确定。

燃油附加费是指各地按照价格管理权限,建立道路客运价格与成品油价格联动机制,用于补偿成品油价格上涨造成道路客运成本增支的费用。

第十四条 运费单位

(一)旅客票价单位:每张客票起码票价 1 元。票价 1 元至 10 元的,尾数不足 0.1 元的四舍五入,尾数为 0.1、0.2 元的舍去,尾数为 0.3、0.4、0.5、0.6、0.7 元的变为 0.5 元,尾数为 0.8、0.9 元的进整为 1 元。票价超过 10 元,尾数不足 1 元的,四舍五入。

(二)行包运费单位:以元为单位,每张运单费用合计尾数不足 1 元的,四舍五入。

第三章 货物运价

第一节 计价标准

第十五条 运价单位

（一）整批运输：元/吨千米。

（二）零担运输：元/千克千米。

（三）集装箱运输：元/箱千米。

（四）包车运输：元/吨位小时。

（五）国际道路货物运输涉及其他货币时，在无法折算为人民币的情况下，可使用其他自由兑换货币为运价单位。

第十六条 计费重量

（一）计量单位。

1. 整批货物运输以吨为单位。

2. 零担货物运输以千克为单位。

3. 集装箱运输以标准箱为单位。

（二）重量确定。

1. 一般货物：无论整批、零担货物计费重量均按毛量计算。整批货物吨以下计至100千克，尾数不足100千克的，四舍五入。零担货物起码计费重量为1千克，重量在1千克以上，尾数不足1千克的，四舍五入。

2. 轻泡货物：指每立方米重量不足333千克的货物。

装运整批轻泡货物的高度、长度、宽度，以不超过有关道路交通安全规定为限度，按车辆核定载质量计算重量。

零担运输轻泡货物以货物包装最长、最宽、最高部位尺寸计算体积，按每立方米折合333千克计算重量。

轻泡货物也可按照立方米作为计量单位收取运费。

3. 包车运输按车辆的核定质量或者车辆容积计算。

4. 货物重量一般以起运地过磅为准。

5. 散装货物，如砖、瓦、砂、石、矿石、木材等，按重量计算或者按体积折算。

第十七条 计费里程

（一）里程单位。

货物运输计费里程以千米为单位，尾数不足1千米的，四舍五入。

（二）里程确定。

1. 货物运输的营运公路里程按交通运输部核定颁发的《中国公路营运里程图集》确定。《中国公路营运里程图集》未核定的里程，由承、托运双方共同测定或者经协商按车辆实际运行里程计算。

2. 货物运输的计费里程按装货地至卸货地的营运里程计算。

3. 城市市区里程按照实际里程计算，或者按照当地人民政府交通运输主管部门确定的市区平均营运里程计算，具体由各省、自治区、直辖市人民政府交通运输主管部门确定。

4. 国际道路货物运输属于境内的计费里程以交通运输主管部门核定的里程为准，境外的里程按有关国家（地区）交通运输主管部门或者有权认定部门核定的里程确定。

第十八条 计时包车货运计费参照第七条的规定执行。

第二节 计价类别

第十九条 载货汽车按其用途不同，分为普通货车、专用货车两种。专用货车包括罐车、冷藏车及其他具有特殊构造的专门用途的车辆。

第二十条 货物安其性质分为普通货物和特种货物两种。特种货物分为大型特型笨重物件、危险货物、贵重货的、鲜活货物四类。

第二十一条 集装箱按箱型分为国内标准集装箱、国际标准集装箱和非标准集装箱三类，其中国内标准集装箱分为 1 吨箱、6 吨箱、10 吨箱三种，国际标准集装箱分为 20 英尺、40 英尺箱两种。

第二十二条 道路货物运输根据营运形式分为道路货物整批运输、零担运输和集装箱运输。

第三节 计价规定

第二十三条 运价

（一）整批货物运价：指整批普通货物在等级公路上运输的每吨千米运价。

（二）零担货物运价：指零担普通货物在等级公路上运输的每千克千米运价。

（三）集装箱运价：指各类标准集装箱重箱在等级公路上运输的每箱千米运价。

第二十四条 在计算货物运价时，应当考虑车辆类型、货物种类、集装箱箱型、营运形式等因素。

第二十五条 运费计算

整批货物运费＝整批货物运价×计费重量×计费里程＋车辆通行费＋其他法定收费
零担货物运费＝零担货物运价×计费重量×计费里程＋车辆通行费＋其他法定收费
重（空）集装箱运费＝重（空）箱运价×计费箱数×计费里程＋车辆通行费＋其他法定收费
包车运费＝包车运价×包用车辆吨位×计费时间＋车辆通行费＋其他法定收费

第二十六条 运费以元为单位。运费尾数不足 1 元的，四舍五入。

第二十七条 国际道路货物运输价格按双边或者多边汽车运输协定，根据对等原则，由经授权的交通运输主管部门协商确定。

第四章 附则

第二十八条 汽车客票由各省、自治区、直辖市道路运输管理机构统一印制管理。

第二十九条 本规则由交通运输部会同国家发展和改革委员会负责解释。

第三十条 本规则自 2009 年 9 月 1 日起执行。1998 年交通部、国家发展计划委员会颁布的《汽车运价规则》（交公路发〔1998〕502 号）同时废止。

附录三 危险货物包装标志

说明：本附录摘自《中华人民共和国国家标准 危险货物包装标志（GB 190—2009）》，替代《中华人民共和国国家标准 危险货物包装标志（GB 190—1990）》。

1. 标志分类

本标志分为 4 个标记（附表 3）和 26 个标签（附表 4）；图形标示了 9 类危险货物的主要特性。

附表 3 标记

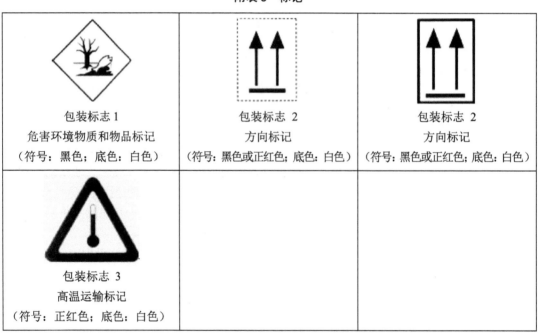

包装标志 1 危害环境物质和物品标记 （符号：黑色；底色：白色）	包装标志 2 方向标记 （符号：黑色或正红色；底色：白色）	包装标志 2 方向标记 （符号：黑色或正红色；底色：白色）
包装标志 3 高温运输标记 （符号：正红色；底色：白色）		

附表 4 标签

包装标签 1 爆炸性物质或物品 （符号：黑色；底色：橙红色） 危险货物类项号：1.1、1.2、1.3	包装标签 1 爆炸性物质或物品 （符号：黑色；底色：橙红色） 危险货物类项号：1.4	包装标签 1 爆炸性物质或物品 （符号：黑色；底色：橙红色） 危险货物类项号：1.5

续表

 包装标签 1 爆炸性物质或物品 （符号：黑色；底色：橙红色） 危险货物类项号：1.6	 包装标签 2 易燃气体 （符号：黑色；底色：正红色） 危险货物类项号：2.1	 包装标签 2 易燃气体 （符号：白色；底色：正红色） 危险货物类项号：2.1
 包装标签 2 非易燃无毒气体 （符号：黑色；底色：绿色） 危险货物类项号：2.2	 包装标签 2 非易燃无毒气体 （符号：白色；底色：绿色） 危险货物类项号：2.2	 包装标签 2 毒性气体 （符号：黑色；底色：白色） 危险货物类项号：2.3
 包装标签 3 易燃液体 （符号：黑色；底色：正红色） 危险货物类项号：3	 包装标签 3 易燃液体 （符号：白色；底色：正红色） 危险货物类项号：3	 包装标签 4 易燃固体 （符号：黑色；底色：白色红条） 危险货物类项号：4.1
 包装标签 4 易于自燃物质 （符号：黑色；底色：上白下红） 危险货物类项号：4.2	 包装标签 4 遇水放出自然气体的物质 （符号：黑色；底色：蓝色） 危险货物类项号：4.3	 包装标签 4 遇水放出自然气体的物质 （符号：白色；底色：蓝色） 危险货物类项号：4.3

续表

 包装标签 5 氧化性物质 （符号：黑色；底色：柠檬黄色） 危险货物类项号：5.1	 包装标签 5 有机过氧化物 （符号：黑色；底色：红色和柠檬黄色） 危险货物类项号：5.2	 包装标签 5 有机过氧化物 （符号：白色；底色：红色和柠檬黄色） 危险货物类项号：5.2
 包装标签 6 毒性物质 （符号：黑色；底色：白色） 危险货物类项号：6.1	 包装标签 6 染性物质 （符号：黑色；底色：白色） 危险货物类项号：6.2	 包装标签 7 一级放射性物质 （符号：黑色；底色：白色，附一条红竖色条） 黑色文字，在标签下半部写上 "放射性" "内装物____" "放射性强度____" 危险货物类项号：7A
 包装标签 7 二级放射性物质 （符号：黑色；底色：上黄下白，附两条红竖色条） 黑色文字，在标签下半部写上 "放射性" "内装物____" "放射性强度____" 在一个黑色边框格内写上"运输指数" 危险货物类项号：7B	 包装标签 7 三级放射性物质 （符号：黑色；底色：上黄下白，附三条红竖色条） 黑色文字，在标签下半部写上 "放射性" "内装物____" "放射性强度____" 在一个黑色边框格内写上"运输指数" 危险货物类项号：7C	 包装标签 7 裂变性物质 （符号：黑色；底色：白色） 黑色文字 在标签上半部写上 "易裂变" "在下半部黑色边框格内写上 "临界安全指数" 危险货物类项号：7E

| 
包装标签 8
腐蚀性物质
（符号：黑色；底色：上白下黑）
危险货物类项号：8 | 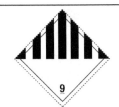
包装标签 9
杂项危险物质和物品
（符号：黑色；底色：白色）
危险货物类项号：9 | |

2．标志的颜色尺寸

标志的尺寸一般分为4种，见附表3。

附表3　标志的尺寸

种　类	长/mm	宽/mm
1	50	50
2	100	100
3	150	150
4	250	250

注：如遇特大或特小的运输包装件，标志的尺寸可按规定适当扩大或缩小。

参 考 文 献

[1] 于桂芳．物流运输组织管理与实务[M]．北京：清华大学出版社，2007．
[2] 陈明蔚．物流运输组织与实务[M]．北京：清华大学出版社，2009．
[3] 石磊．物流运输管理[M]．上海：上海交通大学出版社，2009．
[4] 王松林．物流案例与实践[M]．上海：上海交通大学出版社，2009．
[5] 交通专业人员资格评价中心．汽车调度员（中级、高级）[M]．北京：人民交通出版社，2008．
[6] 交通专业人员资格评价中心．汽车调度员（技师、高级技师）[M]．北京：人民交通出版社，2009．
[7] 吴吉明．物流运输管理实务[M]．北京：北京理工大学出版社，2011．
[8] 仪玉莉．运输管理[M]．北京：高等教育出版社，2012．
[9] 深圳市中诺思资讯科技有限公司．深圳市中诺思资讯科技有限公司物流大赛软件操作手册．